贸易·政治·全球化译丛

编委会

主　编

权　衡

副主编

金福林

编委会成员
（以姓氏笔画为序）

朱　莹　权　衡　李成军　杨培雷
罗海蓉　金福林　施　诚　梅俊杰

贸易·政治·全球化译丛

美国贸易政策变局

塔玛拉·凯伊（Tamara Kay）
R. L. 伊文思（R. L. Evans） 著

杨培雷 译

上海财经大学出版社

图书在版编目(CIP)数据

美国贸易政策变局/(美)塔玛拉·凯伊(Tamara Kay),(美)R. L. 伊文思(R. L. Evans)著;杨培雷译. —上海:上海财经大学出版社,2023.4
(贸易·政治·全球化译丛)
书名原文:Trade Battles:Activism and the Politicization of International Trade Policy
ISBN 978-7-5642-4011-0/F·4011

Ⅰ.①美… Ⅱ.①塔… ②R… ③杨… Ⅲ.①贸易政策-研究-美国 Ⅳ.①F737.120

中国国家版本馆 CIP 数据核字(2023)第 033596 号

图字:09-2023-0256 号
Tamara Kay, R. L. Evans

Copyright © Oxford University Press 2018.

Trade Battles:Activism and the Politicization of International Trade Policy, First Edition was originally published in English in 2018. This translation is published by arrangement with Oxford University Press. Shanghai University of Finance & Economics Press is solely responsible for this translation from the original work and Oxford University Press shall have no liability for any errors, omissions or inaccuracies or ambiguities in such translation or for any losses caused by reliance thereon.

《美国贸易政策变局》英文版于 2018 年出版。本中文翻译版由牛津大学出版社授权出版。上海财经大学出版社全权负责本书的翻译工作,牛津大学出版社对本翻译版中的任何错误、遗漏、歧义或因相关原因而造成的任何损失不负任何责任。

2023 年中文版专有出版权属上海财经大学出版社
版权所有　翻版必究

□ 责任编辑　李成军
□ 封面设计　贺加贝

美国贸易政策变局

塔玛拉·凯伊
(Tamara Kay) 著
R. L. 伊文思
(R. L. Evans)

杨培雷　译

上海财经大学出版社出版发行
(上海市中山北一路 369 号　邮编 200083)
网　　址:http://www.sufep.com
电子邮箱:webmaster@sufep.com
全国新华书店经销
上海华业装璜印刷厂有限公司印刷装订
2023 年 4 月第 1 版　2023 年 4 月第 1 次印刷

710mm×1000mm　1/16　15.25 印张(插页:2)　224 千字
定价:78.00 元

总　序

　　如果说2019年是"黑天鹅"事件频出之年,那么,"黑天鹅"与"灰犀牛"齐舞的2020年,可以说是极其不平凡的一年。这一年中,新冠疫情全球大流行,进一步加剧世界经济复苏乏力、收入不平等、增长不确定和不稳定等"老生常谈"的问题。这场疫情对跨地区、跨区域布局的全球产业链产业安全产生了严重冲击,特别是正值选举年的美国,贸易摩擦已经沦为政治选举的工具。美国单方面发起的贸易保护主义行径,已经从关税保护措施跃升至管制技术出口、封杀诋毁外企和限制留学签证,全球保护主义蔓延势头不断上升。与此同时,全球累积的地缘政治风险已经在中东、西亚等地区引发了多次局部性军事冲突,从美伊冲突、土俄在利比亚和叙利亚的角力到印度与巴基斯坦的克什米尔冲突、阿塞拜疆与亚美尼亚的纳卡冲突等,进一步加剧了区域和平发展的不确定性。

　　可以说,我们正处在一个愈发不确定、不稳定的时代,全球处于百年未有之大变局中,世界进入动荡变革期。第二次世界大战后美国主导的世界经贸规则体系,是世界和平稳定、经济繁荣发展以及全球经济一体化的重要保障机制和驱动力。但从世界经济发展和全球化趋势看,2008年金融危机以来全球政治经济格局出现显著的调整趋势,涌现出"逆全球化"思潮和贸易保护主义,现有规则体系中的矛盾逐渐累积放大,全球化发展已经陷入前所未有的调整和矛盾。

　　从更深层次来看,当前世界经济的不确定性和不稳定性来源于以下四大冲击：

　　第一大冲击来自2019年末爆发并蔓延至全球的新冠疫情。突如其来的新冠疫情在全球蔓延，以极高的传染性使其成为首个真正意义上的"全球化疫情"。在全球化发展深陷泥潭的背景下，新冠疫情阻碍了社会经济活动的正常运行，也进一步影响了国际经贸合作的正常开展，对全球经贸一体化造成了结构性深层次的冲击。同时，新冠疫情还造成了产业安全维度的冲击，包括跨国企业产业链全球布局模式，供应链产业安全等受到空前挑战，航空、旅游等高度依赖外部市场的行业受到外需急剧下降的严重冲击，要素流动严重受阻。此外，新冠疫情还可能对社会经济发展模式产生深远的影响。基于互联网的经济模式以及机器自动化产业在此次疫情期间得到了快速发展，在潜移默化中改变了部分行业乃至社会的运作模式，可能对传统的经济活动方式和就业结构产生长期甚至具有变革意义的影响。

　　第二大冲击来源于单边及保护主义对全球经贸治理体系的冲击。经验和理论都表明，全球经济一体化是不可避免的发展趋势。但是，受制于全球化本身的结构性不平衡以及由此带来的各种保护主义思潮阻碍了全球化自身的健康发展，第二次世界大战以来建立的现有国际经贸治理体系不断受到挑战与质疑。将"美国优先"作为宗旨的美国特朗普政府，将单边保护主义和民粹主义演绎到极致，从退出《巴黎气候协定》到阻挠世贸组织争端解决机构的正常运作，甚至退出世界卫生组织，这种破而不立的方式显然不利于现有全球治理体系发挥其功能，对全球经贸规则的重构也不会带来任何积极意义。即使美国大选后可能跳出单边主义路线，西方国家中普遍存在的保护主义思潮同样也值得关注。中国等新兴市场经济体通过融入国际分工体系和经济全球化得以快速崛起，这导致新兴经济体的利益诉求、国际地位、权利和义务等发生了重要变化，与发达经济体之间的合作关系和地位也发生了深层次变化。如果发达经济体坚持用保护主义来应对这种格局变化，不仅不利于缓解当前国际治理体系中的南北矛盾，也不利于全球经贸合作的进一步深化。

　　第三大冲击是中美经贸冲突对全球产业链和分工体系的冲击。美中两国作为全球最大的两大经济体和贸易实体,是全球经贸繁荣和稳定增长的重要压舱石。但是,在特朗普上台后,美国对华政策已经逐渐从特定进口产品的惩罚性关税扩大至惩罚性关税清单,并不断升级至高科技产品出口禁令和恶意抹黑打压中国企业等全方位措施。中美贸易摩擦逐渐转变为中美经贸冲突,对双方乃至区域和全球的经济、贸易和产业发展造成了极大的冲击。美国试图切割、孤立早已同全球产业链深度融合的中国,这不仅提高了全球产业链的运营成本,而且其政策的不确定性对产业安全构成了实质冲击。

第四大冲击是政治军事冲突对区域发展条件造成的冲击。区域和全球和平发展始终是区域经贸发展的重要条件,但近年来不断涌现的政治对立和军事冲突事件对其产生了巨大影响。自2019年以来,先后爆发了巴勒斯坦和以色列的加沙地带冲突、印度和巴基斯坦的克什米尔冲突、土耳其先后出兵叙利亚和利比亚、土耳其和希腊的边境冲突、阿塞拜疆和亚美尼亚之间爆发的纳卡冲突等一系列军事冲突。政治军事冲突在西亚和南亚地区呈现出常态化的发展态势,地缘政治正逐渐取代区域经济一体化的地位,这既不利于地区的和平稳定,也不利于区域经济一体化发展。

上述四大冲击不仅反映出如今世界经济发展态势和国际治理体系面临的高度不确定性和不稳定性,也深刻反映出我们正处于世界百年未有之大变局中。从本质上看,国际外部环境的百年未有之大变局体现在发展中经济体已经更多参与到世界治理体系之中,并由此导致国际政治格局产生变化。对百年未有之大变局,我们有以下几大问题值得关注:

一是全球增长问题。新冠疫情迫使我们深入思考世界经济的增长问题,因为全球化发展难以进一步深化,世界经济已经陷入"长期停滞格局";新冠疫情对世界经济和全球需求产生短期冲击,以及新冠疫情模式下新技术、新业态将对全球产业结构和产业链造成中长期冲击。同时,2008年以来各国为应对全球金融危机而普遍采用的货币、财政双宽松的非常态货币政策刺激,在造成全球房地产、股市等资产价格高速膨胀的同时,对经济增长的边际激励效应已呈现出明显的疲软态势。是应当维持非常态货币政策,还是返回常态货币政策,抑或探索其他政策工具？此外，"逆全球化"思潮也是研究全球增长问题不可回避的问题。主流经济学理论可以推定，经济全球化本身体现的国际分工深化、自由贸易发展、全球技术进步和生产力发展，通过市场的相互开放使得各方实现利益最大化。但是在现实中，推动全球化的主体主要来源于发达经济体的跨国企业，而反对全球化的声音也此起彼伏。全球化发展中出现的不同生产要素在国际分工中的收益存在巨大差异问题日益突出；而且，全球化发展中也存在产业转移导致的产业空心化、失业加剧和世界经济层面的"储蓄—消费"结构性失衡问题。这些问题都是全球化进一步深化亟待解决的问题。

二是不平等问题。在现有国际经贸规则体制的有效作用下，随着全球经济的发展，收入不平等问题在全球范围普遍存在，而且呈现加剧的可能。一方面，各经济体间收入不平等问题愈发突出。虽然以中国为代表的新兴经济体在全球一体化进程中取得了高速发展的经济成就，但是在剔除中国等少数发展中经济体后，大多数发展中经济体与发达经济体的经济发展差距呈现出进一步拉大的趋势。这不仅是因为发展中经济体难以顺利融入全球一体化发展进程，还因为当前国际治理体系下，发展中经济体缺乏基础设施建设等公共产品，难以跨越"马尔萨斯陷阱"以及所谓的"中等收入陷阱"。另一方面，经济体内部的收入差距扩大也是值得关注的问题。正如法国经济学家托马斯·皮凯蒂在《21世纪资本论》中所论证的，自由市场经济在财富分配不平等问题上存在市场失灵，较高的资本回报率导致贫富差距的扩大，可能导致一系列社会问题以及长期经济增长难以为继。

三是全球化趋势问题。第二次世界大战以来，以中国—西亚—美欧为核心的全球生产中心、全球能源中心、全球消费中心的"三角稳态格局"开始被打破，全球供应链、产业链、价值链面临重构。一方面，即便美国政权更迭后放弃单边主义，美欧等西方经济体已经愈发重视国内产业空心化和失业问题，由此导致部分产业回归成为必然趋势。而中国等新兴经济体的企业为提高自身在全球价值链中的地位和扩大市场，扩大对外投资以及参与全球资源要素配置势在必行，将调整当前由发达经济体跨国公司主导的全球产业链的布局结构。另一方面,中国等新兴经济体的收入水平上升,带动了国内消费市场规模的扩大,这将对美欧国内需求市场疲软起到一定的补充作用,进而形成以发展中经济体内需市场为核心的区域性经贸一体化新格局。

四是国际经贸规则问题。数十年来,以 GATT/WTO 为代表的多边贸易体制面临多方面的挑战。多边体制的多数谈判停滞不前,拉大了现有多边经贸规则体系与现代全球经贸模式之间的差距。在发达经济体和发展中经济体谈判矛盾无法调和的情况下,多边体制"协商一致"的原则被认为缺乏必要的政策灵活性。在普遍认同国际经贸规则急需改革的背景下,如何改革便成为十分突出的问题。"协商一致"是否有必要妥协和修改?是放任更具灵活性的双边和区域贸易体制,还是通过诸边体制"曲线救国"?与此同时,美国在部分双边贸易协定中设置的"毒丸条款"体现出极大的负外部性。此外,在互联网、大数据等新科技快速发展的背景下,数字贸易已经成为不可忽视的重要经贸模式,特别是科技企业往往体现出较强的垄断性和产业边界模糊性,对现有监管模式和监管政策也提出了严峻的挑战。

五是全球经济治理问题。第二次世界大战以来的现有全球治理体制主要由发达经济体主导,但是在经济发展和科技进步等因素下,该体制存在问题和缺陷是发达和发展中经济体的共识。但是,各方对于如何解决这些问题缺乏共识。国际经贸规则需要的究竟是重构还是修正?同时,对于以中国为代表的发展中大国的崛起,如何避免陷入"修昔底德陷阱"和"金德尔伯格陷阱",是当前各界亟待破解的问题。

这五大世界经济问题是全球性问题,既需要我们开展全面深入的前瞻性、战略性思考和研究,也需要我们放眼全球,分析和借鉴海内外优秀学者的最新研究成果,发挥他山之石的启迪和作用。

也正因为如此,由上海财经大学出版社选编出版此套"贸易·政治·全球化译丛"。译丛共包含八本著作,大致分为三个领域,分别是世界贸易体系研究、美国贸易政策研究和自由贸易思想史研究。

《世界贸易体系中的政治经济学:WTO 及未来》(原书第三版)是兼具通识

性和专业性的专著。作者用严谨的逻辑和翔实的资料，系统论述了当前世界贸易体系制度设计的历史背景、经济学原理和内外政治因素。例如，自世贸组织成立以来，国际贸易体系呈现亦步亦趋的发展形势。该书始终将以WTO为代表的多边贸易体制作为核心，不仅详细梳理了其谈判历程和背后政治格局，而且着重分析了该机构作为各贸易经济体协商贸易政策的重要平台作用。对于区域贸易等当前全球化所面临的诸多问题与挑战，作者也予以客观介绍和理性探讨。这有助于读者更好地判断未来世界贸易体系的发展趋势。

继创造"资产负债表衰退"概念之后，辜朝明在《大衰退年代：宏观经济学的另一半与全球化的宿命》中再次提出了全新概念——"被追赶经济体"。有别于"马尔萨斯陷阱""中等收入陷阱"等聚焦发展中经济体发展问题，本书以全新的理论分析当今发达经济体出现的经济增长停滞和收入不平等问题，可以理解为高收入水平阶段发展陷阱的研究力作。作为日本著名的经济学家，作者对当前发达经济体所面临的经济与政治困境的核心驱动因素做出界定，并试图跳出当前财政、货币双宽松的发展思路，提出可行的发展思路，体现了其敏锐的洞察力和思想力。

《军费、贸易和大国竞争》是本译丛中唯一一部专注于第一次世界大战前国际经贸体系研究的著作。作者将军事冲突和国际贸易的关系作为研究对象，是国际贸易领域中较为冷门的选题，对国际贸易和国际政治领域研究起到了重要的补充作用。尤其是作者建立大国关系估计模型，从军事力量与商业合作的角度研究大国之间的竞争合作关系，研究角度新颖且具有创新性。同时，联想到当下复杂的国际形势，不禁令人引发对国际和平局势和趋势变化的遐想。

《国强国富：第二个千年的贸易、战争和世界经济》是一部经济史巨著。作者引用了大量的当代经济学研究成果和经验证据，系统分析了过去一千年以来重大历史事件对国际贸易和地缘政治格局的影响，以及贸易、殖民地在西方世界的崛起及其现代经济增长进程中发挥的作用，有助于读者更好地理解当今世界经济体制。本书从历史的角度，诠释过去一千年来世界各区域的贸易模式及其演进、全球范围的长期经济和政治发展趋势，以及这两者之间的相互作用。

相比众多传统国际贸易和世界经济研究著作，本书的侧重点放在区域经济和地缘政治上。这不仅体现在作者将世界七大区域作为研究单元，而且体现在作者强调地缘政治与国际贸易互为因果的关系。此外，作者还突出分析了军事在国际贸易中的作用。

《四处贩卖的贸易保护主义:〈斯穆特-霍利关税法案〉与大萧条》一书只有四个章节的篇幅，却对《斯穆特-霍利关税法案》的前因后果做出了权威描述。这部被誉为美国史上最臭名昭著的法案，通常被认为是引发20世纪30年代大萧条和第二次世界大战前世界贸易秩序崩溃的导火索，也是国际贸易学者热衷于引用的经典反例。作者首次全面阐述了该法案背后的美国政治背景以及后续引发的经济后果、国际反响和遗留问题。本书的意义不仅在于警示贸易保护主义在历史上所造成的全球性损害，还在于帮助读者更好地理解美国贸易保护主义思想背后的政治和经济背景。此外，作者采用了新版序言，其中的故事可以视为如今美国政府再兴单边贸易保护主义政策的宝贵教训。

《国家财富:美国贸易政治史》是一本系统研究美国贸易政策及贸易政策背后政治因素的著作，具有很强的学术性和可读性。作者将美国的贸易政策发展脉络分为三个重要阶段，分别是美国贸易保护主义的兴衰、自由经济秩序的建立以及贸易保护主义的复活。本书还选取美国历史上具有转折意义的历史人物，生动刻画出美国贸易政策转变的政治背景和政治决定因素，以便读者更深入地理解美国政治与贸易政策的关系。

《美国贸易政策变局》一书则专注于目前美国最重要的区域贸易安排——《北美自由贸易协定》。相比其他侧重于政府利益角度的研究，作者还利用大量档案材料和数据，着重分析了工会、环境活动家等美国社会政治团体对该协定产生的影响，有助于读者更全面地了解不同利益团体在国际贸易政策中扮演的角色。本书有助于读者更好地理解在《北美自由贸易协定》中纳入劳动和环境保护等条款的政治因素，也有助于理解民间组织在制定国家政策方面的作用。

《自由贸易思想史》对自由贸易思想史的梳理具有重要的学术价值和借鉴意义。其学术价值不仅在于梳理出自由贸易学说的发展脉络，而且在于整理和对比主要贸易保护理论,从侧面对自由贸易学说的必要性、严谨性、可行性进行了支撑性论述。这有助于我们加深理解自由贸易的理念和意义,也有助于进一步理解为何中国始终坚持对外开放原则和高举自由贸易旗帜。

本套译丛无论是专题的编排还是书目的挑选,都体现出上海财经大学出版社的用心良苦和高瞻远瞩。一方面,译丛所选著作均出自国际顶尖学府的著名经济学家之手,书目的内容体现出极高的学术权威性,其中一本著作更是荣获ASA 2019 年"查尔斯·蒂利杰出图书奖"(Charles Tilly Distinguished Book Award)。另一方面,本套译丛包含了翔实的资料和夯实的数据,十分有利于读者全面和系统地掌握世界经济的发展历史。同时,本套译丛突出了世界经济研究中政治经济学和国际政治研究的地位,顺应了当前全球化发展进程中政治要素影响愈发突出的趋势,有利于国内读者更好地理解国际经贸发展的态势。

本套译丛的翻译和出版工作具有重要的现实意义和学术价值。在面对百年未有之大变局之际,通过前瞻性分析、经贸史学研究等方法,我们可以更加深入理解之前百年的格局,更有助于正确掌握事物变化的客观规律,准确判断未来百年的世界变局。特别是如今经济全球化发展中愈发突出国际政治因素介入的影响,对世界经济的研究已经脱离不了从国际政治角度的研究。同时,译丛中多本译著为国内读者提供了全面而系统的美国政治资料,有助于国内学界更好地把握美国贸易政策变动的趋势。

权　衡
于上海市淮海中路六二二弄
2020 年 12 月

前　言

在世界上的许多人似乎趋于排斥全球化的特殊历史时期,为了弄明白自由贸易问题,尤其是自由贸易协定如何陷入如此不令人满意的境地,分析《北美自由贸易协定》是至关重要的。20世纪90年代,当我开始攻读硕士学位时,人们对于全球化的各种可能性似乎接近于普遍的兴奋。全球通信和程序会把全世界的人连接起来,压缩了时间与空间。新技术快速分润,使整个地球上的生活更加惬意,并且有助于消除全球不平等。全球化是关于未来的承诺和希望。

然而,(关于全球化)存在着不同意见和不满,他们倾向聚焦于这样的关注点：放纵的全球资本主义和新自由主义加深并扩大了不平等,以及对这个星球的严重破坏正在呈现出来,其信号是环境灾难以及人类活动诱发的气候变化。这些声音聚合在一起,形成了批评自由贸易的大合唱。他们的愤怒聚焦点是20世纪90年代初达成的贸易协定,有一名激进主义者将其称为"新自由主义蛋糕上的糖霜"。在他们看来,自由贸易代表的是,如何通过保障财产和知识产权保护,全球经济得以进一步扩张,以利于富人。而绝大多数的社会福利构成部分——劳工权利与人权、环境保护以及诸多其他方面——被视为仅仅受制于市场莫测变动的外部效应。

在建立于个人权利、个人自由理念之上并深深扎根于个人主义文化的国家里,为集体权力和公共物品立言通常是困难的,且是无效果的。但是,激进主义者视《北美自由贸易协定》(NAFTA)为北美大陆劳工权利和人权以及环境的普遍健康状况的根本威胁。其中的核心问题在于,他们反对《北美自由贸易协定》的斗争挑战了北美个人权利的特权,并且试图维护集体权力和公民的公共福利(我们这里使用"公民"一词,指的是社区成员,而无关其法律地位)。在这方面,他们反对《北美自由贸易协定》的斗争是相当激进的,然而,在贸易协定的历史发展过程中以及在对贸易协定的分析中常常忽视了他们的斗争。

在很大程度上,这是激进主义者对《北美自由贸易协定》做出的反应,尤其是,他们关注集体权力与公共物品,其强大的运行轨道吸引了我们两位作者。我们的兴趣一致,且我们的思路碰撞在一起,这绝非巧合。我们都是尼尔·弗雷格斯坦(Neil Fligstein)①和彼得·伊文思(Peter Evans)②的学生,他们都具有组织、社会运动、发展、政治社会学和经济社会学方面的专业知识。哈雷·沙埃肯(Harley Shaiken)既是劳工运动的激进主义者,也是一位学者,他在反对《北美自由贸易协定》的斗争中担任众议院议员理查德·盖法特(Richard Gephardt)③的顾问,他正领导着加州大学伯克利分校拉美研究中心。他热情地培养我们对《北美自由贸易协定》的兴趣。

---

① 尼尔·弗雷格斯坦,美国加利福尼亚大学伯克利分校社会学系教授,1939 年钱德勒讲座教授,产业关系研究所文化、组织和政治研究中心主任。主要研究领域为经济社会学、组织理论、政治社会学。长期致力于发展和运用一种有关社会制度如何产生、维持和转型的社会学的视角来分析看似互不相干的各种现象,如美国大公司的发展史和欧洲法律与政治体系的建构。运用此分析框架,对市场与政府如何进行具有建设性的互动问题给出了一种更具一般性的解释,进一步揭示了全球市场的运作机制。——译者注

② 彼得·伊文思,加州大学伯克利分校名誉教授,研究领域是全球化、劳工运动、国家与发展问题,以关于国家发展的比较政治经济学研究而著名。1995 年出版了《内嵌式自主:国家与工业的转型》(*Embedded Autonomy: States and Industrial Transformation*),并著有关于 21 世纪发展型国家(21st Century Developmental State)的系列文章。在过去几年里,为了确立"反对霸权的全球化"(counter-hegemonic globalization),他一直在研究发动跨国运动的方式,其中,劳工运动是关键角色。可以参见其 2008 年的文章《另一种全球化是可能的吗?》(Is an Alternative Globalization Possible?)以及 2010 年的文章《是不是轮到劳动力全球化了?》(Is it Labor's Turn to Globalize?)。——译者注

③ 理查德·盖法特,1941 年 1 月 31 日出生,1977—2005 年任众议院民主党议员,1989—1995 年成为众议院多数党领袖,1995—2003 年成为少数党领袖。1988 年与 2004 年两度竞逐美国总统竞选中的民主党提名失败。退出政坛后,成为重要的院外活动家。他创建了以华盛顿为基地的公共事务公司,以及以亚特兰大为基地的劳工事务咨询公司,即盖法特集团(the Gephardt Group),同时,担任欧华律师事务所(DLA Piper)、FTI 咨询集团(FTI Consulting)与高盛(Goldman Sachs)的顾问。

那时,巴罗斯大楼①产生了两篇关于《北美自由贸易协定》的学位论文[不久后,麦克姆·费尔布莱特(2006)完成了第三篇学位论文,完成了"三部曲"]。一篇是关于《北美自由贸易协定》的谈判与道德贸易倡导的兴起(Evans,2002);另一篇是关于墨西哥、美国和加拿大主要工会团结起来以应对《北美自由贸易协定》(Kay,2004)。虽然它们有着不同的聚焦点,但是,两篇学位论文都关注了类似的问题,即激进主义者为何且如何运用集体行动策略(collective approaches)对《北美自由贸易协定》做出反应,两篇论文都研究了他们如何表达对贸易政策的看法(将贸易政策视为对公共产品的冒犯),以及他们如何与其斗争(即北美跨境的集体行动)。

在《北美自由贸易协定》问题上共同的兴趣巩固了我们的文化互信,但是最终,撇开工作的数小时的晚宴交谈导致我们都认识到,我们的关系不再以探讨新自由主义贸易协定为中心。事实上,它根植于我们坚定而根本的关系之中,在我们之间持续不断,在我们的生活中贯穿着令人兴奋和令人感到难过的每一个时刻。它是这样一种关系,自然而又不需费力地生成家庭纽带——我们成了对方女儿的"姨母",双方女儿相互视为姊妹。

那么,这种关系自然要接受检验。我们决定一起参加一个文化项目。然而,与《北美自由贸易协定》研究相比较,什么项目更好呢?2004年,我们开始研究绿色贸易政策运动,研究成果变成了2008年发表在《美国社会学评论》(American Sociological Review)上的文章。由于付出的努力并没有毁掉我们的友谊,于是,我们决定继续进行项目合作,写出一本书的初稿,使《美国社会学评论》上发表的文章中不成熟的经验分析和理论分析观点得以具体化。在此期间,第二篇学术成果以《北美自由贸易协定与劳工跨国主义政治学》(NAFTA and the Politics of Labor Transnationalism)为书名,于2011年在剑桥大学出

---

① 巴罗斯大楼是美国加利福尼亚大学伯克利分校社会学系所在地,该楼建于1964年,以政治学教授、1919—1923年任校长的大卫·普雷斯科特·巴罗斯(David Prescott Barrows)的名字命名。——译者注

版社出版。在这本书中保留了第一篇学术论文的种子,并且做到了我们所期望的,即在《北美自由贸易协定》的文献学和历史学方面做出更多的贡献。

关注本书中呈现出来的独特历史和政治时刻并且忽略掉《北美自由贸易协定》如何塑造这几十年(这个过程也导致了这一协定的诞生),是轻而易举的,也许也是引人入胜的。当对本书做最后的润色时,《北美自由贸易协定》被重新政治化了。在2016年的总统初选和大选中,《北美自由贸易协定》成为一个中心话题。一般贸易问题,尤其是《北美自由贸易协定》,成为美国第45届总统压倒性的关注点。

如果给定当前政治时刻影响力的大小,那么,就容易提炼出本书比较重要的和一般的观点,即本书主要是有关民主的论述,本质上并非关于贸易的讨论。在过去的25年里,贸易已经成为民主制度和实践衰退的替罪羊,而战斗的中心任务就是要保护民主制度和实践。于是,《北美自由贸易协定》则提供了一面透镜,通过它检视国家是如何阻碍政策进程中的民主干预的。同时,《北美自由贸易协定》案例揭示了激进主义者娴熟地提出和运用策略,从而缓解国家机构关闭的影响,并影响国家政策。所以,不管2016年的大选结果如何,本书的观点都会产生这样的共鸣。

从本书中可以获得的另一个重要观点是强调被贸易干扰的工人和社会需求的重要性,以及从技术转换到能源政策造成生活的其他威胁的重要性。在过去的25年里,政治家、权威人士和学者几乎没有任何同情和理解,因而几乎没有任何可行的政策解决方案来应对经济与技术变化,而当工作岗位重新配置时,经济与技术变化使家庭和社会支离破碎,或者说,造成颓废。本书的观点是,对于消费者而言,贸易要么创造净增的就业机会,要么降低了价格水平,并且,也许准确地说,对于这个星球来说,限制攫取则是更好的。但是,对于个体工人来说(无论她或他生活在美国、墨西哥还是加拿大),则几乎没有任何慰藉,当工厂转移出去或矿井被关闭,他们就失去了未来。

我们期望促进增长、购买廉价产品、发展新技术、扭转气候变化以及保护地球资源不应排除或忽视其对工人的影响。工人已经并将总是处于全球化的最前沿。无视全球化对于工人及其社区的负面影响不仅具有重大的经济后果，而且具有重大的政治后果，正如我们看到的2016年发生在美国和英国的情况那样。

归根结蒂，《北美自由贸易协定》的故事表明，全球化并非天生具有正效应或负效应。由于构成全球化的诸多进程，治理全球化的规则决定了谁受益与谁受损，这些诸多进程包括投资与经济流动、通信网络的增加、技术转移与文化传播。公平贸易激进主义者在早些时候就认识到了这一点，他们认为《北美自由贸易协定》将为全球经济的治理规则提供一个基础，而全球经济的治理规则最终将影响工人、移民、农民、本土居民、环境，影响土地、水资源、医药的可得性，甚至影响文化产品。正是为了保护这些集体财产和集体权利，他们发起了针对《北美自由贸易协定》的斗争。尽管他们没有成功地扼杀《北美自由贸易协定》，但是，因为他们的坚持不懈，反对《北美自由贸易协定》成为更加强大的一致意志。并且，除了该协定推动了GATT转变为WTO，此后，没有任何一位总统能够让经济与政治意义更重大的自由贸易协定获得通过。

致 谢

本书是我们在伯克利受教育的成果,是在知名学者和导师彼得·伊文思和尼尔·弗里格斯坦指导下的成果。我们把这本书献给他们。他们对我们的文化水平和职业发展的贡献是无与伦比的。20多年来,他们对于我们这样的女性学者的支持是坚持不懈的。我们也感谢吉姆·沃斯(Kim Voss)和哈利·夏依肯(Harley Shaiken),他们给予了巨大的支持和鼓励。当然,我们还要感谢为了这个项目与我们分享其个人回忆的所有人们。我们从他们那里了解了大量的信息,我们希望本书足以反映他们的奉献、坚守和愿景。

朋友和同事针对手稿的各个方面提出了非常珍贵的建议,我们对他们表示无限感激。他们是巴特·波尼库斯基(Bart Bonikowsk)、约书亚·布鲁姆(Joshua Bloom)、兰斯·库帕(Lance Compa)、弗兰克·多宾(Frank Dobbin)、麦尔库穆·费尔布莱特(Malcolm Fairbrother)、玛拉·胡顿(Mala Htun)、肯德拉·科伊武(Kendra Koivu)、萨拉·尼德茨维奇(Sara Niedzwiecki)、苏珊·奥斯特曼(Susan Ostermann)、威廉姆·斯坦利(William Stanley)、杰米·尼尔森-努奈茨(Jami Nelson-Nunez)以及詹姆斯·杰斯帕(James Jasper)。至于研究支持、终稿的技术检测、检查引用、数字格式化的工作,我们要感谢阿萨德·L.阿萨德(Asad L. Asad)、阿龙·贝纳韦德茨(Aaron Benavidez)、安娜·卡拉珊迪(Anna Calasanti)、黛博拉·戴劳瑞尔(Deborah DeLaurell)、尼克·阿莱特·赫尔希（Nicole Arlette Hirsch）、伊恩·佩克（In Paik）、杰森·斯派塞（Jason Spicer）以及瑞亚·威尔逊（Rhea Wilson）。特别感谢詹妮·琼斯（Jane Jones）对本书终稿的编辑工作以及提出的宝贵意见，使本书更有说服力。

牛津大学出版社的编辑们和工作人员是出类拔萃的，我们非常感激他们对本书付出的劳动。我们非常有幸能够与詹姆斯·库克（James Cook）一起工作，他的指导和见解使我们的观点更有说服力，所要做出的贡献更加清晰。我们感谢他，感谢所有对本书做出奉献的评论人。我们对艾米丽·麦肯茨（Emily Mackenzie）对本书从头至尾的梳理工作表示由衷的感谢。本书中的一些资料和理念过去公开发表过，它们是：《环保主义者如何"环保化"贸易政策的：战略行动和领域重叠的架构》（How Environmentalists "Greened" Trade Policy: Strategic Action and the Architecture of Field Overlap, *American Sociological Review*, 2008）和《新挑战、新联盟：后〈北美自由贸易协定〉时代的工会政治化》（New Challenges, New Alliances: The Politicization of Unions in a Post-NAFTA Era, *Labor History*, 2013）。这项研究之所以成为可能，一定程度上得益于圣母大学文理学院人文科学奖学金的支持。我们还要感谢斯科特·艾泊碧（Scott Appleby）、基奥全球事务学院院长玛丽莲·基奥（Marilyn Keough）和圣母大学文理学院 I. A. 奥夏内塞伊（I. A. O'Shaughnessy）特聘院长约翰·T. 麦克格瑞威（John T. McGreevy）。感谢他们对这个项目的支持，并提供了因公休假的机会，使我们能够完成这本书的终稿。

诚挚地感谢亲爱的朋友们，他们是：杰森·麦克尼克（Jason McNichol）、艾琳（Eileen）、艾瑞克·奈森逊（Arek Nathanson）、戴尔斯夫妇（the Dales）、阿龙·贝尔肯（Aaron Belkin）、海利夫妇（the Haleys）、迈瑞尼亚夫妇（the Mariniers）、迈因茨夫妇（the Mintzs）、塔拉乔夫斯基夫妇（the Talajkowskis）、奥斯瑞姆斯夫妇（the Osirims）、瓦伦媞娜·柯格妮（Valentina Cogoni）、伊丽莎白·戈尔曼（Elizabeth Gorman）、詹妮弗·豪尔特（Jennifer Hoult）、瑞贝卡·米尔肯（Rebecca Milliken）、凯瑞恩·法瑞尔·亨德士（Karriann Farrell Hinds）、谢

拉·豪尔姆斯(Sheila Holmes)、杜纳·付维利(Duana Fullwiley)、乔夏·布鲁姆(Joshua Bloom)、杰森·斯派塞、提夫尼·弗劳维尔(Tiffany Florvil)、娜拉·艾利(Nura Aly)、安吉丽娜·高多艺(Angelina Godoy)、伊萨克·曼凯塔(Isaac Mankita)、伊萨克·马丁(Isaac Martin)、玛丽·安·米尔阿盖尔斯基(Mary Ann Mrugalski)、凯伦·杰萨德(Karen Jersild)、格莱恩·赖杰特(Glenn Leggett)、马修·甘茨(Marshall Ganz)、安东尼·陈(Anthony Chen)、普鲁登斯·卡特(Prudence Carter)、罗文·弗莱德(Rowan Flad)以及伊恩·佩克。

向我们的家人表达爱与感谢,他们是:安德鲁·莱文(Andrew Levin)、琳达·莱文(Lynda Levin)、约书亚·莱文(Joshua Levin)、卡洛琳·莱文(Caroline Levin)、妮可·伊文思(Nicole Evans)、苏·柯伦(Sue Curran)、黛博拉·布莱克(Deborah Black)、莫莉·肯尼菲克(Molly Kenefick)、琳妮·米勒(Lynne Miller)、蕾切尔·查佩尔(Rachael Chappell)、英迭戈·布拉赫-查佩尔(Indigo Blauch-Chappell)、坎永·布拉赫-查佩尔(Canyon Blauch-Chappell)、菲利克斯·布拉赫-查佩尔(Felix Blauch-Chappell)、迈克尔·凯伊(Michael Kay)、艾丽卡·谢尔曼(Erica Sherman)、卡拉·凯伊(Karla Kay)、拉娜·凯伊(Rana Kay),以及托罗(Toro)和沃尔佩(Volpe)整个家族。

永远感激我们的丈夫特拉维斯·温弗瑞(Travis Winfrey)和哈罗德·托罗·图拉(Harold Toro Tulla),他们坚定不移的爱、理解和鼓励让我们完成了本书最终的写作。尤其是,感谢我们的女儿,阿妮娜(Anina)和米雷娅(Mireya),她们的出生正好与这本书最初的写作时间相吻合。她们给我们带来无法估量的喜悦,每天都提醒我们为集体的公共物品而战斗是多么重要。我们感谢在写这本书的过程中遇到的所有行动主义者,他们每天都参与这场战斗,这样,我们就可以生活在一个重视和尊重人类尊严的世界里,生活在精致而美丽的星球上。

术语缩写列表

CAN——加拿大行动网络

ACTPN——贸易政策谈判咨询委员会

ACTWU——服装和纺织工人联合会

AFL-CIO——美国劳工联合会—美国产业联合会

AFSCME——美国州、县和市雇员联合会

ART——负责任的贸易联盟

BECC——边境环境合作委员会

BEP——边境生态项目

CAFTA-DR——《多米尼加共和国—中美洲自由贸易协定》

CBO——(美国)国会预算办公室

CEC——环境合作委员会

CJM——墨西哥出口加工区正义联盟

CLC——劳工合作委员会

COG——国会监督小组

CQ——《国会季刊》

CTC/CTWC——公民贸易运动/公民贸易观察运动

CTM——墨西哥工人联合会

CUSFTA——《加拿大—美国自由贸易协定》

CWA——美国通讯工作者联合会

DGAP——替代政策开发组织

DOW——野生动物保护者组织

EC——欧洲委员会

ECE——专家评估委员会

EDF——环境保护基金

EO——欧洲监察使

EPA——环境保护署

EU——欧洲联盟

FOE——地球之友

FTAA——《美洲自由贸易协定》

FTC——公平贸易运动

GATT——《关税与贸易总协定》

GSP——普惠制

IAM——国际机械师和航空航天工人协会

IATP——农业与贸易政策研究所

IBEW——国际电工兄弟会

IBT——国际卡车司机兄弟会

ILGWU——国际女装工人联合会

ILO——国际劳工组织

ILRF——国际劳工权利基金会

IPS——政策研究所

ISDS——投资者—国家争端解决

IUE——美国电子与通信业国际工会

JPAC——联合公共咨询委员会

MAI——《多边投资协定》

MFN——最惠国

MODTLE——发展、贸易、劳工和环境动员网络

NAAEC——《北美环境合作协定》

NAALC——《北美劳工合作协定》

NADBank——北美发展银行

NAFTA——《北美自由贸易协定》

NAO——国家行政办公室

NEPA——《国家环境政策法案》

NGO——非政府组织

NRDC——自然资源保护委员会

NTC——全国有毒物质运动

NWF——全国野生动物联合会

OCAW——石油、化学品和原子能工人国际工会

OECD——经济合作与发展组织

OSHA——《职业安全与健康法案》

PRI——机构革命党

RMALC——墨西哥自由贸易行动网络

SEDUE——城市发展和生态秘书处

STRM——墨西哥电话工人联合会

TAFTA——《跨大西洋自由贸易协定》

TPA——贸易促进部门

TPP——《跨太平洋伙伴关系协定》

TTIP——《跨大西洋贸易与投资伙伴关系协定》

UAW——美国汽车工人联合会

UE——美国电气、无线电和机械工人联合会

UFCW——食品和商业工人国际联合会

UMW——矿工联合会

USTR——美国贸易代表

WWF——世界野生动物基金会

WTO——世界贸易组织

目　录

第一章　引言：社会运动对国际贸易政策的影响/1

《北美自由贸易协定》与第一次且意想不到的贸易战/4

社会动员、国家与制度性机会/9

争论：为什么要贸易？为什么要《北美自由贸易协定》？/12

国际贸易政策的政治化/14

政治化与势力构造/16

《北美自由贸易协定》之后贸易战的持久意义/19

研究策略与本书架构/22

第二章　理论建构：社会运动对国家的影响/26

策略与政治背景之间的关系/26

暴乱与制度化的实践/28

场域理论、社会变革和中介机构/29

《北美自由贸易协定》谈判期间跨领域的杠杆/39

第三章 《北美自由贸易协定》之前的贸易政治/41

在贸易政策领域中推动贸易自由化/43

立法领域自由贸易的共识一直受到侵蚀/45

国际谈判领域转向区域贸易/48

贸易问题日益引起关注与草根政治领域的行为者/50

工会:从贸易自由化到贸易保护/52

环境保护主义者:从边缘的贸易行动者到关键角色/54

《北美自由贸易协定》之前工会与环保组织断断续续的联盟/58

劳工—环境权利趋同的开始:墨西哥出口加工区/61

开启《北美自由贸易协定》的斗争阶段/66

第四章 政治化与框架:环境与劳工权利相结合/67

在基层政治领域构建一个新的框架/69

在草根政治领域建立反对《北美自由贸易协定》的联盟/70

绿色贸易话语/73

对劳工而言,一种更为进步的贸易话语/75

全面发展起来的劳工—环境权利框架/78

第一部分:在立法领域重整劳工—环境框架/79

第二部分:要求贸易政策领域的合法地位和让步/86

"快速通道"斗争的影响/98

第五章 动员公众和立法部门反对《北美自由贸易协定》/101

第一部分:动员公众反对《北美自由贸易协定》/103

第二部分:利用基层民众的对抗来影响立法者,从而使《北美自由贸易协定》的通过成疑/114

第六章 利用制度杠杆影响附加协定/121

活动人士敦促克林顿支持补充协定/123

活动人士对谈判代表施加间接压力/127

活动人士在草根政治领域做出最后努力与补充谈判的蹒跚前行/133

劳工组织的关键策略失误/137

结果:两个附加协定的比较/142

活动人士对附加协定的不满意/145

补充谈判和开放国家渠道的重要性/147

第七章 反抗政府:《北美自由贸易协定》之后的贸易斗争/149

克林顿陷入困境的后《北美自由贸易协定》贸易议程/150

乔治·W.布什:用低风险的地区和双边协定巩固《北美自由贸易协定》模式/153

奥巴马:将贸易谈判作为机密信息/156

改善贸易政策的努力/165

在框架上的转变:从权利到民主/169

第八章 结论:机构关闭(信息渠道)对民主和动员的影响/175

《北美自由贸易协定》对就业、制造业和不平等的影响/177

《北美自由贸易协定》和贸易的政治化/184

对运动如何塑造政策的理解/187

破坏国家制度与破坏民主/190

参考文献/195

第一章

引言：社会运动对国际贸易政策的影响

2016年，美国乃至世界各地反全球化情绪爆发。2016年6月23日，在全国公投中，英国公民投票决定退出欧盟。支持英国退出欧盟的运动，或称为众所周知的"英国脱欧"（Brexit），集中表现为英国政治和经济主权以及反移民的鼓动言论，这样的鼓动言论主要在农村地区和后工业化的城市引起共鸣。在接下来的几个月里，英国各地爆发了抗议英国脱欧公投与抗议推迟正式脱欧的示威和游行。

欧洲各地也爆发了大规模的抗议浪潮，反对行将进行的《跨大西洋贸易和投资伙伴关系协定》（the Trans-Atlantic Trade and Investment Partnership, TTIP）与《加拿大—欧盟全面经济和贸易协定》（Canada-EU Comprehensive Economic and Trade Agreement）的投票。① 9月，超过1万名抗议者聚集在布鲁塞尔，游行队伍穿过街道，聚集于欧盟总部外面的两层楼高的充气特洛伊木马周围。德国《明镜周刊》（*Der Spiegel*）报道了"跨大西洋贸易和投资伙伴关

---

① 企业支持者和政府重新命名了这项协定。这项协定最初被称为《跨大西洋自由贸易协定》（FT-FTA）。

系"在全国范围内引发的持续抗议运动,报道称:"这是德国自伊拉克战争以来前所未有的抗议运动,已经将《跨大西洋自由贸易协定》的谈判推到了崩溃的边缘。这些示威活动所具有的专业水平是前所未见的。"①

10月,也就是一个月后,法国30个城市超过4万人游行;华沙聚集了7 000名示威者;马德里聚集了示威者数百人。欧洲各地的抗议者举着标语牌并喊着口号,穿着精心设计的服装,带着道具、乐器和宠物。(在德国)示威者扛着一个嘴里叼着美元的30英尺长的纸蛇玩偶走过柏林的街道。在西班牙,示威者用巨大的黄色泡沫塑料做成的链条把自己锁在一起,象征着在协定下的奴役状态。颜色鲜艳的横幅上写着"这不是国际条约,这是政变",以及"我们是人,不是商品"。②

2016年冬天,美国也出现了类似的情景。在美国和其他环太平洋的11个国家签署《跨太平洋伙伴关系协定》(TPP)的前夕,行动主义者在2月3日和4日举行了为期两天的集会。他们在美国的38个城市组织了示威游行,最先爆发示威游行的是华盛顿特区,首发地是拉斐特公园。那里,在白宫前面,抗议者在一块写着"TPP=背叛"的巨大标语牌前高喊口号。③ 4月1日,全国再次爆发了一轮示威游行。在当地众议院议员办公室门前集会时,选民们分发反TPP愚人节卡片。反TPP愚人节卡片还发送给了位于华盛顿特区的众议院议员的办公室人员。④ 世界各地普遍爆发了反对TPP的抗议活动,从马来西亚到新西兰都爆发了抗议活动。

到2016年2月美国总统初选开始时,两党的领跑者——共和党候选人唐纳德·特朗普(Donald Trump)和民主党候选人伯尼·桑德斯(Bernie Sanders)——已经明确表示强烈反对自由贸易协定,尤其是TPP。民主党候选人希

---

① http://www.spiegel.de/international/world/protest-movement-threatens-ttip-transatlantic-trade-deal-a-1091088.html.

② http://www.bbc.com/news/world-europe-37396796; https://politica.elpais.Com/politica/2016/05/15/actualidad/1463343025306049.html; http://www.lavanguardia.com/local/barcelona/20161015/411029454560/manifestacion-ttip-cepta-barcelona.html.

③ http://www.flushthetpp.org/protest-at-white-house-kicks-off-nationwide-days-of-action.

④ http://www.commondreams.org/newswire/2016/04/01/april-fools-protests-nationalwide-warn-members-congress-tpps-no-joke-take.

拉里·克林顿(Hillary Clinton)曾在担任美国国务卿期间参与 TPP 谈判,最终也否认支持奥巴马总统谈判达成的最终协议。

伯尼·桑德斯和唐纳德·特朗普反贸易的立场有一些相似之处。他们都认为美国贸易政策失败的根源与《北美自由贸易协定》有关,该协定是比尔·克林顿(Bill Clinton)在 20 世纪 90 年代初达成的,当时,他的妻子希拉里·克林顿支持这个协定。伯尼·桑德斯和唐纳德·特朗普声称,《北美自由贸易协定》造成了美国数百万制造业工作岗位的流失以及关键产业的破坏,尤其是在中西部地区。事实上,1993 年伯尼·桑德斯作为众议院议员,投票反对过《北美自由贸易协定》。他们都认为 TPP 是《北美自由贸易协定》开创的糟糕贸易政策先例的灾难性延续。

但是,他们的反贸易言论也存在分歧。桑德斯的着眼点是失业、公司势力、工资以及自由贸易协定中劳工和环境保护措施的缺失。相比之下,特朗普的反贸易言论与更广泛的反移民言论相结合,重点关注墨西哥移民问题。这样,他把墨西哥构陷为一个不当受益于《北美自由贸易协定》的国家,并且,墨西哥人利用松懈的移民法寻求在美国的工作,从而从美国人手中抢走了工作岗位。[①] 为了解决上面的问题,他呼吁重新谈判《北美自由贸易协定》,为了补救美国工人,他呼吁严格执行移民政策,建造美墨边境墙,并坚持美墨边境墙的建造由墨西哥政府埋单。这种排外的冲击在全美范围内产生的影响各不相同。他对《北美自由贸易协定》的攻击在中西部各州引起共鸣,自 20 世纪 70 年代以来,这些州受到了制造业就业机会持续减少的沉重打击,而他的反移民立场在美国西南边境各州普遍更受欢迎。

在特朗普赢得初选并成为共和党总统候选人之后,他坚持他的竞选纲领并且竞选言论主要围绕贸易和移民问题。他的反自由贸易立场与几十年来共和党对贸易自由化的支持背道而驰。在贸易问题上,他的对手——民主党总统候选人希拉里·克林顿——转为与她之前的立场和传统的民主党政纲相左的立

[①] 因为所有南北美洲的公民都是"American",且墨西哥人也是"North American",所以,我们在全书中用了"U.S."(指称美国)这个形容词。因为在英语中除了"American"这个名词而没有其他名词来指代美国公民,我们只在必要的时候使用它。

场。两位总统候选人都反对TPP，这是一项由民主党总统起草、共和党国会领导人积极推动的自由贸易协定，实际上，这是奥巴马政策中仅有的一项被两党共同支持的政策，这在美国历史上是前所未有的。这种事态发展尤其令人惊讶，因为从历史上看，贸易政策一直是选民不太关注的问题，这意味着他们通常不会根据政客的贸易政策立场而投出具有偏向性的投票，他们也不会将贸易立法的投票看得很重要(Guisinger,2009)。

2016年世界范围内反对全球化的情况是复杂的，存在许多不同的方面，其中包括反贸易、反移民以及排外言论和政策。在美国，这种反全球化情绪促成了唐纳德·特朗普在美国总统大选中的意外获胜。就职典礼后的星期一，特朗普总统重申了他对大幅改变美国贸易政策的承诺。他签署了一项行政命令，指示美国官员通知伙伴国，美国不会实施TPP。到了5月，他已经向国会发出正式通知，开始就《北美自由贸易协定》进行重新谈判。

导致强烈反对全球化情绪的何种因素使得2016年的诸多事件成为可能呢？我们认为，导致这种强烈反对情绪的动力是25年前在围绕自由贸易协定——《北美自由贸易协定》——的争斗中就被煽动起来了，而这一协定正是唐纳德·特朗普总统在竞选活动中强调的核心问题。新自由贸易体制的巩固始于1993年《北美自由贸易协定》的通过，这在美国特定地区的工人阶级选民中激起了怨恨，因为他们被贸易抛弃了。唐纳德·特朗普利用了这种怨恨情绪。因此，在一定程度上，特朗普的当选是贸易政治和政策的结果，这些贸易政治和政策的根源是20世纪90年代初出现的第一场贸易战——《北美自由贸易协定》之战。本书是关于这些贸易政治和政策是如何在《北美自由贸易协定》的谈判中出现和发展的，以及它们如何继续影响后来的贸易战，从而增强反贸易活动人士(包括许多工人阶级的选民)的怨恨的。

《北美自由贸易协定》与第一次且意想不到的贸易战

关于《北美自由贸易协定》的第一个令人困惑的问题是：一个贸易协定怎么

引起民怨沸腾,并且促使如此多样化的行动主义者通过大规模动员和抗议加以抵制?换句话说,在20世纪90年代初,一般性贸易政策,特别是《北美自由贸易协定》,是如何被政治化的?这是一个引人注目的困惑,因为令人惊讶的是,在1993年之前的几十年里,国际贸易政策并不是一个(政治)问题。在20世纪七八十年代,贸易并没有引起讨论,更不用说引起公开辩论了。它不是世界上到处出现的餐桌上的谈话话题,而是一个深奥的、技术性的国际经济问题,几乎没有引起国内政策的共鸣(Rupert,1995;O'Brien,1998)。这个问题主要留给经济学家和技术官僚去解决。行动主义者和非政府组织(NGOs)没有关于这个问题的动员,没有示威反对,也没有以任何方式优先考虑这个问题。因此,《北美自由贸易协定》的通过被期待作为一个既成的事实。没人想到《北美自由贸易协定》会引起巨大争议。

然而,在20世纪90年代初,贸易——特别是贸易协定——开始俘获关于全球化的所有紧张关系和矛盾情绪,而《北美自由贸易协定》就是一个具体表现。① 在《北美自由贸易协定》之前,贸易是一个陈旧的问题,没有多少政治共鸣,但是,在《北美自由贸易协定》的谈判期间和谈判之后,贸易成为每周的头条新闻。行动主义者,其中许多是工人阶级和工会成员,通过参与破坏性行动,全力反对《北美自由贸易协定》的通过。1993年5月反对《北美自由贸易协定》的高潮时期,行动主义者们组织了"全国行动周"(National Week of Action)。在整个北美大陆,成千上万的抗议者走上街头。他们在佛蒙特、圣路易斯、波特兰、西雅图和北达科他州的大福克斯举行集会。② 成排的拖拉机穿过科罗拉多州,在纽约市的游行吸引了超过1 000人,包括工会和绿色和平组织的环保行动主义者、布朗克斯清洁空气运动组织以及汽车和制衣业工会。

除了参与抗议和其他破坏性行动,行动主义者还积极努力改变公众和政府官员对贸易政策的看法。他们明确强调了《北美自由贸易协定》潜在经济效应之外的影响——将各种权利问题(劳工、环境、人权、土著等)与贸易联系起来。

---

① 为了方便起见,我们在整本书中使用贸易这一术语,而不是贸易协定。
② 来自1993年市民贸易运动的消息。

行动主义者改变了自由贸易的参数和文化利害关系——这不仅关乎失去工作，还关乎破坏环境、削弱消费者保护、扩大公司权力以及威胁土著居民等诸多问题。在《北美自由贸易协定》之前，环境权利和环境保护并没有与贸易挂钩。

但是，在围绕《北美自由贸易协定》的斗争中，行动主义者们成功地将劳工和环境保护与贸易联系起来——并且，这样的文化重构还在进行。现在，我们已经不能把贸易和劳动、环境以及无数其他问题分开了。这就是今天的北美人如何思考贸易问题的，这种思维框架在全球范围内广泛传播，与此同时，世界各地的许多劳工和环保组织都采用这种思维框架，并要求在他们的政府谈判的贸易协定中加入劳工和环境保护条款。[①] 如此将劳工、环境和贸易关联起来，标志着强烈的文化转变，这为今天所产生的巨大反响所印证。在 TPP 和 TTIP 问题上，关于劳工、环境以及其他方面保护的辩论始于《北美自由贸易协定》，同样重要的是，文化转变的历史可追溯至《北美自由贸易协定》。

在《北美自由贸易协定》之后，围绕所有贸易协定的巨大争论不仅证明了这种政治文化的转变是多么成功，而且也凸显了行动主义者斗争的影响，尽管他们未能扼杀《北美自由贸易协定》，可是因为他们改变了辩论的条件，并且改变了政府的贸易谈判策略，自第二次世界大战以来第一次有效地将贸易政策政治化。然而，更重要的是，贸易政策已经成为后《北美自由贸易协定》时代行动主义的目标，而此前这是从来没有的情况。自从《北美自由贸易协定》通过以来，劳工和环保行动主义者制造了对美国贸易政策的持续挑战，拥有广泛的追随者并产生了长期的影响。

这种情况是怎么发生的？具体来说，在《北美自由贸易协定》签署期间，劳工和环境保护行动主义者是如何将贸易政策政治化的？他们又是如何制定和部署一套社会运动策略，使《北美自由贸易协定》之后的贸易政策持续受到挑战，并为未来的贸易战搭建舞台？这些都是本书的核心问题。我们认为，劳工和环保行动主义者利用贸易谈判过程中较广泛的分歧，并创造了一系列以前从

---

① 当然，发展中国家的一些工会认为，劳工标准是隐性保护主义。

未存在过的围绕贸易的社会运动实践,从而使贸易政策政治化。① 自那时以来,产生了在贸易政策问题上的持续的行动主义。

这一系列社会运动实践既包括制度性策略(如游说、上书、电话咨询活动、提出法律挑战),也包括破坏性策略(如抗议、示威、游行、静坐),这些策略在国家和非国家政治舞台上被用来扩大分歧。我们的理论框架集中分析在这些舞台上形成社会动员的动力机制(正如我们在第二章中详细讨论的)。分析表明,不同舞台交汇的地方可以为行动主义者创造独特的支点,使特定目标变得更脆弱,更容易受到攻击,策略更有效。劳工和环保行动主义者利用这些支点,动员他们,使他们不仅能够在国家层面(在立法者和贸易政策官员中)以及在公众中政治化贸易政策,而且通过附加协定,影响《北美自由贸易协定》本身的内容。

行动主义者如何做到这一点？首先,他们必须构建一个使贸易问题能够引起公众的共鸣,并且能够将不同的、经常是敌对的草根组织的观点联合起来的路径。他们通过推动一个新的劳动—环境权利框架来"绿色化"贸易政策。这一陈述首次将环境权利和劳动权利与贸易联系起来,并将健康、贫困和劳动权利问题与环境外部性联系起来。这些问题无法通过市场机制解决,因为它们正是市场机制的产物。

这种联系有助于扩大和团结反《北美自由贸易协定》联盟,扩大新的劳动—环境权利框架潜在支持者的范围,并增加声称为了更广泛的同盟的候选人的支持者。新贸易论述使得行动主义者们能够吸引以前从未参加过贸易政策辩论的大批国家和地方组织参加贸易政策辩论。行动主义者通过民间社团组织(包括工会、基层环保组织、消费者组织和人权组织的广泛网络),获得了公众对这一新框架的支持。通过"绿色化"贸易政策,从而将过去的技术性关注点转变为高度显性的流行话题,自第二次世界大战以来,行动主义者第一次在公共事务领域将贸易问题政治化了。

---

① 这些策略本身并不新鲜。相反,行动主义者重新利用这些策略,围绕贸易政策问题进行社会动员。

在1991年《北美自由贸易协定》之战开始时,劳工与环境保护行动主义者的目标不是扼杀该协定,而是通过迫使政府将新的劳工与环境权利框架纳入《北美自由贸易协定》,并且使协定纳入强有力的劳工与环境保护和执法机制,从而改进该协定。这可不是一件容易的事情,从1991年美国乔治·H. W. 布什当局的"快速通道"战争开始,美国政府谈判代表就拒绝将劳工和环境问题与贸易挂钩,甚至拒绝考虑将劳工和环境保护纳入协定。

应对这样的阻碍,行动主义者动员公众反对《北美自由贸易协定》,并且制造敌对状态,进而影响最终将对协定投票的立法者。凭借对《北美自由贸易协定》的最终国会通过造成重大威胁,他们希望能够间接影响谈判代表。劳工—环境权利框架使得不同选区的立法者能够表明反对这一协定的立场。这对于总体上支持劳工的国会议员来说尤为重要,他们的选民可能会因《北美自由贸易协定》而失去工作。利用绿色贸易的论述,他们在试图破坏或修改协定时,能够避免自己的论点带有保护主义倾向。

随着谈判的进行,这一策略取得了一些成果。通过运用一系列破坏性战术(包括游行、抗议和政治集会),激起了公众对《北美自由贸易协定》的强烈反对,并通过制度化的策略影响立法者,行动主义者向总统和谈判人员施压,迫使他们做出让步。一点一点地,他们软化了:美国贸易代表(USTR)接受并采纳了劳动—环境权利框架,修改了规则,允许环保组织参加美国贸易代表的咨询委员会,首次在贸易政策中赋予其正式的角色,并将劳动和环境保护纳入附加协定。

事实上,行动主义者新框架、资源、联盟以及规则的动员策略改变了国家和非国家舞台,进而改变了谈判立场,影响了《北美自由贸易协定》的最终形式。为了应对《北美自由贸易协定》不能通过的威胁,克林顿总统采纳了主要环保组织领导人提出的建议,另外对环境保护进行谈判,将其作为确保通过的手段。[①]行动主义者帮助不断增加附加协定中的保护措施,导致了第一个三方贸易协定

---

① 劳工领袖们并不支持这个选择。美国劳联—产联呼吁克林顿重新谈判协定。

中包含执行劳工和环境法的机制,尽管这是一个薄弱的机制。① 如果没有行动主义者的政治动员,《北美自由贸易协定》可能根本就没有保护措施。

诚然,重要的是,不要过度评价行动主义者对《北美自由贸易协定》本身的实际内容的影响。《北美自由贸易协定》没有优先考虑劳工和环境保护,并创造了一个严重不足的执行机制。行动主义者对《北美自由贸易协定》的影响主要是挑战了精英们对贸易自由化的意识形态承诺,并反对华盛顿如何实现贸易政策的常规设计。他们运用制度性的"内部人士"和具有破坏性的草根"外部人士"策略,创造了一场对立的贸易运动,这场运动更具有国内民族主义色彩,更侧重于草根阶层,在参与和传递信息方面比之前的任何运动都更加具有多样性。他们发起的公平贸易运动改变了公众舆论,影响了国会对纳入环境和劳工条款的支持。最终,它改变了美国贸易政治的运作方式,并且他们觉醒了,参与了对政治空间的争夺。

社会动员、国家与制度性机会

在很大程度上,劳工和环保行动主义者在《北美自由贸易协定》谈判中围绕制度平衡点动员的能力是可能存在的,因为他们有机会接触到国家机构。《北美自由贸易协定》案具有启发性,因为它表明,即使国家向民间社会活动家提供最低限度的接触机会和信息,他们也容易围绕制度平衡点进行社会动员。在《北美自由贸易协定》谈判的三个关键时刻(从1991年3月至5月的"快速通道"、从1991年6月至1992年8月的实质性谈判,以及从1993年3月至8月的附加协定谈判),行动主义者并没有完全参与。事实上,政府通常试图保持封闭的进程。然而,行动主义者获取关键文件和信息的途径各不相同,主要取决于他们是内部人士还是外部人士。在围绕"快速通道"的斗争期间,只有劳工顾问和国会议员能够获得协定的官方文本。在行动主义者社会动员之后,一些环保

---

① 自1957年以来,欧洲经济共同体/欧盟条约就包括了劳动法的实施机制。无论如何,它的法庭已经处理了这些问题。因此,欧洲联盟没有设立专门负责实施关键基本劳工权利的裁决机构。

组织也被允许作为官方顾问参加小组谈判,从而能够获得这些文件(他们在1991年11月被正式任命和批准)。① 政府没有向公众公布谈判文本,尽管最终有一份草案被泄露出去。

在谈判的不同时间节点(这里所指的是,从"快速通道"到最终国会通过)上,行动主义者已经接触到其他信息、文件以及政府官员。劳工和环保代表参加了美国贸易代表的各类委员会,美国贸易代表通过与工会和环保组织会晤,寻求民间社团的参与和评论(主要是为了评估协定通过的最低限度的必要条件)。美国贸易代表各类委员会的行动主义者积极分子,也知道墨西哥和加拿大的应对提案。国会议员举行了大量听证会,征求民间社团的意见。他们还能接触到贸易政策官员。某些文件已经公布,比如环境审查和一体化边境环境计划。

我们发现,在围绕《北美自由贸易协定》的斗争中,一定程度上,行动主义者使用的策略取决于他们在关键时刻能够接触到的信息和官员。获得关于谈判者在协定不同方面的立场、存在争议的领域以及各利益攸关方提出的底线要求的信息,使行动主义者能够在谈判的关键时刻制定和实施具体的框架、资源中介和联盟建设的策略。获取信息和接触国家机构使得活动分子能够维护自己的民主利益,并在贸易等领域产生影响,而他们以前从未这样做过。当然,这样的接触和信息获得是有限的。事实上,在《北美自由贸易协定》的谈判过程中,行动主义者反复批评政府缺乏透明度,以及他们被边缘化,特别是企业参与者相关方面。他们成功地提起诉讼,以获得更多的信息。然而,全面接触和获得信息的匮乏肯定限制了他们推动协定纳入更多的劳工和环境保护措施的努力。

在《北美自由贸易协定》通过后的几年里,行动主义者在贸易政策中的介入和参与程度各不相同,但政府总体上继续保持一个封闭过程,以尽量减少阻力,以及挫败公众对贸易协定的反对意见。在克林顿政府时期,秘密谈判达成的《多边投资协定》(Multilateral Agreement on Investment,MAI)几乎完成之前,文本泄露,行动主义者知道了它。2006年大选后,民主党控制了众议院和参议

---

① 参见奥德利(Audley,1997:66)。

院,在布什政府的领导下,行动主义者有了更多的渠道、投入和影响力。在 TPP 谈判期间,奥巴马政府将协定文本视为机密信息,并威胁将起诉那些向同事和选民透露文本的顾问。政府官员还阻止许多国会议员及其工作人员接触文本以及对其加以评论。美国贸易政策委员会主席迈克尔·弗罗曼(Michael Froman)说,公民几乎不可能以有意义的方式影响 TPP。

对于政府通过强调透明度问题(包括在协商进程和贸易协定本身两个方面)来阻挠行动主义者接触的持续努力,行动主义者做出了回应。他们意识到,投资者—国家争端解决机制(investor-state dispute settlement,ISDS)条款可以成为一个统一的问题,使更广泛的支持者联合起来反对贸易协定。投资者—国家争端解决机制条款就像《北美自由贸易协定》第 11 章中的一些条款那样,允许公司在法律或政府行为导致当前或未来利润损失的情况下,通过仲裁机构(secret tribunals)起诉政府赔偿无限额的金额。投资者—国家争端解决机制条款及其对国家主权的威胁也引起了公众的共鸣。在《北美自由贸易协定》之后,工会和环保组织的话题发生了转变。在国会大厦举行的《北美自由贸易协定》辩论中,大多数行动主义者的话题集中在将劳工和环境保护与贸易联系起来,以及强调劳工和环境权利与保护。相比之下,在关于 TPP 和 TTIP 的辩论中,行动主义者主要集中于批评透明度、参与度和民主性等问题。

我们分析了劳工和环保行动主义者为了在《北美自由贸易协定》之战中将贸易问题政治化并跨越机构塑造贸易政策的能力,也提出了其当前影响的重要问题。其中的关键是,政府关闭机构渠道后,增加了社会运动和其他民间社团组织影响政策的难度。但这也增加了风险。有人可能会说,通过维持《北美自由贸易协定》后的封闭谈判进程,拒绝回应民间社团对贸易协定内容的关切,贸易政策精英们为《美洲自由贸易协定》(FTAA)、世界贸易组织多哈回合和 TPP 的终结以及唐纳德·特朗普的当选铺平了道路。实际上,中西部主要州的许多工人阶级选民被贸易抛弃了,他们选择了一名承诺恢复就业、重振制造业的反贸易共和党候选人,而不是一名在其职业生涯的大部分时间里支持自由贸易、并参与 TPP 谈判的民主党候选人。当然,许多工人阶级选民只是待在家里,并拒绝投票。

尽管特朗普总统的立场是反对贸易,但是,他不太可能优先考虑强有力的劳工和环境保护措施,虽然这些措施在《北美自由贸易协定》和其他贸易协定的谈判中会令工会和环保组织满意。写这本书的时候,劳工和公平贸易行动主义者注意到,他们的美国贸易委员会代表罗伯特·莱特希泽(Robert Lighthizer)已经迎合了他们的意见,并且支持他们的一些建议。然而,特朗普喜欢破坏国家机构和政府机构,削弱他自己任命的官员,以及改变他的政策立场,表明预测《北美自由贸易协定》的最终结果会出现荒唐的错误。

争论:为什么要贸易?为什么要《北美自由贸易协定》?

为什么学者和行动主义者要关心 20 多年前因自由贸易协定而产生的政治问题呢?显然,2016 年世界范围内的反全球化浪潮证明了贸易作为政治试金石的重要性。当然,有必要区分构成这种反弹的两种截然不同的思潮:一种是进步运动,即反对他们所认为的通过 TPP 和 TTIP 等自由贸易协定巩固企业权力的做法;另一种是保守主义运动,即民族主义和仇外心理的集结,以求防止失业、关闭国界和阻止移民。在美国,政治家和经济学家倾向于在很大程度上最小化和忽视贸易对那些被抛弃的人们的真正影响,特别是对中西部工人阶级的影响,留下了一个唐纳德·特朗普可以识别和利用的不满和怨恨。

然而,在本书中,我们认为,研究围绕《北美自由贸易协定》通过与否展开的斗争最令人信服的原因,是它的谈判揭示了国家和民间社团之间的诸多关系。自 20 世纪 80 年代中期以来,一种突出国家作为社会行为者和机构的作用并探究其对政治和政策的影响的文献已经出现在社会科学领域(Evans,Rueschemeyer and Skocpol,1985;Evans,1985,1995;Morgan and Orloff,2017)。我们通过分析国家和非国家领域功能和作用的重叠如何影响民间社团组织对国家政策的影响力,扩展了这些文献。研究表明,对于行动主义者试图制定国际政策的努力而言,机构机遇是多么重要;行动主义者改进了《北美自由贸易协定》(尽管他们最终未能扼杀该协定),方法是操弄跨国家机构领域,参与破坏性的社会运动动员。在贸易政策发生重大转变之际,行动主义者通过动员公众和国会盟友,可能阻碍贸易协定的通过。《北美自由贸易协定》案例表明,行动主义者在影响跨越而不那么孤立的国家领域的政策方面有了更好的改变,在这些领域中,不那么具有绝对权力,且权力中心不那么集中。

因此,我们的分析框架是政策争论的宽泛影响,这会超越贸易政策争论。这将对试图弄清楚民间社团(包括社会运动)在构造各种国际政策中的作用的富有生机的理论文献方面做出贡献。鉴于社会学家对许多领域(如环境退化、劳工权利和经济发展)感兴趣,这些领域都受到国际贸易政策的重大影响,我们试图通过一个理论框架解释社会运动积极分子如何影响贸易政策,从而弥补社会学与贸易政策政治化及其形成之间相对缺乏联系的问题。[①]

也许最重要的是,我们的研究揭示了机构机会和民主实践之间的联系。当政府阻碍了行动主义者的机构渠道(实际上是放弃民主策略)时,行动主义者试图改善贸易协定的能力就会受到严重阻碍。政府针对贸易问题采取保密措施,意味着开展社会运动的行动主义者搞不清楚正在发生的事情,从而无法利用分歧,进而就几乎没有了影响贸易政策的机会。

在后《北美自由贸易协定》时期,美国政府努力在贸易谈判中保密,检验了自《北美自由贸易协定》之始行动主义者将贸易政策政治化的影响,即劳工和环保组织有效地将贸易变成一个有争议的公共问题,而国家继续破坏围绕贸易的民主实践,并阻碍行动主义者影响谈判的努力。这在后《北美自由贸易协定》的政治文化中变得根深蒂固,对民间社团和民主制度是有害的。但是,这种坚守甚至比 25 年前反《北美自由贸易协定》的行动主义者所能想象的更为阴险,因为政府的策略是将贸易政策定位与民间社团机构相隔绝。实际上,国家已经阻隔了经济政策所受到的民主干预。

于是,《北美自由贸易协定》的故事应该起到一个警示作用。健全而有效的

[①] 关于贸易的社会学研究工作的例子包括艾叶思(Ayres,1998)、德雷林(Dreiling,2001)、杜伊纳(Duina,2006)、考瑞福(Choriv,2007)。

国家机构对于民主至关重要，正如大量社会科学研究所显示的那样（Starr, 2007；Tilly, 2000）。但是，透明而负责任的国家机构对于民主同样重要（Baum, 2011；Hurst, forthcoming；Nonet and Selznick, 2017；Kitschelt, 1986；Diamond, 1999）。削弱行动主义者影响贸易政策的能力并不涉及直接削弱国家机构，而只是涉及取消了民间社团的监督权和参与权，从而间接地削弱了他们的能力。这不仅对未来的公平贸易运动有明显的影响，而且对其他试图影响政策的民间社团组织也有明显的影响，其影响范围从努力改变国际气候政策的社会运动到难民和移民政策以及国际银行业的监管。

《北美自由贸易协定》可以证实并引人注目的是：当机构通道被国家阻隔时，行动主义者要影响并塑造政府政策，就会极端困难。并且当国家取消了民间社团参与的机构性机会时，例如，通过秘密谈判气候变化协定，行动主义者几乎没有任何办法，只能采取破坏性策略，并将破坏性策略作为取得成功的最佳选择。事实上，这样的机制强化了政治化和极端化。

国际贸易政策的政治化

在 20 世纪 90 年代早期，很少有人能够想到一项神秘的贸易协定会催化第一次反对新自由主义的斗争，这场斗争蔓延到西雅图、魁北克、马德普拉塔等地。但是，对许多行动主义者来说，《北美自由贸易协定》象征着贸易战中的第一次战斗（对于加拿大人来说，这是第二次战斗）。它激发了一次广泛的反企业的全球化运动，这次运动可以说是过去 30 年中参与程度最高、持续时间最长的国际社会运动，并标志着贸易政策政治化的一个转折点（Rupert, 1995；O'Brien 1998）。《北美自由贸易协定》成为转折点，主要是因为在 20 世纪 90 年代早期，行动主义者认识到贸易政策正开始模糊国内和国际政策问题之间的界限。

《美加自由贸易协定》（*Canadian-U. S. Free Trade Agreement*，CUS-FTA）达成的经济一体化以及墨西哥出口加工区项目（外国人在墨西哥开办的装配厂)鼓励公司将制造厂转移到美洲大陆上劳动成本最低和管制最少的地区。① 此外,旨在减少非关税贸易壁垒的《关税与贸易总协定》多回合谈判使得三国中的每一国的国内管制法律容易受到贸易律师和争端机制的审查。在《北美自由贸易协定》谈判期间形成的广泛的跨国联盟,一定程度上是区域和全球层面的结构性力量的结果,这些结构性力量导致来自不同社会运动部门——以及不同国家——的行动主义者将他们的处境联系起来。

行动主义者意识到,民族国家无法完全规范行业和市场,意味着区域和全球一体化将产生经济和社会后果。因此,北美贸易规则不仅会影响就业和工作条件,而且会影响环境、消费品和服务、健康和安全以及人权。然后,《北美自由贸易协定》引发了一场新的贸易政策辩论,这场辩论将经济和社会权利、国家和国际舞台联系在一起,现在国内问题有了国际因素。事实上,研究表明,随着贸易政策从关注边境管制(通过关税政策)转向更加强调通过资本流动和国内法的变化来实现经济一体化,贸易政策变得越来越政治化(Howell and Wolff,1992;Preeg,1995)。

贸易领域的问题扩大到包括健康、安全、消费者和环境标准等许多方面,这为一群全新的博弈参与者提供了舞台,他们将自己的利益与国际贸易体系联系在一起。北美贸易一体化不仅会影响传统上被认为是受贸易影响的选民,他们是国内的博弈参与者,如制造商和工会;而且还会影响以前未被动员起来的博弈参与者,如环保主义者、关注健康和安全法的消费者活动人士以及人权组织。

新的辩论需要新的策略和新的斗争形式。对于议题范围广泛的行动主义者来说,《北美自由贸易协定》标志着低工资、放松管制的经济一体化战略成为整个美洲大陆的官方政策。作为回应,行动主义者发起了一场公平贸易运动,旨在增加政策安排,保护北美工人、消费者、环境、土著居民、农民和穷人的权利免受国际贸易法和外国直接投资的侵害。他们认为,全球经济的规则应当有伦理或道德尺度,并且,不应当以经济一体化的名义牺牲规制性保护措施。

在崇尚个人权利和自由的政治文化(特别是在美国)中,基于集体权利和共

---

① 马基拉朵拉项目的目的是吸引外国投资,减少失业,该项目主要是沿着墨西哥北部边境展开。

同利益提出权利要求并不容易,甚至有潜在风险。但是,行动主义者认为《北美自由贸易协定》对美洲大陆的劳工和人权以及环境的健康构成了严重威胁。他们反对《北美自由贸易协定》的口号是相当激进的,声称要优先保护集体权利和公民的共同利益[①],因此从根本上挑战了北美的个人主义文化和个人权利的优先地位。

他们发起的公平贸易运动也结合了劳工运动中最具民族主义色彩的成分,即呼吁全球承认工人组织、集体谈判和罢工的权利,以及最近围绕贸易政策对环境、消费者权利和其他监管法律的影响的批评。尽管反对《北美自由贸易协定》的运动并不总是作为一个统一的实体发挥作用,并且其成员也并不总是同样地看待战略和战术目标,但他们联合起来,成为一股力量,争取建立一个将支持国内提高劳工、环境和广义的社会福利的努力以及与强有力监管保护措施相结合的经济一体化的贸易体系。

政治化与势力构造

1993年11月,当《北美自由贸易协定》以微弱的多数票获得通过时,反对《北美自由贸易协定》的行动主义者极为震惊。投票结果非常接近(众议院以234票对200票),直到最后一个小时,他们还期待能获得胜利。最终,环保和劳工活动家认为《北美自由贸易协定》的通过是一次失败,并对环境和劳工保护的不充分感到沮丧。许多学者和专家都认同这一观点。从1994年开始,源源不断的学术研究涌现出来,凸显了《北美自由贸易协定》及其劳工和环境附加协定的失败,这是对劳工和环境权利的持续侵犯以及对整个美洲大陆工人力量的不断削弱(Bronfenbrenner,2007;Caulfield,2010)。我们同意这些评价:《北美自由贸易协定》的附加协定相对脆弱,导致保护工人权利毫无胜算,没有改善工人的条件和整个北美的环境。事实上,随着《北美自由贸易协定》25周年纪念

---

① 当我们使用"公民"这个词的时候,我们通常指的是那些重新回到北美并成为其社区一部分的人,不管他们的法律地位如何。

日的临近,美洲大陆的工人们正面临着 20 世纪最严重的政治与经济危机,并且,我们这个星球正在因气候变化而发生不可逆转的改变。[1]

在对《北美自由贸易协定》缺陷的强烈和合理的反应中,行动主义者如何在谈判中建立斗争力量通常被忽略或忽视了。在《北美自由贸易协定》的案例中,行动主义者没有获胜。如果仅仅从工会推进其议程和提供有力裁决机制的角度来评价附带协定,那么,以任何客观标准衡量的附带协定都不是成功的。然而,北美行动主义者的努力并非完全徒劳。如果从贸易政治化、贸易争论的扩大和重构、迫使政府在协定中纳入劳工和环境保护(无论多么脆弱),以及建立一个跨议题领域的广泛的国际联盟等方面衡量,他们的确产生了重大影响。因此,分析社会运动对贸易政策结果的影响,我们从"控制力"(power over)和"势力"(power to)两个角度衡量影响。

这些观点来自伯纳德·卢默(Bernard Loomer)对两种力量的阐述:单方面力量与关系性力量(Loomer,1976)。正如马歇尔·甘茨(Marshall Ganz)所解释的那样,前者反映了一种声明策略(a claim-making strategy),即"需要创造力量来改变依赖和支配关系"[2];后者反映了一种合作战略(a collaborative strategy),即"通过在具有共同利益的行为者之间建立更多的相互依存关系,产生更多的力量,以实现共同利益"[3]。因此,政治化涉及建立这种关系性力量或势力,包括重新构建问题并在它们之间建立新的话语联系的能力(例如,贸易和环境保护之间的联系),以及在各组织和运动之间建立更大范围的支持者的能力,进而增加行动主义者最终改变社会事实和实现控制力的可能性。正如杰米·K. 麦卡勒姆(Jamie K. McCallum)在他对跨国劳工斗争的分析中令人信服地指出的那样,"胜利(victory)并不像赢(winning)那么简单,它首先要建立起战斗的力量"(2013:159)。

---

[1] 正如弗朗西斯科·费尔南多·赫雷拉·利马(Francisco Fernando Herrera Lima,2014)等学者所说,现在美国的工会化处于最低的水平,这是一百多年来前所未见的。墨西哥工会正处于自墨西哥革命以来最严重的危机之中。

[2] 这些见解来自马歇尔·甘茨:"实践民主:领导力、社区和权力"(Practicing Democracy:Leadership, Community and Power)课程笔记(17):"领导变革"。

[3] 马歇尔·甘茨:"实践民主:领导力、社区和权力"课程笔记(17)。

行动主义者在《北美自由贸易协定》谈判期间建立了"势力",但没有实现"控制力",因为在贸易协定通过时,他们的斗争失败了。然而,他们在华盛顿特区和本土地区动员和游说,以威胁顽固的国会议员会失去选票和组织支持的方式,几乎击败了《北美自由贸易协定》。事实上,在《北美自由贸易协定》签署前夕,因为在劳工和环境问题上存在弱点,《北美自由贸易协定》似乎不会通过。对于补充谈判可以克服立法上的分歧,支持《北美自由贸易协定》的领导人表示了怀疑。政府部门大多数高级官员的私人观点是,总统应该抛弃协定并"隐瞒证据"。[①] 行动主义者将《北美自由贸易协定》的投票置于危险境地的能力是一个相当大的胜利。尽管克林顿总统最后一小时的讨价还价获得了通过《北美自由贸易协定》所需的选票,但劳工和环保行动主义者围绕贸易问题政治化和动员的能力带来的后果却是历史性的。

并且,在《北美自由贸易协定》的关键时刻,行动主义者有几次重新配置他们的跨国网络,致力于成功获得控制力。随着新的自由贸易协定如《美洲自由贸易协定》出现在政治舞台,他们重新组合并扩大了阵营,在整个北美和南美形成了一种比之前的任何贸易动员更加国际化、基层导向和组织多样化的贸易政策上的行动主义。尽管他们没有什么成就,但他们的胜利则意义重大。1997年和1998年,行动主义者在美国扼杀了"快速通道"立法。1998年,由于来自劳工、环境和其他民间社团组织的压力,特别是在法国和加拿大,经济合作与发展组织(OECD)国家之间关于《多边投资协定》的谈判失败了。2005年11月,行动主义者的努力帮助终结了在阿根廷马德普拉塔进行的历时十多年的《美洲自由贸易协定》谈判。

可以说,行动主义者最大的成功是破坏了 TPP。正如非政府组织"公民"(Public Citizen)在其网站上宣称的那样:"它被数千个不同的组织所阻止,这些组织代表着跨越国界团结起来的劳动人民——他们反对企业权力,为环境、健康、人权和民主而斗争。"[②] 虽然 TPP 的终结是特朗普总统行政命令的直接结

---

① 引自苹果公司官网(1993)。
② http://www.citizen.org/tpp.

果,但是,当时国会没有足够的票数通过该协定。在美国和世界各地,行动主义者在鼓动反对派方面是相当成功的。当然,我们永远无法知道,如果选举——以及由此产生的对贸易协定的反对派(尤其是在通常支持贸易的共和党国会议员中)——发挥了不同的作用,那么,它的命运会是什么样的。

运用有细微差别的指标评价社会运动在"控制力"和"势力"两个方面的影响,将让我们更加明确民间社团组织和社会运动真实影响,尤其是,当他们未取得实质改进目标、未达成保护工人和环境目的以及为实现宣称的目标的时候。

《北美自由贸易协定》之后贸易战的持久意义

虽然相当多的学者研究了《北美自由贸易协定》谈判的各个方面,并且围绕TPP和TTIP谈判出现了越来越多的文献,但是,当前还没有文献对下列问题提供一个广泛而严格的分析:劳工和环境行动主义者如何在《北美自由贸易协定》之战中将贸易政治化并影响了国家的国际贸易政策,或者如何以及为什么一些策略在当前的贸易战中发生了转变。此外,当前的分析并没有提供一个更为一般性的理论,从而帮助解释随着时间的推移,社会运动和国家战略以及贸易政策成果之间的动态关系。

绝大多数学者关注的是涉及面狭隘的谈判过程的分析——往往是从政治学的角度看问题。最近关于 TPP 和 TTIP 的著作聚焦于谈判的地缘政治学(Hamilton,2014;Morin et al. ,2015)。类似的,拜耳和维恩特劳(Baer and Weintraub,1994)探讨了《北美自由贸易协定》谈判之于北美政治关系的独特性,而伯格南诺和瑞迪(Bognanno and Ready,1993)展示了相关利益攸关方(劳工、产业界和政府官员)的不同观点。这两本书都是在《北美自由贸易协定》谈判之前完成的。赫尔曼·冯·伯特拉布(Hermann von Bertrab,1997)作为墨西哥谈判团队的一员提出了自己的见解,小威廉·A.奥姆(William A. Orme Jr. ,1996)关注的是改变美洲政治格局的《北美自由贸易协定》的历史性一体化进程。

无论是弗雷德里克·W. 梅耶(Frederick W. Mayer,1998)聚焦《北美自由贸易协定》，还是卡梅伦和汤姆林(Cameron and Tomlin,2000)更广泛的分析，二者都承认国内压力最终决定了谈判结果。梅耶聚焦利益、制度和象征的作用，用来解释谈判的结果，超越了两层次的博弈论方法。相比之下，卡梅伦和汤姆林则试图通过建立两层次的博弈论方法和基于机构的观点，整合非对称国际讨价还价的各种理论。然而，这两本书都没有直接关注社会运动的作用，没有提供社会运动参与者战略决策的数据，也没有提出行动主义者与国家机构关系策略的一般理论。

一些政治学家通过给出社会运动的分析而不是协定的国际关系分析，对《北美自由贸易协定》的研究做出了贡献。约翰·奥德利(John Audley,1997)提供了一个很好的分析，即环保组织的斗争影响了《北美自由贸易协定》的谈判，但是，不包括与工会的比较。杰弗里·M. 艾耶斯(Jeffrey M. Ayres,1998)将他的分析主要集中在反 CUSFTA 和随后在加拿大出现和发展的反 NAFTA 运动上。乔纳森·格劳巴特(Jonathan Graubart,2008)研究了在协定生效后，行动主义者如何利用《北美自由贸易协定》的劳工和环境方面的附加协定。关于贸易的社会学文献很有限，尽管研究它的学者们做出了重要的贡献。迈克尔·德雷林(Michael Dreiling,2001)专注于为支持和反对《北美自由贸易协定》而出现的政治动员。塔玛拉·凯伊(2011a,2011b)分析了《北美自由贸易协定》对北美工会跨国关系的影响。弗朗西斯科·杜伊娜(Francesco Duina,2006)对欧盟、南方共同市场和《北美自由贸易协定》的社会结构进行了比较分析。纳特森·科瑞夫(Nitsan Chorev,2007)研究了 20 世纪 30 年代至 21 世纪初美国贸易政策的变化导致自由化的胜利。

此外，亦有更广泛的文献研究贸易协定中的利益代表问题，其中，大部分采用了国际政治经济学的分析方法，重点探讨非政府组织和社会运动在全球贸易中的作用。瑞尔登·洛特(Riordan Roett,1999)讨论南方共同市场。贾斯汀·格林伍德(Justin Greenwood,2011)研究了利益集团在决策过程中的关键作用，特别是在欧盟。汉纳·墨菲(Hannah Murphy,2010)的 WTO 案例研究考察了非政府组织影响贸易政策的能力。马修·伊格尔顿-皮尔斯(Matthew Eagleton-Pierce,2013)研究了与世界贸易组织的关系中的权力和合法性,罗登·威尔金森(Rorden Wilkinson,2014)研究了世界贸易组织如何延续各国之间的不平等,以及如何改进它以促进更公平的发展。艾琳·汉纳(Erin Hannah,2016)提出了非政府组织如何影响欧盟贸易政策的结构主义分析框架。她与詹姆斯·斯科特(James Scott)和西尔克·特罗默(Silke Trommer)合编的著作(2015)探讨了专业知识在贸易政策形成中的作用。费尔迪·德维尔和加布里埃尔·西莱斯-布吕格(Ferdi de Ville and Gabriel Siles-Brügge,2015)研究了TTIP的谈判,西尔克·特罗默(Silke Trommer,2014)研究了非政府组织和贸易工会对西非贸易政策形成的影响。

通过聚焦《北美自由贸易协定》的第一次贸易战期间行动主义者将贸易问题政治化并影响贸易政策的经验难题,我们的这本书为北美和全世界贸易问题研究增加了重要文献,尽管行动主义者在贸易政策领域处于相对弱势。我们将政治领域重叠理论(或者组织和政治社会学中所称的"场论")应用到《北美自由贸易协定》的案例中,从而扩展了这方面的文献。我们展示了行动主义者如何通过利用跨越国家和非国家领域的杠杆平衡点和参与破坏性动员,从而历史上第一次将贸易政策政治化,并影响了整个美洲大陆的贸易政策。

尽管我们的分析着眼于北美行动主义者和贸易政策的形成上,但是,我们的分析框架集中在可以应用于世界各地各种贸易战的政治舞台上的动态机制。不仅如此,我们的分析框架还为日常策略和破坏性策略的更加完整的描绘提供了基础,这有助于更一般性地解释社会运动如何在国家领域内影响政策。事实上,所有国家都有相互重叠的领域,尽管它们的组织和结构各不相同。因此,我们的分析框架可以应用于普遍的案例,以便理解运动策略和政治背景之间的动态关系。

也许最重要的是,通过强调贸易战如何暴露机构机会和民主实践之间的联系,我们扩展了现有的文献。当国家取消或严重限制民间社团参与的机会时,同时也将民主干预与政策割裂开来,使得行动主义者几乎没有办法,只能将破坏性的策略作为最佳策略，在某些情况下，这是仅有的成功机会。

对于《北美自由贸易协定》和美国政府来说，这种情况并不是独有的。事实上，全球行动主义者不仅影响贸易协定，而且影响各种政策的能力在很大程度上取决于各国政府是否愿意保持国家机构渠道的畅通。对于至少其中一些渠道仍然开放的国家来说，反对《北美自由贸易协定》的行动主义者如何在国家和非国家领域发挥杠杆作用的教训依然非常具有价值。《北美自由贸易协定》案例也提醒行动主义者保持警惕。就像在北美所发生的情况那样，如果政府在跨国家领域之间关闭了杠杆平衡点[正如奥巴马政府在 TPP 谈判期间所做的，以及特朗普政府在辩论 2017 年《美国医疗保健法案》(American Health Care Act)时所做的]，他们在国家层面上施加压力的能力也会受到严重限制。这会改变运动策略的选择，很可能促使他们采取更加激进的立场，并将优先选择破坏性政治运动方式，视其为他们可以影响政府政策的唯一方式。

研究策略与本书架构

在《北美自由贸易协定》的斗争期间，政府对行动主义者要求的回应记录在不同的谈判文案的文件以及国会证词中。一定程度上，行动主义者的策略取决于他们能否接触到不同类型的草案文件和政府的谈判立场。获得有关谈判人员在协定不同方面的立场的信息，使行动主义者能够在关键时刻制定和采用具体策略框架、联盟和资源中介以及制定规则的战略。我们能够追踪行动主义者和政府之间的拉锯战，因为《北美自由贸易协定》附加协定的不同版本的内容是与工会和环保组织分享的。

对于拉锯战的分析，我们采用了案例研究，使我们能够将策略选择和事件分析得更加充实，并将参与者对其影响的不理解纳入分析。我们研究了《美国贸易内幕》(Inside U. S. Trade)的每一篇文章(共计 656 篇)，这是唯一一份每周报道与《北美自由贸易协定》有关的环境和劳工问题的出版物。① 它的报告包括泄露的《北美自由贸易协定》文本草稿和贸易参与者来往信件的副本,还有与《北美自由贸易协定》有关的新闻发布会、国会听证会、与贸易有关的演讲以及决策者和非政府组织倡导者之间的会谈。《美国贸易内幕》通过提供事件的日常报告,给出了独特而关键的数据。我们补充了《美国交易内幕》的报告,所使用的材料包括所有可用的《国会季刊》(Congressional Quarterly, CQ)的文章、公开发布的政府文件以及来自全国性主要报纸与《北美自由贸易协定》有关的环境和/或劳工问题的文章(共计 328 篇)。②

我们对劳工与环境代表提供的《北美自由贸易协定》国会听证会的内容(共计 143 篇)进行了分析,评估了环境和劳工代表以此影响立法者的话语框架。之所以使用听证会证词,是因为它明确地面向立法舞台,并且它使我们能够通过分析这类完整的公开声明消除样本偏差。最初,我们使用开放式编码梳理所陈述的问题是否提到了环境和劳工问题之间的联系,并提出了解决方案。一旦确定了每个变量的全部响应范围,编码的可靠性就通过每个证词的一个编码员的两次追加审查得到验证。对劳工和环保行动主义者本人的访谈,验证了编码模式的有效性。

我们获得了那个时期来自主要的环境保护组织、劳工组织和其他反对《北美自由贸易协定》组织的全部公开文件,可供研究的文件共计 1 225 份,包括新闻稿、立场文件、宣传广告、专栏版面以及通过查阅组织档案和行动主义者的个人文件而获取的内部备忘录。我们对参与《北美自由贸易协定》斗争的美国主要工会和环保组织中每一个组织的至少一位代表进行深度访谈,这样的深度访谈进行了 53 次,从而了解行动主义者对其自身的策略动机和错误的评估。我们还对美国、墨西哥和加拿大的劳工领袖、工会工作人员、政府官员、非政府组

---

① 《美国贸易内幕》是由华盛顿出版社内部出版的关于政府和工业贸易行动的每周报告。原本这些原始材料是用于相关项目的。参见伊文思(2002)和凯伊(2005;2011a)。

② Lexis-nexis 搜索引擎搜索出超过 1 000 篇关于《北美自由贸易协定》的文章(数量为 1 083 篇)。去除重复的,我们选择了 202 篇文章进行更深入的分析,这些文章涵盖了谈判、草根行动主义以及华盛顿的政治斗争等所有重大事件。

织的劳工活动家和劳工律师进行了150多次单独访谈。

为了衡量公众对谈判的看法,我们检查了从最初宣布到最后通过这段时间内全部可得的50个主要的关于《北美自由贸易协定》的民意调查项目的数据。为了分析国会关于劳工和环境问题的投票模式,我们回顾了美国劳工联合会—产业组织联合会(简称美国劳联—产联,AFL-CIO)和保护联盟对所有参议员和第103届国会代表的投票评级,并将它们与最终的《北美自由贸易协定》投票记录进行了比较。为了评估国会议员是否接受环保和劳工拥护者的要求,我们还分析了295个参众两院关于《北美自由贸易协定》的演讲。最后,我们对协定的条款进行了详细的内容分析。

《北美自由贸易协定》的故事分为八章展开介绍。第二章阐述了我们的理论贡献,主要集中在"场间动力学"(inter-field dynamics),即跨越而重叠的政治领域的动力学,这为理解社会运动如何影响国家政策提供了一个框架。对"场论"不感兴趣的读者可以跳过这一章,依然可以从第三章开头的叙述开始阅读(尽管在第二章结尾细读与《北美自由贸易协定》相关的场论会有所帮助)。我们决定在整本书中使用术语"场",因为它在社会学文献中被广泛使用并理论化了。要使用这些文献,有必要在第二章中使用这个术语,并在第八章的结论中重新回顾我们对场论的贡献。对于不熟悉"场"这个概念的读者来说,它可以与"领域"(arena)互换使用。为了避免任何混淆,我们决定不会在经验性分析章节中交替使用这两个术语。第三章探讨了北美洲导致《北美自由贸易协定》谈判的主要政治和经济条件,并研究了在该协定提出之前的几年中工会和环保组织之间的关系。第四章探讨了劳工和环保行动主义者最初是如何走到一起的,以及如何利用框架和联盟构建策略,以在国会"快速通道"立法斗争中增加劳动—环境权相关内容。第五章分析了行动主义者如何利用外部人策略和动员公众,在"快速通道"立法通过之后的实质性谈判期间在立法层面增强对《北美自由贸易协定》的反对势力。它也揭示了行动主义者的压力如何导致劳工和环境附加协定的谈判。第六章探讨行动主义者如何利用机构渠道影响附加协定。通过记录在案的互动情况,它揭示了行动主义者和国家之间回应对方的策略和改变彼此策略的"猫捉老鼠"的游戏,从而改变了他们相互之间的关系。第七章考察了政府在《北美自由贸易协定》之后继续阻挠行动主义者参与贸易政策的努力,以及行动主义者对后续贸易协定的反应。第八章是结论,本书的理论和实证研究结果可以让我们对国家和民间社团之间的关系有一般性的理解,并明确指出这项研究对未来研究不同类型的政治化和政策形成的影响。另外,本章还探讨了贸易战对民主实践和社会动员的影响。

第二章

理论建构:社会运动对国家的影响

《北美自由贸易协定》之争提出的问题——行动主义者如何将贸易政策政治化并影响贸易政策——是研究民间社团组织特别是社会运动如何影响国家和国家政策的社会学家和政治学家的核心问题。20年的研究表明,有三个变量是社会运动对政治结果影响的最佳预测变量:运动的组织形式、策略和它当时的政治背景。由于这些因素在如何结合和相互作用方面存在太多的变数,无法设计出一个涵盖所有运动的成功处方,故而研究已经转向探讨这些因素在特定背景下的相互作用,一些学者认为这是未来研究最有成效的方向。正如艾蒙塔(Amenta)和他的同事对当前学术发展方向的评论:"没有特定的组织形式、策略或政治背景总是能帮助挑战者的。相反,学者们应该寻找在某些政治环境中比在其他环境中更富有成效的特定组织形式和策略"(2010:296)。

策略与政治背景之间的关系

对于社会运动研究来说,策略和政治背景如何相互作用的问题是至关重要的。在过去的 30 年里,在理解这种关系方面,政治机会理论(political opportunity theory)及其变体已经占据了主导地位。他们假定不断变化的政治环境可以解释暴动程度和成功率的变化。在对民权运动的兴起和成功的经典解释中,道格·麦克亚当(Doug McAdam)认为,宏观层面的机会转移,包括非裔美国人向北方的移民、公众对民权的普遍赞同以及国际政治压力,解释了从 1961 年到 1965 年为什么行动主义者的动员和影响力不断增强(McAdam,1982)。

尽管这是无处不在的情况,但是,政治机会理论却面临着严重的危机。正如最初的支持者所指出的那样,政治机会的概念既模糊又宽泛(Gamson and Meyer,1996;Goodwin and Jasper,1999;Meyer,2004)。其他一些人则认为,这个理论未能解释活动人士如何衡量政治机会结构的开放程度,以及他们的策略选择又将如何影响一个结构的渗透性(Kingdon,1995;Goodwin and Jasper,1999)。然而,由于认识到政治机会理论的价值,学者们已经从事了令人信服的工作,并试图拓展和扩充这一理论。他们研究了行动主义者如何调整策略以适应特定的政治环境(Ganz,2000;Martin,2010;McCammon,2012),以及政治环境如何决定策略(Bernstein,1997;Walker et al.,2008)。

其他学者试图重新构建政治机会理论的概念,提醒注意它无法充分说明"社会实践和结构的基本相互作用"(Bloom,2015:392)。[①] 约书亚·布鲁姆(Joshua Bloom,2014,2015;Bloom and Martin,2013)呼吁重新构建政治机会理论,使之成为跨机构的暴动实践的杠杆作用理论,正如他解释的那样:"中观层面的分裂为暴动实践提供机会,调解着宏观结构性影响。从这个意义上说,政治机会是机构分裂,也就是说,它是有影响力的社会团体或政府当局日常化的利益集团之间的一种制度化的冲突或持续的对立。"(2015:395)

对于理解那些企图破坏一切的暴乱运动是如何利用机构结构的裂缝有效地动员起来并影响政策变化的,布鲁姆的理论是非常有用的。由于各种机会存在于不断变化和重组的广泛的机构分歧之中,参与破坏性运动的行动主义者的

[①] 布鲁姆引用了以下学者的观点:布迪厄(Bourdieu,1990)、艾萨克(Isaac,2008)、乔斯(Joas,1996)、塞威尔(Sewell,1992)和斯威德勒(Swidler,1986)。

诀窍在于发展将历史上特定形式的行动和言论结合起来的实践或文化惯例,以挑战处于这些分歧中的政府当局。就像布鲁姆所解释的那样,他的"暴乱实践理论"(insurgent practice theory)直接解决了政治机会理论的三个关键弱点:

> 第一,环境并非单独有利于某一个团体的暴乱。分析环境效应需要考虑暴乱实践。第二,暴乱的宏观结构效应受中观层面的机构分裂调节。考虑中观层面的机会可以更准确地解释具体叛乱的时机和影响。第三,情境效应(context effects)是互动的,而不是独立的。机会决定暴乱行为的效果,而不是直接造成暴乱(2015:396)。

布鲁姆的框架是独一无二的,因为它以一种可预测的方式将背景和策略结合在一起,预测在特定的机构分歧中更有可能成功的各种暴乱行为。此外,它还有助于解释,当机构分歧被重新弥合时,一种特定的行为是如何变得无效的,以及为什么这种行为变得无效。例如,在民权运动中,行动主义者利用静坐抗议,有效地挑战了当局。当国家要求弥合机构分歧时,这种行为不再能够利用机构分歧,因此行为不再有效。根据布鲁姆的观点,暴乱运动的目标及其成功的关键是发展和利用跨机构分歧的暴乱实践。

暴乱与制度化的实践

在政治机会理论的概念重构中,布鲁姆聚焦于暴乱实践。他既不讨论也不从理论上阐述制度化的做法,也不讨论那些通过官方渠道(通常是国家渠道)寻求补救的做法,例如游说、提起诉讼、选举政治等。学者们长期以来对行动主义者日常的政治倡导与破坏性或有争议的直接行动策略的使用进行区分。政治科学领域的利益集团研究侧重于通常被称为的"内部人"和"外部人"政治学(Kollman,1998;Browne,1998)[①],而社会运动学者则区分了制度化政体和辩论

[①] 关于利益集团政治的其他讨论,参见贝瑞(Berry,1989)、洛奇(Rauch,1994)、海耶斯(Hayes,1981)、威尔逊(Wilson,1990)和托马斯(Thomas,1993)。

性政体。

尽管沿着利益集团和社会运动不同策略运用路径的研究有很多,但是,学者们尚未充分阐释介入国家以及政府当局的不同策略与那些试图以暴乱而挑战权威的策略之间的关系。正如布鲁姆(2017)所解释的那样,一个关键问题是要关注单个的群体成员而不是关注动员行为:

> 传统的区分是围绕斗争群体的立场而展开的。群体成员被认为拥有足够的资源,因此,可以使用制度化的或"有节制的"手段来促进其利益。相反,挑战者在很大程度上被排斥在制度化权力之外,并通过扰乱已有的常态来谋求自己的利益。但事实证明,动员种类的普遍差异实际上关系到实践的形式,这不是由群体成员决定的。同一社会群体的成员,甚至是同一个人,可以同时参与其中一种或两种类型的动员。动员机制中更加显著的区别不是由谁动员来驱动,而是由他们如何动员来驱动。①

关于一种类型的战略或实践在什么时候更有利以及在什么政治背景下更有利,现有的文献也没有提供理论指导。社会运动理论家倾向于将破坏性活动和暴乱活动具体化,因此,忽略了它与日常制度化实践的复杂关系。这是有问题的,因为历史上几乎没有社会运动利用暴乱的做法排斥其他所有运动方式。事实上,行动主义者经常同时使用多种策略,表现为局内人和局外人策略,既有制度化的策略,也有暴乱的策略。例如,在民权斗争期间,静坐和自由游行是与诉讼和游说结合在一起进行的。此外,学者们强调的破坏性行为存在自相矛盾,削弱了政治机会性结构的概念,因为实际上政治开放通过为追求政策目标提供代价较低的途径,降低了使用暴乱行动的必要性。

场域理论、社会变革和中介机构

对于提出一个更加综合的框架来理解社会运动策略和总体政治背景之间

---

① 布鲁姆(Bloom,2017)。5月19日与作者的私人交流。

的动态关系,以及理解既使用常规的政治手段又使用暴乱行动的社会运动如何影响政策,令人瞩目的制度场域理论是相当有用的。在整本书中,我们使用术语"制度场域"(以下简称"域")。虽然我们可以很容易地用"场所"(arena)替代"域"(field),但是,我们决定使用后者,因为它在社会学文献中得到了广泛的应用和理论化(Martin,2003;Davis et al.,2005;Fligstein and McAdam,2012)。

"域"概念来源于两个理论传统:布迪厄的社会场域著作与组织行为学的文献。对于布迪厄而言,构成场域(比如艺术、经济等)的社会空间代表了社会生活不同组成部分的结构,通过这些组成部分,权力得以构成、竞争与复制,从而让个人可以追求共同利益(Bourdieu and Wacquant,1992;Swedberg,2006)。对于组织理论家来说,一个场域是由相似的组织构成的,这些组织直接或间接的相互作用,并且"总的来说,构成了一个公认的制度生活的领域……"(DiMaggio and Powell,1991:674—665)。虽然构成场域的方式不同[①],但大多数组织学者关注单一场域的动力学,并将其定义为现有的行业或部门分类(Meyer and Scott,1983;DiMaggio and Powell,1991)。当政策问题得到解决时,具体行业的监管机构和其他影响多数行业的国家行为者都聚集在一个场域内(Laumann and Knoke,1987)。

这里,我们采纳了弗里格斯坦和麦克亚当对场域的更宽泛定义,即"构建的社会秩序,其定义了一个场所,在这个场所中,一群经过共识定义的、相互协调的行为人竞相争取优势"(2012:64)。引入构建的社会秩序的概念是重要的,因为这样不仅通过行为者网络划分了领域,而且通过特定的制度逻辑和具体规范划分了领域。一群经过共识定义的、相互协调的行为人理念极其重要,一个领域作为连贯的整体,行为者的行为由这个领域的特征所激励、塑造和约束。[②] 定义场域的行为者不仅不断争夺优势,同时也认识到了场域内在的动力学——变

[①] 大多数组织理论家强调网络的组成部分,并且布迪厄的理论强调这些地方社会秩序的结构和文化的组成部分,而 2001 年弗里格斯坦提出的理论借鉴了两者。
[②] 他们的定义更接近于布迪厄的社会场域概念,参见《学院人》(*Homo Academicus*,1988)和《国家贵族:权力领域的精英学派》(*State Nobility:Elite Schools in the Field of Power*,1996),或韦伯的社会秩序概念。参见马丁(Martin,2003)。

化是常态,并且行为者可以用他们的技能,以不同的方式刺激这种变化。

组织行为学者们通常关注单个领域中发生了什么。例如,他们研究的重点是创造新的领域,领域内的竞争逻辑和对领域之外的外部人的影响(Clemens,1993;Scott et al.,2000;Armstrong,2002;Schneiberg and Soule,2005;Lounsbury,2007;Duffy,Binder and Skrentny,2010)。他们的研究通过如下几个方面为理解社会运动的影响提供了理论基础:(1)强调政治领域的网络性质,在这个领域中,各个"网络节点"之间的关系占主导地位,并存在行为者的等级制度;(2)强调一个领域的社会结构,在这个领域中,广泛共同的信仰可能限制政治辩论的参数,并形成对可能性的认识;(3)强调限制和引导行动的非正式规范和正式规则的重要性。尽管各个领域具有不同的内部逻辑,但是,所有领域都是有组织的,所以,行为者、信仰和规则都起着重要作用。

组织行为学者们关注各个领域内发生的变化,并常常探讨行为者(以及社会运动)如何设计用来影响特定领域的策略。然而,在组织和社会运动文献中没有很好地进行理论化的是,行动主义者如何通过跨领域的杠杆作用来打造新的权力来源。尽管关于领域内在的动力机制有着广泛的学术探讨,但是,关于领域之间以及跨领域的动力机制几乎没有形成任何成果。[①] 弗里格斯坦和麦克亚当强调了这个问题:"然而,以前所有关于场域的研究几乎只关注这些指令的内部运作,基本上将它们描绘成自我约束、独立自主的世界"(2012:18)。令人惊讶的是,组织行为学者在很大程度上将他们的分析局限于领域内的动态机制,而事实上社会行为者和组织(包括国家本身的要素)几乎总是跨越多个组织原则、行为者网络和制度特征不同的领域。

劳曼和诺克(Laumann and Knoke,1987)"有组织的国家"提出了一个有用的出发点,有助于思考跨领域的杠杆平衡点。摒弃了当时处于大多数国际关系理论中心的单一国家理论,劳曼和诺克认为国家是一个由多个重叠的政策领域

[①] 尽管群落交错区理论和生态位竞争理论最接近将重叠领域概念化,但是,与我们这里所说的方法相比较,它们是非常有局限性的(Ruef,2000)。

组成的复杂集团[1],其中既包括国家行为者,也包括非国家行为者和组织。[2] 政策领域/场域的概念扩展了关于精英和挑战者的社会运动理念,并非所有的非国家行为者都是挑战者,因为他们可能在特定领域占据"中心"地位。相反,政治家可能是一个政策领域内占主导地位的意识形态的"挑战者"。

尽管劳曼和诺克的模型说明了政策决策的日常运作状态,但是,它并没有提供关于社会运动积极分子参与各个领域的理论,也没有探究使他们实现跨领域的政策成果的机制。他们认为,大多数政策领域具有稳定性的特征,在这种稳定状态中,决定政策问题和政府解决方案的主导力量是核心行为者群体。只有很少一部分决策成为公众争议的主题,对此,劳曼和诺克认为,这是"关键人物参与对象征性框架的争论的结果,这些象征性框架中的'例行'决策在此之前已经做出"。[3] 围绕《北美自由贸易协定》展开的争论的核心问题是贸易政治化问题,这个问题仍然没有得到充分认识。

与劳曼和诺克形成鲜明对比的是,弗里格斯坦和麦克亚当强调的是场域的非稳定性。事实上,其核心是,他们的场域分析提供了一个关于社会变化和中介机构更一般性的理论。他们找到了领域之间关系的可能性:"领域相互依赖的主要理论含义是,更广泛的领域环境是现代社会动荡的根源。任何给定的战略行动领域的重大变化,就像一块扔进静止池塘的石头,向所有邻近的领域释放出涟漪。"(2012:19)他们揭示了各个领域之间的重要联系,特别是非国家领域和国家领域之间的联系:

> 一个领域稳定和变化的长期前景至少同样受到该领域以外出现的威胁和机会的影响,这些威胁和机会通常出现在临近的领域或国家,正如战略行动领域本身的威胁和机会一样。在我们看来,为了准确捕捉任何特定领域的动态特征,研究者必须理解该领域

---

[1] 他们用"领域"(domain)这个术语。
[2] 劳曼和诺克将一个政策领域定义为:"一个子系统,其确定方法是,在一系列相应的行为者之间规定一个相互关联或有共同取向的实质性界定标准,这些行为者制定、倡导和选择行动方针(即政策选择),以期解决有关的划定界限的实质性问题"(Laumann and Knoke,1987:10)。
[3] 劳曼和诺克(1987:37)。

的内部结构和工作方式,以及将任何特定领域与许多其他战略行动领域(包括各种国家领域)联系在一起的更广泛的关系。(2012:169)

弗里格斯坦和麦克亚当扩展了劳曼和诺克关于国家是重叠的政策领域的概念,他们提出了一种理解行为者是如何在各个领域中竞争或将问题政治化的方法:正是有技能的社会行为者如何利用他们在各个领域中的地位、可用的资源,以及他们与该领域内外其他人的联系,决定了他们复制或改变一个领域的能力。这个框架对于思考社会行为者(包括社会运动行为者)如何影响国家政策是非常有用的。弗里格斯坦和麦克亚当对国家领域和非国家领域理论的正式化表达扩展了劳曼和诺克的初始模型,并且在我们2008年对国家进行概念化的基础上,确立了这样的国家理论:"(国家)即与非国家领域重叠的多领域的聚合。"(Evans and Kay,2008:973)

重新定义交叉领域关系中的政治机会

尽管弗里格斯坦和麦克亚当考虑了各个领域是如何能够相互联系的(远离和相邻,依赖和相互依存,嵌套和层级),进而考虑了跨领域的稳定和停滞状态,但是,他们没有具体确定各个领域交互作用的杠杆来源于何处。事实上,他们关注的是作为转型和机遇所在的各个领域内的危机:"挑战者可能会找到一个机会窗口(社会运动理论家称之为'政治机会'),迫使现有秩序发生改变。他们可能与其他主要群体、其他领域的入侵者或国家行为者结盟,寻求帮助,重建特定领域。"(2012:112)我们扩展了他们的理论,揭示了行动主义者如何策略性地利用跨国家和非国家领域的交叉点来实现具体的政策成果。更进一步,我们认为,国家和非国家领域的交叉产生了政治机遇,这就创造了独特的杠杆点,使特定目标更容易受到攻击,策略更有效。在将政治机会结构概念化为跨越机构领域的杠杆平衡点的时候,我们梳理了社会运动和组织的有用文献,从而建立一个理论框架,扩展了我们对社会运动策略和政治背景之间动态变化的理解。①

布鲁姆将政治机会理解为机构分裂,这与我们将其概念化为跨越机构领域的杠杆点是非常相似的,正如我们在前面的论述中所讨论的:"我们的框架允许社会运动学者将政治机会结构重新概念化,不仅仅是对运动的行动主义者随机打开或关闭的'窗口'(需要透视来发现和利用它),而且是可以在战略上利用重叠领域的动态结构,从而取得特定的政策成果。政治机会结构成就于各个领域之间的相互连接。在结构性矛盾最为突出的交叉点上,存在着关键盟友、势力新框架以及为弱势群体提供的资源。"(Evans and Kay,2008:988)

当领域交互作用时,因为与其他领域相互联系的方式所产生的杠杆作用,以及在多个领域网络行为者的运作结果,一个领域的转变可能发生。② 领域间杠杆的概念把战略置于分析的中心,因为行动主义者对政策的影响来自他们在各个领域之间巧妙使用杠杆的能力。在关于组织能力建设、资源动员和联盟建设的社会运动分析中,这是不言而喻的。但这也是由于人际关系、对关键资源的控制以及意识形态上的亲和力所产生的相互交叉的地位等级和影响范围的结果。弗里格斯坦和麦克亚当在他们的领域特征的阐释中明确表示:"领域之间的联系是由许多因素塑造的,如资源依赖性、多元受益人的交互作用、权力共享、信息流动和合法性。"(2012:59)

因此,我们对跨领域动态机制的关注使我们能够展示行动主义者如何利用框架、资源调动和联盟建设——所有这些都是社会运动学术研究的核心概念——使之在各个领域发挥杠杆作用。我们的目标是展示一个领域重叠框架如何帮助阐明和明确这些广泛讨论的运动策略和政治争论机制的动力学(McAdam,Tarrow and Tilly,2001)。我们并非试图用全新的策略来取代这些策略。相反,我们试图将我们对他们的相关关系的理解扩展到政治背景。我们认为,他们的成功和失败取决于如何跨越领域部署,从而利用杠杆点,或者用布鲁姆的语言,即制度裂隙。我们的场重叠理论和布鲁姆的动乱实践理论所提出的

---

① 参见戴维斯等(Davies et al.,2005)与施耐伯格和劳恩斯伯里(Schneiberg and Lounsbury,2008)提出的其他例证。

② 布迪厄在《学院人》(1988)中关于同源的群体的讨论接近这个观点。

是,杠杆点总是存在的,成功来自策略/实践与这些杠杆点独特配置的匹配,从而释放出改变权力动态机制的潜力。因此,除了探寻在某些政治环境中取得成功的具体策略,这与艾蒙塔及其同事(2010)不同,我们还应该研究为什么只有具体的策略组合(包括内部人策略和外部人策略)才能在任何特定的政治环境中取得成功。

在揭示行动主义者如何将议题政治化以及影响跨领域的政策时,我们强调四种策略:(1)转换跨领域的议题框架;(2)改变跨领域的规则;(3)调动跨领域的资源;(4)建立跨领域的联盟和同盟。框架策略使熟练的行动主义者能够策略性地调整领域的框架,以促进其共鸣、采纳,或在另一个领域重新概念化。它们可以建立在各领域之间现有框架的一致性之上,或者将对概念的理解从一个领域转化为另一个领域,从而重新构想关键的政治思想或跨领域的发散参数,并转变对现有政治选择的集体认知。

当生成规则的策略被用于转变既有领域的规则时,就能够给予过去劣势群体以优势,并转变影响力层级结构,最关键的变化就会发生。在某一领域缺乏影响力的行为者可以利用与在该领域具有更大影响力的其他人的关系,获得直接进入该领域的优势,增加其在该领域的合法性,或间接影响决策。这说明了建立联盟策略的重要性,凸显了影响力的转移潜在可能性。特定政策背景之外的关系可以成为有效的政治资源,一个领域内的合法性有助于进入另一个领域。老练的行为者也可以利用资源经纪策略,利用金融和/或政治资源,并通过诱导权衡、明显的购买渠道、提供话语塑造信息等方式,在另一个领域获得影响力或势力。社会运动学者早就认识到资源对于政治动员的重要性。然而,在这里,我们强调的是可以外部联合以及跨领域使用杠杆的资源的重要性。

我们的分析框架有助于解释开始处于相对政治弱势的行动主义者如何能够利用跨重叠领域的杠杠资源,从而在敌对领域内具有影响力。官员可以在一个国家拥有相当大的法定权力,而在另一个国家拥有微不足道的影响力。行动主义者可以进入一个他们处于边缘地位的国家领域,因为他们在非国家领域具有影响力。影响力跨领域渗透的趋势源自机构配置,机构配置创造了交叉地位层级、影响力范围以及理念的相似性。

运用《北美自由贸易协定》案例,我们展示了行动主义者如何利用一个领域的交叉点来改变另一个领域的参数,如何利用他们在一个领域的地位来获得进入交叉领域的机会,如何将资源转化为另一个领域的杠杆,以及为了追求在另一个领域的目标而剥夺一个领域的合法话语权。通过利用这些杠杆点,行动主义者可以构建新的政策问题(如贸易),将其作为公众争议的对象,并试图影响围绕这些问题的决策。因此,理解与重叠领域相关的战略行动,有助于我们阐明和更好地理解(贸易)政治化背后的过程。例如,当我们观察贸易政策参与者运作的背景时,很快就会发现,他们经常处于多个领域的交叉点,这些领域的目标相互重叠,但又不尽相同。我们认为,与其把所有参与贸易政策的行为者和机构划定为一个单一的贸易领域,还不如把这些行为者看作处在解决更广泛的问题的指令背景下处理贸易问题的不同但相互交叉的领域,并且在追求这些目标的过程中他们按照不同的制度逻辑运作。[①] 现在,我们转向与《北美自由贸易协定》期间相关的场域或领域的描述。

与《北美自由贸易协定》相关的场域

《北美自由贸易协定》之争包含了被决策点分割的不关联的时间段,这些时间段将不同的场域、行为者以及杠杆点带入博弈框局。图 2.1 提供了《北美自由贸易协定》历史上重大事件的时间表,供读者在阅读本书时参考。我们展示了在美国《北美自由贸易协定》的斗争过程中,四个关键领域对贸易政策成果的影响:美国立法领域(这里简称为立法领域)、美国贸易政策领域(这里简称为贸易政策领域)、跨国贸易谈判领域(这里简称为跨国谈判领域),以及草根政治领域。尽管总统与其内阁和经济政策委员会的成员加以协调,拥有制定贸易政策的权力,但是,国会依然可以立法确定总统可以运作的参数。

立法领域包括国会、国会工作人员和非国家公职的国会顾问。根据宪法,

[①] 我们可以把《北美自由贸易协定》称为更大的贸易政策领域的"子领域"。然而,我们决定不使用"子领域"这个术语,因为我们觉得它不够准确地定义了一个更大的有凝聚力的整体,最小化了每个行动领域的结构完整性。

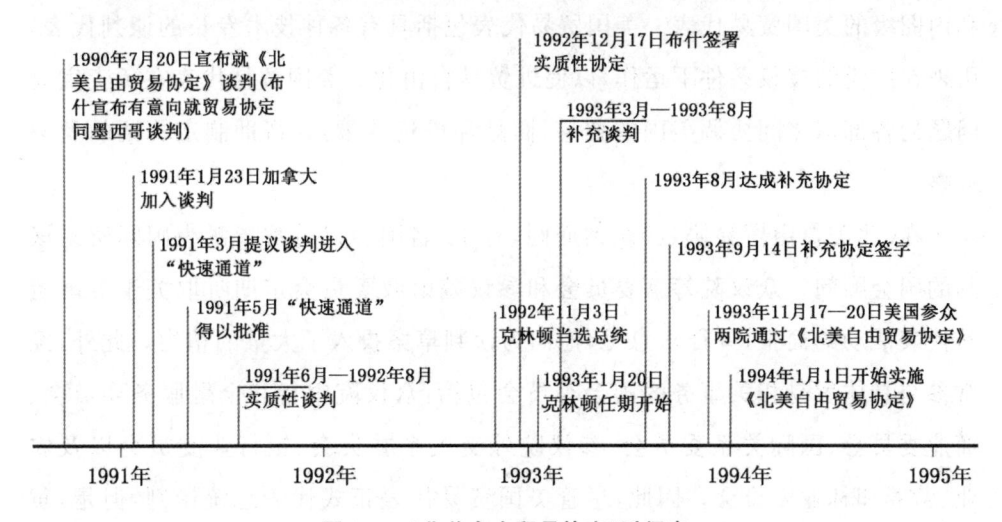

图 2.1 《北美自由贸易协定》时间表

国会决定贸易谈判的条件,并批准贸易协定。"快速通道"特权(最早出现在1974年的贸易法案中)是由国会批准的,赋予了美国贸易代表办公室通过谈判修改国内法的权力,同时,限制国会改变协议内容的能力,而国会议员只能对整个协定进行表决。在这种情况下,权力和影响力之间的区别至关重要。尽管根据目前的规则,国会普通议员没有影响国际贸易谈判细节的权力,但通过他们的取消权力,他们可以集体保持对谈判进程的影响力。贸易政策领域的成员需要确保他们的行动不会导致所需数量的立法者反对该协定,因此,胜局包括能够保持必要多数支持的各种可能立场的集合。对于大多数贸易协定来说,正是在批准这一点上为整个立法提供了影响力。一定程度上,谈判者经受的约束程度会因批准杠杆平衡点的变化而变化,对于谈判者来说,与事后的追溯批准相比,事前的批准会有更大的回旋余地。①

贸易政策领域涵盖了美国贸易代表办公室及其工作人员、大约1 000名非国家公职人员构成的官方咨询委员会、来自各政府部门的谈判人员、国会议员和参与贸易相关委员会的工作人员。谈判权集中于美国贸易代表办公室,它作为行政部门的一部分,代表总统谈判。美国贸易代表有大使级的美国贸易代表

---

① 参见马丁和斯科琴科(Martin and Sikkink,1993)。

和内阁级的美国贸易代表。美国贸易代表包括具有各种技术专长的谈判代表，历来在广泛的授权条件下运作，以促进贸易自由化。美国贸易代表在负责贸易问题的各部门之间协调美国的贸易、商品和投资政策，并帮助制定美国的贸易战略。①

在《北美自由贸易协定》谈判期间，有10名国会议员被指派为国际贸易谈判的国会顾问。众议院筹款委员会和参议院财政委员会定期听取关于美国贸易代表活动的简报，并征求意见，他们为谈判草案投入了大量的精力。此外，经常参与具体贸易相关事务的国会委员会包括：众议院银行和金融服务委员会、商业委员会、国际关系委员会、参议院外交关系委员会、银行业委员会以及农业、营养和林业委员会。因此，尽管美国贸易代表正式代表总统谈判，但是，贸易政策领域既包括行政部门，也包括立法部门。

《北美自由贸易协定》案例说明了将国家概念化为与非国家领域相交的多个领域的集合的重要性，因为，贸易政策领域具有独特的社团主义结构，使私营公司和工会参与贸易政策制定得以制度化。企业和工会领导人定期与美国贸易代表办公室的官员会面，通过国会授权的三级咨询系统提供支持和服务。第一层咨询系统是由总统任命的高级官员组成的贸易政策和谈判咨询委员会（Advisory Committee on Trade Policy and Negotiations, ACTON），他们负责代表受贸易问题影响的美国经济的关键部门。第二层咨询系统由各类政策委员会构成，例如，投资及服务政策委员会，它们就一般政策范畴提供政策意见。第三层咨询系统包括技术委员会、部门委员会和商务委员会，它们提供有关贸易政策对特定部门的影响的信息。在《北美自由贸易协定》谈判期间，劳工顾问委员会由大约80名工会成员组成，代表了范围广泛的有组织的劳工团体。② 这些席位不仅提供了介入美国贸易代表谈判的常规途径，而且使那些非国家行为者作为该领域参与者的地位合法化。

然而，美国贸易代表的咨询系统参与机制非常有利于来自美国最大型公司

---

① 美国贸易代表还是美国在所有国际贸易或组织中的代表，并对普惠制、针对外国不公平贸易行为的301条款以及进口救济案件负有行政责任。
② 美国贸易代表办公室(1992)。

的代表。《北美自由贸易协定》谈判期间,贸易政策和谈判咨询委员会的参与者包括了美国主要公司的首脑。当时,参加贸易政策和谈判咨询委员会的 45 家公司中,至少有 10 家在墨西哥设有工厂或子公司[①],只有两名代表是劳工领袖。因此,通过美国贸易代表的咨询系统,贸易政策领域的配置使大公司对贸易政策的影响力得以制度化。[②]

草根政治领域包括不同于国家公共领域,后者的动员可以影响国家政策结果。这个领域的行动包括广泛的活动,既有例行的活动,也有有争议的活动,诸如新闻发布会、大规模游行、请愿签名、静坐和政治集会。但是,尽管草根政治领域的动员最终可能导致影响国家决策者,但是,该领域的决定性特征是动员的公共性质。因此,它扩大了政府决策者衡量自己行动的参照组。正是在这个领域内,集体认同和动员潜力由协调活动或政治反应(即投票集团)共同构成。我们把草根政治领域的动员称为"大众政治"(popular politics),以区别于美国贸易政策和立法领域直接发生的"宣传政治"(advocacy politics)。

跨国谈判领域包括谈判者和被授权在贸易谈判中代表他们国家的工作人员。在《北美自由贸易协定》谈判期间,它包括了美国、墨西哥和加拿大的贸易政策代表。该领域强调国内和国际领域的行动之间的关系,谈判者受到其本国贸易政策领域的行动者、规则、资源考量和政策的影响,还受到对应方的总体政策和贸易政策的影响。

《北美自由贸易协定》谈判期间跨领域的杠杆

不同于关注总体谈判结果的大多数关于贸易的学术研究,我们将分析范围缩小到行动主义者如何在围绕《北美自由贸易协定》签署与否的斗争中将贸

[①] 瓦拉奇和西拉德(Walach and Hilliard,1991);安德森、卡凡诺格和格罗斯(Anderson,Cavanaugh and Gross,1993)。

[②] 关于美国贸易政策信息的制度特征的详细讨论,参见戴斯特勒(Destler,1995,2005)、戈德斯坦(Goldstein,1993)、卡普兰(Kaplan,1996)和科恩(Cohen,1988)。关于贸易领域的制度限制对社会群体影响力的讨论,参见哈吉德(Haggard,1988)、戈德斯坦(1993)以及戴斯特勒(1995)。

政治化，以及他们如何塑造关键但有限的结果：将劳工权利、环境权利与贸易保护联系起来，修改规则以赢得贸易咨询委员会对环保组织的正式承认及其参与权，以及要求劳工和环境保护，无论多么薄弱，都应将保护条款包含在协定中。我们的分析试图理解社会运动如何影响国家政策，所以，我们没有涉及非常多样化和广泛的主要侧重于国际关系和国家间谈判的贸易政策文献。我们认为，我们对社会运动和组织文献做出了贡献（更具体地说，我们把这些关键文献的内容关联起来），而不是对贸易政策理论做出贡献。

同样重要的是，应该注意到，虽然在个别领域发生的事情对《北美自由贸易协定》的故事很重要，但是，我们在这里的重点在于阐释发生在多个领域的进程。这并不意味着我们忽视了对理解贸易政治化至关重要的领域内的活动。例如，我们探讨反对《北美自由贸易协定》的组织如何在草根政治领域建立联盟，我们阐释了立法领域的障碍如何使行动主义者难以取得更多的成果。然而，我们认为，这些资料表明，对于行动主义者如何政治化和影响贸易结果的最佳解释并不在于任何一个领域发生了什么，而在于它们之间的动态关系。

第三章

《北美自由贸易协定》之前的贸易政治

在《北美自由贸易协定》产生之前的几十年政治争论和谈判中,形成了贸易政策领域的结构及其与立法和跨国谈判领域交叉作用的特点。贸易政策领域由一群政治精英主导,他们将大萧条归咎于高关税,并认为战后稳定的关键是由美国领导的一体化程度更高的全球经济。在大萧条开始后的几年里,这些贸易政策官员创造了精致的美国政策制定体系,旨在持续降低贸易壁垒。他们帮助建立了一个减少或消除贸易壁垒的全球框架(即《关贸总协定》)。为了进一步避免国会受到选民要求保护主义措施的压力,他们采用了一种"快速通道"机制(《1974年贸易法案》的一个条款),授权总统在没有国会的法案修正的情况下就可以进行有关减少贸易壁垒的谈判。忠诚的贸易政策领域行为者网络与有助于减少贸易壁垒的规则相结合是有效的。到了20世纪70年代,世界贸易已经明显自由化,并且,(美国)国内对这一政策几乎没有反对意见。

然而,随着全球贸易的扩大,立法领域对它的支持程度开始下降。20世纪七八十年代,受进口影响的产业状况日益恶化,美国一些全球竞争对手的不公平贸易行为、美元被高估、贸易赤字不断上升等,都使美国付出了代价。大多数国会议员仍然不愿意从根本上改变构成贸易政策领域的规则，但是，他们确实开始利用影响力（源于他们最终通过贸易协定的能力）来推动更加公平的贸易政策。国会议员敦促美国贸易政策官员积极工作，为美国公司打开海外市场，并为受进口影响的产业提供更大的援助。随着《北美自由贸易协定》谈判的开启，贸易政策领域的领导人认识到，他们必须采取实际措施来减轻立法领域领导人的疑虑，以确保《北美自由贸易协定》的通过。他们将在协定中引入新的非关税壁垒相关条款，这将是美国和发展中国家之间的第一份相关协定。

同时，在跨国谈判领域，来自三个北美国家的贸易官员正在达成一项政策共识。不断变化的意识形态风向和复杂的经济弱点（在墨西哥，饱受煎熬的经济危机）推动加拿大和墨西哥与美国建立更紧密的经济关系。与此同时，《关贸总协定》存在的问题促使美国寻求地区贸易的替代方案。时机是有利的，尽管如此，加拿大人和墨西哥人在加入《北美自由贸易协定》时，还是有些惶恐的。自1989年《美加自由贸易协定》实施后，加拿大陷入了严重衰退，而墨西哥的自由贸易"改革"给墨西哥人民带来了严重的困难。这两个国家都非常愿意进行贸易协定谈判，但是也都很警惕。

自由化的贸易政策（以及接二连三的比索贬值）也给美国和墨西哥边境地区带来了边境加工厂的扩张，由此产生的压力和掠夺引起了边境两边的劳动力、环境、消费者、农场和人权组织对相关问题的关注。跨国谈判领域制定的规则直接影响了它们的国内政策选择。因此，随着《北美自由贸易协定》谈判的开启，草根政治领域的一群全新的行动者开始认识到，现在他们的领域以一种具体的方式与跨国谈判领域相互交叉。然而，除了参加美国贸易代表咨询委员会的工会之外，在贸易政策领域这些团体都没有历史的或已经确立的地位。虽然在《北美自由贸易协定》出台之前的十年中，一些新的贸易行为者开始活跃起来，但是，受美国贸易政策影响的新行为者的出现不足以推动一场新的贸易社会运动。事实上，正是《北美自由贸易协定》推动他们成为贸易政治的力量。《北美自由贸易协定》也促成了工会和环保主义者之间更加持久和正式的联盟。我们首先考察《北美自由贸易协定》之前四个领域中每个领域不断变化的结构条件,然后,考察与贸易相关的劳工权利与环境权利之间的话语关联的根源,从而创造了指向贸易政策的新生网络。

在贸易政策领域中推动贸易自由化

尽管管理贸易政策领域的法律和监督贸易政策的机构随着时间的推移而发展起来,有时它们之间存在相互矛盾的意图,但是,贸易政策领域的属性并非历史上偶然发生的。为了促进具体的结果,即贸易自由化,确立现代贸易框架的规则以及贸易自由化与立法领域交叉的特点得以建立起来。分割的治理结构,即行政部门控制政策制定、国会授权通过、借助美国贸易代表咨询结构的企业和劳工领袖的参与以及限制立法领域介入权重的"快速通道"程序,都在鼓励某些类型的贸易政策,并阻止其他类型的政策(Goldstein,1993;Destler,1995)。大萧条以后,贸易自由化的支持者主导了贸易政策领域,并制定了减轻对抗压力的规则。

现代贸易政策领域主要是在应对大萧条以及随后美国在带头发展新的国际贸易体系中发挥作用的过程中得以形成的。在大萧条之前,国会主要负责确定进入美国的商品的关税水平。美国宪法明确授权国会管理国际贸易,而且在其历史的大部分时间里,国会一直在热烈讨论相互竞争的关税提案的优点。争论的焦点不在于关税是否对国家有利,而在于各政党对不同行业的关税应该设置多高的问题上是否存在分歧。对进口商品征税被认为是鼓励新兴产业和保护市场免受严重市场扭曲的有效方法。也许最重要的是,关税也是获得联邦收入的重要手段。

国会对关税水平的最后一次重大改变发生在如今臭名昭著的 1930 年《斯穆特-霍利关税法案》(Smoot-Hawley Tariff Act)中。在经济萧条开始时,最初它只是一个为了帮助生产者而温和地提高关税税率的提案,结果却演变成一项具有高度保护主义性质的法案。后来,《斯穆特-霍利关税法案》被指责助长了全球贸易的崩溃,使美国进一步陷入萧条。许多人担心,经济已经变得过于复杂,国会无法处理具体的关税水平问题。在大萧条的背景下,国会改变了美国贸易政策的制定机制,在《1934年贸易法案》中,将大部分关税权交给了行政部门。该法案在规定的范围内将对贸易的控制权扩展到行政部门。总统和他/她的幕僚负责贸易谈判,并负责制定美国详细的对外经济目标。立法者利用他们改变规则的能力,削弱了自己的直接权力,因此,改变了行为者的构成和贸易政策领域的结构(Destler,1995)。

这种权力的转移对贸易政策的发展产生了重大影响。尽管国会主要将贸易视为国内政治问题,但是,历任总统都把贸易政策主要用作外交政策工具(Nelson,1996:167)。负责贸易事务的国会主要委员会成员仍然是重新确定的贸易政策领域的关键行为者,而且,国会通过贸易协定的必要性仍然为产业和劳工游说者提供了一个压力点,尽管这个压力点有所减弱,但是,仍然可以通过立法领域的行动影响贸易政策。

1934年的法案还确立了关税减让或其他进口限制措施的对等原则。根据该法案,总统可以与其他国家进行双边协定谈判,以求相互降低关税。在没有国会参与的情况下,关税可以降低50%。根据最惠国原则,总统也可以决定将协商后的关税削减范围扩大到所有国家。低关税条件下进入利润丰厚的美国国内市场是促使其他国家做出让步的有效手段。贸易领域的规则和制度变化意味着通过国会单边提高关税的时代真正终结。

随着第二次世界大战的结束,多边贸易自由化的承诺在贸易政策领域变得更加巩固。不仅因为过去应对世界范围的大衰退的经济措施受到质疑,而且在国家间的开放商业政策与和平之间建立了因果关系。在贸易政策领域,贸易自由化占据了压倒性的主导地位,其中的行政行为者成为多边的、自由的和非歧视的全球贸易体制的主要支持者。最终,美国在1948年帮助建立了《关贸总协定》,这是一个多边协定,建立了一个对等贸易权利和义务的框架,同时,系统性地削减贸易壁垒。每个签署国都同意将最惠国地位扩大到所有其他签署国,并运用独立仲裁人建立贸易争端解决机制。在接下来的50年里,《关贸总协定》的范围在连续七轮谈判中得到扩大,最终涉及80个参与国和近30个特别协定条件下的国家。这些国家加起来占世界贸易的近 80%。根据《关贸总协定》，全球关税从 1947 年的平均 40% 下降到 20 世纪 90 年代的不到 5%（Rosenberg，1994；Kaplan，1996）。

立法领域自由贸易的共识一直受到侵蚀

在 20 世纪 70 年代之前，贸易问题在美国立法机构中被普遍认为是一个"枯燥的、'不会获胜'的问题"（Destler，1995：81）。尽管贸易保护主义在贸易政策领域是不可接受的，而在立法领域普遍不受欢迎，但是，自由贸易在普通民众中并非普遍受欢迎（Destler，1995：81—82）。因此，采取强硬的公开立场，支持更自由的贸易，在政治上是无益的。美国国会议员相信《斯穆特-霍利关税法案》的教训（即国会制定的关税将不可避免地成为高关税），并接受了他们在贸易政策制定过程中更有限的作用，既是为了更自由贸易中的更大利益服务，也是为了让自己免受保护主义倾向选民的政治压力（Nelson，1996）。事实上，将贸易的主要责任下放给美国行政部门的贸易政策官员，使国会议员能够通过制度化的渠道支持贸易自由化，同时声称他们的直接权力是有限的（Destler，1995）。

在 20 世纪 70 年代，第二次世界大战后的几十年里主导美国对外经济政策的自由化贸易政策受到越来越大的压力，立法领域对贸易自由化的共识开始瓦解，尽管在贸易政策领域贸易自由化仍然处于主导地位。在许多行业，欧洲和日本不断扩大的生产能力，使美国生产商面临更大的竞争压力，美国贸易赤字激增。① 布雷顿森林体系的崩溃②，以及这一时期的第一次石油危机，标志着面对经济事件的脆弱性加剧，而经济事件不仅限于美国，而且超越了美国国内边

---

① 对贸易赤字不断扩大的根本担忧是，贸易伙伴——尤其是欧洲国家和日本——正在削弱多边贸易体系，损害美国工业，因为它们积极保护国内市场，补贴对美国的出口，并以低于成本的价格向美国市场倾销商品。

② 1944 年，《布雷顿森林协定》在发达国家的金本位基础上制定了货币政策。1971 年，美国结束了美元与黄金的联系，《布雷顿森林协定》也随之结束。

界(Bayard and Elliot,1994:12)。失业率上升,生产率水平下降,贸易赤字激增,通货膨胀飙升。技术的变化和立法的变化促进了资本的海外转移,导致工厂迁移。由于这些经济错配造成了背离贸易自由化议程的压力,各个国家越来越多地使用补贴和其他自由裁量的政策来规避《关贸总协定》设定的限制。此外,《关贸总协定》各成员国之间在有争议的问题上往往达不成一致意见,这使得执行《关贸总协定》的规则变得更加困难。这些转变限制了国会对自由化贸易的承诺,因为在立法领域,产业和工会对美国贸易规则的反抗变得更加激烈和频繁。

因此,在这两个领域的交叉点上,摩擦加大了,立法领域也增强了威胁,要利用其制定规则的权力限制贸易政策领域进一步自由化的努力。随着贸易平衡状况的恶化,贸易政策领域的官员与立法者之间的紧张关系不断加剧。尽管国会议员最终拒绝制定重大的贸易保护主义立法,或者取消行政部门对贸易的管辖权(有一个例外就是《关贸总协定》的肯尼迪回合,他们阻止约翰逊总统将贸易自由化扩大到非贸易壁垒),他们试图强迫贸易官员保护国内产业免受进口带来的最大伤害,这种伤害源于改变贸易政策的隐性威胁。

在接下来的20年里,工会也改变了其关键的贸易立场,从赞成自由贸易转变为批评美国贸易自由化政策。受影响产业的产业和工会领袖对日益严重的危机做出了回应,向国会施压,要求减轻日益恶化的贸易赤字。他们寻求建立申诉机制、自愿出口限制协议以及更广泛的立法改革。立法解决方案包括呼吁制定明确的配额和国内含量法规,反对延长发展中国家的贸易优惠待遇。产业和工会领袖认为,政府应该保护遭受重创的美国工业和工人,使他们免受重大短期扭曲的影响,以确保一个稳定和公平的市场体系,并敦促总统和美国贸易代表为美国生产商打开国外市场。

20世纪七八十年代,寻求政府支持的产业数量急速扩大。更重要的是,新产业寻求援助,包括拥有大量出口市场份额的钢铁和汽车等成熟制造业。虽然钢铁工会与钢铁制造商联合起来,要求自愿限制协议和其他支持,但是,开始时美国汽车工人联合会(United Auto Workers,UAW)与汽车制造商分裂,强调通过继续打开国外市场实现增长(Nelson,1996)。然而,随着经济扭曲蔓延到整个制造业,工会开始放弃他们早先对自由贸易的承诺。许多劳联—产联(AFL-CIO)下属的工会要求美国加大对贸易纠纷的干预力度,受到进口损害的行业的工会加入联盟,发起具体的立法和程序运动。他们开始敦促劳联—产联重新考虑其对贸易自由化的全面承诺。

到20世纪70年代末,一些国会议员开始质疑放弃贸易立法权力,特别是因为公众越来越关注贸易问题,这使得贸易问题成为一个具有某些政治优势的问题(Destler,1995:81)。虽然贸易政策领域的官员仍然支持贸易自由化,但是,立法领域的官员开始质疑贸易自由化的有效性,他们的支持立场开始动摇。战后,政治精英的自由贸易立场一致性开始以微小但关键的方式破裂了。

关心此事的国会议员强调对等原则在美国贸易政策中的重要性。利用他们在贸易政策领域的间接影响,通过规则变更和批准失败的隐含威胁,他们坚持美国贸易政策官员不应提供任何贸易让步,除非这样的让步与其他国家对等的特许相匹配。他们主张将进入美国市场与为美国生产商打开一个类似的市场联系起来,并以失去这个市场作为威胁,以确保贸易平衡。他们建议,应该要求对美国拥有巨额贸易顺差的国家增加对美国商品的进口,以此作为增加贸易份额的先决条件。最后,关注此事的国会议员认为,确保公平贸易要求美国制裁那些关闭国内市场或不当补贴其出口的国家(Goldstein,1993:178—179)。

最终,在此期间,国会议员在没有从根本上改变体系的情况下,对其进行了小修小补。他们多次威胁要重申自己在贸易政策上的主导地位,而结果却自相矛盾。既参与立法又参与贸易政策领域的成员坚定地致力于贸易自由化。虽然对贸易自由化的话语承诺继续在国会中占主导地位,但是,共识已经瓦解,立法领域的贸易自由化霸权已经结束。然而,还没有替代的贸易哲学出现,并在立法领域得到了类似的支持。

尽管国会大力推动促进美国公司在外国市场的利益,国会议员没有从根本上改变如此成功地促进了全球贸易自由化体系的制度参数。然而,全球贸易制度的局限性以及立法领域的行为者和贸易政策领域的反对者对打开外国市场施加越来越大的压力,确实导致更加注重区域贸易。其结果是,贸易政策领域的行为者从多边战略转向更有针对性地关注增加美国商品进入外国市场的机会。

国际谈判领域转向区域贸易

20世纪80年代,当罗纳德·里根(Ronald Reagan)总统建议建立一个跨越美洲的自由贸易区时,甚至几乎没有人能够想到,在北美国家之间也能达成一项贸易协定。墨西哥官员担心美国的过度影响,加拿大领导人积极努力减少他们国家对美国经济的依赖。这三个国家在10年后走到一起,达成了一项影响深远的贸易和投资协定,而对协定的主要抵制力量将集中在美国,这在当时几乎是不可能预测的。不断变化的经济和政治环境为过去在跨国谈判领域似乎无法实现的目标创造了条件。各国的贸易政策行为者早先认为自己的利益处于冲突之中,现在开始趋向于一种关于一体化区域贸易政策的共同愿景。

贸易政策领域行为者向更有力的公平贸易立场转变的同时,还摒弃了严格的多边主义,转而赞成更加混合的双边和多边贸易政策。当里根总统在1979年的竞选演讲中,最初呼吁与墨西哥签订自由贸易协定时,墨西哥政府对此高度反对,而且,没有任何结果。但是,随着关贸总协定的进一步改革使里根政府越来越受挫,与个别国家达成贸易协定的可能性也越来越重要。贸易政策领域的行动者开始采取双重战略:一方面继续努力促进多边贸易自由化,另一方面进行双边协定谈判。此外,欧洲联盟和日本在亚洲的作用的加强,增加了在美洲内部推行双边战略和深化区域经济协调的重要性。

然而,在墨西哥区域经济一体化非常不受欢迎。1979年,当里根第一次提出区域贸易协定时,墨西哥总统何塞·洛佩斯·波蒂略(José López Portillo)告诉里根的竞选经理说,"我们的孩子,可能还有我们的孙子,将永远不会看到"美国—墨西哥经济联盟的那一天。洛佩斯·波蒂略认为,墨西哥民族主义以及农民和劳工联盟对社团主义政府的重要性,排除了达成这种协定的可能性。甚至直到 1988 年,墨西哥总统卡洛斯·沙利纳斯(Carlos Salinas)就职时,他还宣称,鉴于墨西哥对美国的警惕,《北美自由贸易协定》式的条约是不可行的(Pastor and Wise,1994)。然而,萨利纳斯的确在墨西哥推行了经济自由化政策,这一进程始于他的前任米格尔·德拉马德里(Miguel de la Madrid),旨在为了墨西哥在 1986 年加入关贸总协定。[①] 萨利纳斯政府私有化了较大型的公共企业,包括电话公司、两大航空公司以及钢铁和铜矿公司。萨利纳斯还在 1990 年将银行系统非国有化。贸易自由化、财政紧缩、市场改革和工资下降的政策组合最终稳定了墨西哥经济。

但是,在 1990 年 2 月的一次访问中,萨利纳斯未能成功地试图拉拢欧洲的外国投资后,最终呼吁美国和墨西哥进行自由贸易谈判。这仅仅是在他否认这一理念的两年后发生的事情。然而,萨利纳斯面临着阻力,尤其是来自许多中小型企业的阻力,这些企业将因贸易增长而受到损害(Fairbrother,2007)。萨利纳斯政府压制了反对意见,通过将改革纳入一揽子计划来支持协定(Pastor and Wise,1994),并说服许多小公司相信更自由的贸易有利于经济效率和政治稳定,从而为达成协议赢得了支持。《北美自由贸易协定》标志着萨利纳斯的努力,从根本上改变墨西哥的经济结构,在某种程度上改变了政治结构。体制内参与者的变化以及对如何更好地改善墨西哥经济的理念的改变,导致墨西哥和美国政府中相关行为者共同拥护区域贸易自由化。

与萨利纳斯一样,加拿大总理马丁·布莱恩·马尔罗尼(Martin Brian Mulroney)为加拿大内政和外交政策制定了新路线,以促进《北美自由贸易协定》的通过。前几届政府试图减轻加拿大对美国贸易伙伴的依赖[②],而马尔罗尼及其进步保守党则试图推翻加拿大根深蒂固的保护主义,并与美国建立更紧密

[①] 萨利纳斯面临着十多年前就开始的巨大经济问题。20 世纪 80 年代,美国利率上升和世界石油价格暴跌,导致债务偿还危机和 1982 年比索贬值。萨利纳斯的前任米格尔·德拉马德里已经启动了最实质性的自由化改革,包括结束了 50 多年来以进口替代工业化为基础的经济政策。

[②] 20 世纪 80 年代,仅美国与安大略省的贸易就超过了美国与日本的全部贸易额(Closs et al.,1988;Gunter,1988)。这种相互依存的关系具有高度不平等的性质。1985 年,美国购买了加拿大近 80%的出口产品,并提供了其 70%以上的进口产品,而美国与加拿大的进出口贸易约占其进出口总额的 20%(Gunter,1988)。

的经济和政治联系。他宣称"与美国的良好关系、超级关系,将是我们政策的基石"(Bothwell,1992:140)。马尔罗尼的愿景是放松管制、降低赤字、撤销公有企业以及吸引外来投资。

1985年,马尔罗尼决定寻求与美国达成自由贸易协定,以努力融合他的新自由主义经济战略,并建立一个更强有力的美国伙伴关系(Bothwell,1992)。他的决定也是为了保护国家免受美国针对加拿大一些成功的出口产业的保护性立法和反倾销税的影响。[①] 美国非常依赖这些措施,许多加拿大人认为这些措施是伪装的保护主义。加拿大领导人希望建立一套针对规则和补贴的共同定义,以便与美国建立更可预测的贸易关系。

1989年1月1日达成的《美国—加拿大自贸协定》(CUSFTA)被盛赞为《北美自由贸易协定》之前"两个主权国家有史以来达成的最综合的、最富有雄心的贸易协定"(Hart,1991:122)。《美国—加拿大自由贸易协定》承诺加拿大和美国在9年内取消两国之间的所有关税。关税、退税和进出口限制将被完全取消。该协定还包括关于知识产权、政府采购和服务等方面的条款。然而,关于《美国—加拿大自由贸易协定》,并不是没有加拿大的批评者,面对与美国更大的经济一体化时,他们表达了对加拿大在保持其文化遗产和社会政策的能力的关注。1990年,当经济陷入严重衰退时,批评人士将加拿大的经济困境归咎于《美国—加拿大自由贸易协定》。因此,加拿大加入《北美自由贸易协定》谈判是带着不容置疑的恐惧而进行的。

贸易问题日益引起关注与草根政治领域的行为者

在《北美自由贸易协定》谈判之前的10年里,国际谈判领域既定的规则对行为者形成了越来越强的约束,同时,也相应地改变着美墨边境社会经济和环境的真实状态。过去纯粹的国内问题,例如集体协商、农产品价格支持和环境

[①] 各国使用反倾销税来抵消出口商政府的补贴,而反倾销税法则是为了防止外国公司以低于国内价格出售商品。

安全,由于努力减少非关税壁垒,正在变得国际化。此外,墨西哥北部边境加工厂项目的迅速扩张引起了劳工和环境保护组织的重大关切,并削弱了美国国内的集体谈判(Bronfenbrenner,1997)。(美国和墨西哥之间的)格兰德河以北的劳工组织活动家发现,他们在试图解决国内劳工问题的同时,还要应付墨西哥的政策考量。为了应对贸易政策领域和草根政治领域交叉点的变化,活动家们开始与以前未结盟的(甚至是敌对的)行动者建立联盟。

在全球层面上,跨国谈判领域的规则对活动家们的能力造成了越来越大的限制,并且,进一步加强贸易自由化的呼吁受到了以前从未参与过贸易政策工作的活动家们的高度关注。自由贸易支持者呼吁《关贸总协定》协调国内标准,以促进全球商品和服务的流动。1986年"乌拉圭回合谈判"启动了一项雄心勃勃的议程,其中包括协调国内农业、环境和食品安全政策的关键要素,以及取消被认为限制贸易的国内法律。排在前面的是取消农业价格支持和补贴。如果各国考虑到成本与效益,采用"对贸易限制最少"的措施,并避免不合理的差别待遇,各国就能够适用更具限制性的标准。但是,寻求适用更严格标准的国家需要有相关的科学和技术资料证明其决定的正当性(Charnovitz,1993:274; Wathen,1993)。

《关贸总协定》谈判者转向非关税贸易壁垒及其对国内法律的贸易影响的关注,显示出面对关贸总协定规则和裁定,国内行为者的变化,比受进口、出口或直接外国投资影响的经济部门的变化更加广泛。故而,非关税壁垒扩大了贸易的分配效应(Frieden and Rogowski,1996),创造了额外的非经济或额外的经济效应。因此,新的贸易政策不仅会产生经济上的赢家(得益于出口)和输家(受损于进口竞争),而且还会产生监管上的赢家和输家。

随着贸易政策领域的官员们开始模糊国内与国际政策问题的区别,跨社会运动范围运作的行动主义者认识到现在诸多国内问题都具有国际要素。贸易规则的这些变化对各领域的交叉点和杠杆作用产生了重大影响:它们改变了国内行为者政策偏好的框架,促进了动员更多行为者,解构了旧的联盟,并创造了新的面向贸易和一体化问题的联盟建设可能性。当北美地区一体化的影响正在改变工业资本和劳动力之间的力量平衡时,贸易领域的扩张,包括健康、安全、消费者和环境标准,为建立一个全新的行动主义者集团奠定了基础,使他们的利益与国际贸易体系相互交织在一起。这一章的其余部分详细描述了工会和环保组织在《北美自由贸易协定》之前几十年对这些变化的反应,并追溯了其在贸易问题上意识形态趋同的缘起,这种意识形态趋同最终扎根于一个更正式的反对《北美自由贸易协定》的联盟。

工会:从贸易自由化到贸易保护

尽管因产业而异,历史上工会关于贸易的立场会发生变化,但是,第二次世界大战至20世纪60年代之间的历史时期里劳联—产联以及个体联盟一般还是支持贸易自由化政策的(Cohen,1988;Milner,1988)。战后美国经济的强劲势头,使得工会的政策更加开放。相对于美国经济领先地位而言,全球竞争的相对缺乏和美国生产率的大幅提高创造了一段时期的稳定,真正提高了工人们的生活水平。

然而,随着20世纪70年代经济变化对美国就业和工业造成了严重破坏,美国劳联—产联关于贸易的总体框架开始从对贸易自由化的坚定支持转向对美国贸易政策的批评。低廉的劳动力成本和更灵活的劳资关系战略支撑着来自日本的进口竞争,威胁着美国的就业机会,劳工活动家越来越担心工厂关闭、失业(尤其是高薪制造业岗位),以及日益严峻的反工会形势。1975年,美国劳联—产联审查了它与贸易有关的政策,其执行委员会要求美国总统限制造成失业和贸易赤字的进口,并限制可能损害国家利益的原材料和技术的出口。[①] 执行委员会认为,国会应该审查所有可能影响工作岗位和产业的贸易协定,而总统应当限制资本流向海外(Galenson,1996:132)。执行委员会还抱怨由于美国

---

① 根据免责条款,总统可以利用他的权力做到前者(即文中"限制造成失业和贸易赤字的进口")。

在外国的直接投资而造成国内工作岗位的丧失。① 因此,随着《北美自由贸易协定》谈判的开始,在长达十多年的时间里劳工已经在贸易政策领域占据了主要反对者的地位。

当美国劳工—产联在贸易政策的立法和贸易政策领域争论不休时,在美国劳工联合会议程之外的一小群劳工活动家开始运作,在20世纪80年代初就将贸易法与国际劳工标准联系起来。这些活动家关注发展中国家侵犯人权的问题以及美国就业机会向劳工标准较低的国家转移的问题,他们试图保护国际劳工组织(ILO)确立的国际劳工核心权利,包括组建工会、集体谈判和罢工的权利。由于在贸易政策领域没有影响力,因此他们通过游说国会议员,把目标对准了立法领域,通过游说国会议员而影响立法。

劳工活动家们通过施加压力改变跨国谈判领域的制度规则,取得了一些成功。1984年,他们游说并最终通过了一项将一个国家获得优惠关税率与其承认基本劳工权利挂钩的普惠制条款。虽然里根政府执行力度不大,但这是一次重要的立法胜利。在活动家们于1987年提出有力的证据证明工人的权利受到侵犯之后,贸易政策领域的官员被迫拒绝给予巴拉圭、尼加拉瓜、罗马尼亚和智利普惠制关税优惠(Marshall,1990:70)。1985年,海外私人投资公司的再授权立法取得了又一次成功,该立法禁止在未赋予工人基本权利的国家的公司获得商业风险投保(Marshall,1990)。一小群活动家们在《北美自由贸易协定》问题出现的时候组成了一个永久性组织,即国际劳工权利基金会(International Labor Rights Fund,ILRF)。他们的持续工作对新的反《北美自由贸易协定》联盟的发展及其在《北美自由贸易协定谈判》期间的关注重点产生了重大影响。

劳联—产联并非与这些活动家水火不容。事实上,在1983年的"加勒比海

---

① 工会领导人开始批评美国缺乏连贯的产业发展策略。'他们认为,日本、韩国和欧洲国家能够立于不败之地的部分原因在于它们采取了美国没有反击的市场渗透策略。外国的进口倾销、工业补贴和国内市场保护导致工会领导人和其他批评人士越来越多地认为竞争环境不再公平。

盆地倡议"(Caribbean Basin Initiative)中,劳联—产联努力获得单方面劳工标准。[①] 然而,推动劳工标准并不是劳联—产联立法议程的核心构成部分。相反,劳联—产联及其附属机构在立法领域投入了大量的精力和资源,以争取更多的国内工业援助。虽然个别工会在为其产业获得补偿方面起了作用,但是,在20世纪七八十年代,美国劳联—产联在大多数贸易立法争论中都是失败的。他们反对贸易政策领域占主导地位的自由化框架的某些方面,但没有成功地利用其在立法领域的影响力在美国贸易政策中创造有意义的变化。一般来说,工会只能产生足够的支持来影响立法或纠正调查。但是,几乎没有例外,他们无法扭转绝大多数国会议员对贸易自由化的持续承诺,并且,他们没有意愿去根本改变贸易政策领域的规则。

环境保护主义者:从边缘的贸易行动者到关键角色

尽管在《北美自由贸易协定》之前的几十年里,工会一直参与贸易政策的制定,但是,对于环境保护组织来说,很大程度上贸易不在议题范围,并且远离他们的视野。环境保护主义者了解环境问题及其对全球的影响之间的深刻联系,并通过有关危险废物和濒危物种的条约认识到跨国环境破坏的可能性。然而,他们仍然将这些问题排除在贸易协定和谈判之外。事实上,在1972年联合国人类环境会议之后,就贸易与环境政策之间的关系进行的第一次国际讨论中,尚没有涉及贸易协定破坏环境政策的问题。经济学家们担心,实施严格污染控制措施的国家会削弱其贸易竞争力。作为回应,经合组织在1972年制定了污染者付费原则,鼓励价格真正反映生产成本(包括环境成本),并将污染治理成本由私营部门而不是由公共部门承担。经合组织和《关贸总协定》都建立了贸易和环境争端的磋商程序,但它们没有被使用。此外,《关贸总协定》贸易与环

[①] 加勒比盆地倡议规定,作为一个国家免税进入美国的条件,总统将考虑"这个国家的工人在多大程度上得到合理的工作场所条件,并享有组织国会和集体谈判的权利"(Marshall,1990:74)。该倡议没有任何执行机制。

境问题工作组直到1991年才开会,这是在美国环保主义者开始讨论贸易问题一年多之后的事情(Pearson,1993)。[①]

随着20世纪80年代农业危机开始出现,贸易政策对于环境的重要性开始变得清晰起来。那些试图推行保护农场主(尤其是小型家庭农场)政策的农业活动人士在华盛顿一再遇到阻碍。虽然有些政治家支持他们的政策建议,但是,在乌拉圭回合《关贸总协定》规则下,他们的支持是站不住脚的。活动家们通过自学了解《关贸总协定》,并成立农业宣传组织加以回应。马克·里奇(Mark Ritchie)被普遍认为是美国劳工运动以外最早涉足贸易政策的倡导者,作为明尼苏达州贸易政策分析师,他曾在欧洲花了一年时间详细了解《关贸总协定》(多年后,他于2007—2015年担任明尼苏达州州务卿)。他意识到,他既需要扩大贸易政策工作的范围,也需要让小型家庭农场网络之外的人参与进来,这些人可以更专注于贸易问题。[②] 1986年,里奇创立了农业与贸易政策研究所(Institute for Agriculture and Trade Policy, IATP)。

尽管在历史上农业和环保活动人士之间的关系有时会引起争议,但是,里奇认为,让环保主义者参与进来至关重要,因为他们既可以为这场新兴运动提供相当大的影响力,也可以放大对家庭农业的担忧。正如里奇所解释的:"对我来说,谈论农业的地方是有上限的,但是谈论环境的地方却是无上限的。"[③]他用一些基金会的钱,雇了两个环保人士帮助他,他们一起发起了公平贸易运动(Fair Trade Campaign, FTC)。公平贸易运动是作为草根运动而不是立法议程建立起来的。公平贸易运动参与者认为,它主要是一个教育行动者有关可能会影响他们的当地工作机会的贸易相关问题的工具。他们致力于在草根政治领域发展一个基础广泛的反对《关贸总协定》的联盟。里奇决定雇用两名环保活动家,他们都曾参加全国有毒物质运动(National Toxics Campaign, NTC),这

---

① 1992年在里约热内卢举行的联合国环境与发展会议(地球问题首脑会议)期间,非政府组织成功地推动了可持续发展与市场机制之间的联系。
② 2001年6月11日农业与贸易政策研究所对马克·里奇的个人专访。
③ 2001年6月11日农业与贸易政策研究所对马克·里奇的个人专访。为了便于阅读,我们把他在引用中使用的术语从"农场"改为"农业"。

是有意为之的。早期公平贸易运动活动人士唐·维纳(Don Wiener)描述了全国有毒物质运动在当地环保活动人士中发挥领导作用的模式:"这种模式很大程度上是自下而上开始的,非常注重满足不同群体的需求,以及他们在当地的斗争,在我们开始了解这些公平贸易协定时,向他们做出相当准确的解释。"①

公平贸易运动还发挥了初步催化作用,动员国家环境领导者就贸易政策问题开展工作;他们向环境代表提供关于贸易政策基本原则的教育,并说明不受限制的贸易对环境构成的危险。例如,他们揭示,关贸总协定乌拉圭回合草案中可能影响美国环境法的条款被写进了协定草案的农业部分。一些国家环境领导人很快抓住了贸易协定对环境的潜在危险(Shrybman,1991;Speck,1990)。正如里奇所解释的:

> 好消息是,由于《关贸总协定》被忽视了这么久,因此内部人变得过于贪婪。所以,他们提出的建议、他们正在做的事情以及他们正在诉讼的争端等,就像触动了一千个按钮,从俄勒冈州的小葡萄酒生产商,到海豚爱好者和为鲸鱼辩护的老妇人等。但是,因为他们太贪婪,而且有点过分,包括真正遵守环境法,所以,我可以四处走动,敲开很多门,然后说,"哦,顺便说一句对了"。②

除了动员环境非政府组织领袖和草根活动家之外,公平贸易运动还在农业和环境活动家之间建立了新的联盟。他们举行了反关贸总协定的抗议活动,主张支持加利福尼亚的绿色倡议,组织了一次欧洲教育之旅,并努力争取来自许多组织的支持。全国野生动物联合会(National Wildlife Federation,NWF)的领导者们也乐于接受这一观点。他们认识到,有必要就贸易与环境之间的关系进行持续对话,这在当时是一个新概念。1990年,国家野生动物联合会开始在其华盛顿办事处主持贸易和环境可持续发展工作组,其中包括来自自然资源保护委员会(Natural Resources Defense Council,NRDC)和世界野生动物基金会(World Wildlife Fund,WWF)以及国际倡导团体如替代政策发展组织(Devel-

---

① 2001年4月5日公平贸易运动对唐·维纳的个人采访。
② 2001年6月11日农业与贸易政策研究所对马克·里奇的个人专访。

opment Group for Alternative Policies，DGAP）等组织的国家环境代表（Wapthen，1992）。

虽然公平贸易运动最终取得了一些成功，但是，该组织最初面临着一场艰苦的战斗，以赢得大规模的草根支持。鉴于当时大多数美国人面对的是贸易政策的复杂性和模糊性，活动家们很难获得媒体的广泛曝光和对他们事业的支持。当时负责公平贸易运动媒体策略的克雷格·梅里利斯（Craig Merrilees）描述了公平贸易运动最初面临的困难："我只是不能强调这个问题在一开始是多么的模糊，以及这个问题看起来超越一个真正的政策专家的固有认知是多么的不可能，你知道，就像一个项目，并将其转化为一个真实的术语，以表达对环城公路以外的人们造成的真正后果。"[1]

随着里奇的工作在环保活动家中广为人知，参与其中的组织的范围也开始扩大。1990 年，在致力于加强食品安全法律和参加国会关于肉类检验和农药标准包括德莱尼条款（Delaney Clause）听证会的同时[2]，洛里·瓦拉赫（Lori Wallach）领导的非政府组织"公民"（一个华盛顿特区的消费者权益保护组织）意识到加强食品致癌物质法律将与拟议的关贸总协定乌拉圭回合规则相冲突。化工制造业杂志上的一篇文章揭示了潜在威胁的严重性和强度，正如她所解释的：

> 然后，在三四次公开听证会之后，我不得不读了一篇工业出版物上的文章《食品化学新闻》（Food Chemical News），报道了一个全国大型化工制造商协会的会议，该协会一名高级行政官员对所有这些化工公司的负责人说，"我们真的敦促你们现在不要发动大规模的斗争，试图扼杀德莱尼条款，因为我们能够通过关贸总协定和（美国—墨西哥条约）来实现这个任务，而且更加微妙，政治上的破坏性更小。为什么，因为这上面根本不会有你的指纹"。[3]

---

[1] 2001 年 6 月 21 日公平贸易运动对克瑞格·梅里利斯的个人采访。
[2] 作为 1954 年《联邦食品、药品和化妆品法案》的补充部分，1958 年《食品添加剂修正案》（第 409 条）即德莱尼条款禁止使用任何被发现会导致动物癌症的杀虫剂残留物作为食品添加剂。
[3] 1998 年 5 月 7 日对洛里·瓦拉赫的个人采访。

瓦拉赫决定进一步调查,于是联系了里奇,寻求帮助,让她在这个问题上投入更多的时间,并开始参加全国野生动物联合会的工作组会议。在瓦拉赫的敦促下,非政府组织公民参与了新兴起的非政府组织关于贸易自由化政策的社会福利后果的辩论,并最终成为反《北美自由贸易协定》斗争的先锋。因此,即使是在这个早期阶段,在政治上处于不同地位的组织之间也出现了新的关系,这些组织都不在贸易政策领域之内,但是,在立法领域拥有或多或少的草根资源和影响力。

《北美自由贸易协定》之前工会与环保组织断断续续的联盟

尽管 20 世纪 80 年代后期环境保护组织的领袖们开始思考贸易对环境的影响,但是,应该说正是《北美自由贸易协定》推动了他们与工会结成更加正式的联盟。在《北美自由贸易协定》之前,工会和环保运动之间的互动时常充满争论。工会和环境保护主义者之间的关系一直存在冲突,这是一个普遍的错误观念(Dewey,1998;Kazis and Grossman,1982;Mayer 2009;Obach,2004)。虽然冲突时有发生,而且经常吸引了媒体的注意,但是,合作也很重要,尽管不那么显而易见。按照杜威(Dewey)的观点,劳工组织和工会成员"在 1970 年以前表现出对许多环境倡议的相对强有力的支持",并且在 20 世纪 60 年代的环保运动中,在赢得公众对问题的广泛关注方面发挥了重要作用,尤其是在工人阶级中(1998:45)。劳工运动和环境运动的利益并非天生对立。然而,从历史上来看,他们并没有完全一致。正如奥巴赫(Obach)指出的那样,对于"存在一些重叠和利益冲突的运动,预测运动之间的联系变得更加困难"(2004:8)。劳工与环保组织互动的简单历史有助于理解在《北美自由贸易协定》之前出现的不同领域的问题重叠,并提供了一个更为准确的有组织的劳工与环境保护主义者之间复杂关系的图景。

尽管早期的自然资源保护主义者常常被视为环境运动的先驱,但是,公共卫生和劳工活动家的工作也为环境保护动员奠定了基础,尤其是在工作场所进行的工作(Gottlieb,2005:35)。事实上,早在环保运动开始之前的20世纪之交,劳工和公共卫生活动家就已致力于消除工作场所和更广泛环境中的有害物质。他们还发起了粗暴对待劳工的行为的尖锐批评,这为改革议程和"反血汗工厂"立法的实施铺平了道路(Gottlieb,2005:102)。

在20世纪二三十年代,工业疾病就呈上升趋势(Rosner and Markowitz,1987)。然而,缺乏有关其流行情况的信息,阻碍了与工业疾病的斗争(Mayer,2009:29)。到20世纪60年代末,医学研究的发现将危险的工作条件与健康结果联系起来,这有助于支持工作场所的行动主义(Mayer,2009)。矿工联合会(The United Mine Workers,UMW)帮助通过了1970年的《职业安全与健康法案》(Occupational Safety and Health Act,OSHA)。工人不仅参与了与工作环境有关的公共卫生问题,而且参与了影响其社区的公共卫生问题。工会对释放到环境中的化学物质的潜在危害表示关注,在工会的支持下,1970年的《清洁空气法案》(Clean Air Act)和1972年的《清洁水法案》(Clean Water Act)得以通过。汽车工人开创了密歇根州工人阶级参与环境保护的先河,推动在城市环境中创设更多的户外休闲空间、保护自然资源以及控制污染(Montrie,2008)。1970年,美国汽车工人联合会(UAW)发起了第一个地球日。

环保主义者也支持工会和工人的权利。1973年,当石油、化学品和原子能工人国际工会(Oil,Chemical and Atomic Workers International Union,OCAW)号召罢工并发起全国性抵制一家主要石油公司的工作场所健康和安全问题时,11个主要的环保组织立即给予支持(Gottlieb,2005;Obach,2004)。在与德国化学公司发生冲突时,环保组织也支持石油、化学品和原子能工人国际工会的成员。1984年,这家公司降低了工资和福利,解雇了3 700名员工,并试图破坏工会。当谈判以停工告终时,石油、化学品和原子能工人国际工会针对该公司发起了一场全国性的运动,声称该公司毫不关心工人的健康和安全以及当地环境。石油、化学品和原子能工人国际工会认为,工会的存在确保了更大的安全性和更清洁的操作,减少了对周围环境的影响(Mayer,2009)。争端的解决取决于环保组织的参与,包括塞拉俱乐部(Sierra Club)、绿色和平组织

(Green Peace)和德国绿党(German Green Party)。围绕健康和环境问题,这些组织与石油、化学品和原子能工人国际工会联合起来,最终赢得了与该公司斗争的胜利(Minchin,2003)。

虽然直到20世纪80年代,劳工和环保活动家时断时续地找到了他们的共同点,但是,他们也存在冲突。到20世纪70年代中期,美国汽车工人联合会(UAW)等主要工会的环保活动减少或停止了(Montrie,2008:93)。由于担心更严格的排放标准会对工人的工作岗位产生不利影响,美国汽车工人联合会与环保主义者和其他工会分道扬镳,反对1970年的《清洁空气法案》,并且当1977年该法案再次修订并纳入更严格的标准和更广泛的范围时,冲突再次发生。矿工联合会强烈反对1990年修正案关于酸雨设定的条款。

从20世纪70年代开始环境保护主义者为保护森林和某些物种进行斗争,例如保护太平洋西北部的斑点猫头鹰,使他们与木材工业的工人对立起来,因为森林保护措施,一万人失去了工作。一些更为激进的环保主义者以他们的激进手段引起了媒体的广泛关注,其中包括阻挡卡车和破坏伐木设备。这场冲突被普遍解读为一场阶级斗争——工人阶级伐木者和中产阶级环保主义者利益不一致的结果(Obach,2004)。这些争论使公众形成了"劳动与环境之争"的话语,并且"形成了蓝领工人为环境保护付出代价的观点"(Obach,2004:57)。

正如这份简史所表明的,与通常在媒体上呈现出来的情况相比较,环保主义者和工会之间的关系在《北美自由贸易协定》之前更加复杂。一些学者将这两个群体之间的冲突归因于阶级分裂(Rose,2000;Samuel,2009)[①],其他学者强调更广泛的政治和经济条件以及制度压力的影响(Mayer,2009;Obach,2004;Stevis,2002),还有一些学者指向运动本身的组织结构(Brulle and Jenkins,2008;Obach,2004)。然而,很明显,在《北美自由贸易协定》之前的几十年里,当环境法规或环境保护威胁到就业时,冲突经常出现。接下来的章节表明,尽管可能的失业是工会反对《北美自由贸易协定》的关键因素,但是,这并没有妨碍他们与环保主义者建立联盟的努力。事实上,他们第一次找到了足够多的

---

① 参见诺顿2003年的评论。

共同点,发展了一套将劳工和环境权利与贸易联系起来的话语体系,并跨越了断断续续的联盟阶段。针对《北美自由贸易协定》而形成的劳工和环境运动联盟为他们的长期关系奠定了基础,这种关系最终在反对《北美自由贸易协定》通过的斗争结束后长期持续(Kay,2015)。

劳工—环境权利趋同的开始:墨西哥出口加工区

在《北美自由贸易协定》谈判期间,先于劳工—环境联盟的格局转变根源于墨西哥北部沿美国边境地区,对外直接投资的变化和两国间贸易的国际规则的变化改变了边境两边的国内非国家行为者的政策利益。1965年,墨西哥政府决定通过出口导向的装配工业计划来刺激经济,该计划允许外国公司在美墨边境沿线建立数量惊人的装配工厂(被称为墨西哥出口加工区)。① 美国关税表中的806条款和807条款允许在墨西哥边境工厂组装的、其中含有一定比例的美国零部件的货物进口到美国,这些货物只按附加值缴纳关税(Sklair,1993)。该计划导致贸易增加和生产一体化。从1970年到1987年,美国的进口总额增长了10倍,从400亿美元飙升到4 000亿美元,而806/807条款下的进口额"增长了30倍以上,从20亿美元增长到680亿美元以上"(Sklair,1993:11)。墨西哥的许多高科技制造工厂被证明具有与美国和日本同行一样的生产力和竞争力(Shaiken,1990,1994),为公司利用806/807条款提供了额外的激励。到1988年,该计划包括了大约1 500家工厂,雇用了超过35万名工人(Hufbauer and Schott,1992)。②

美国的一些主要制造商将一定比例的生产能力转移到墨西哥北部,将初级生产转移到墨西哥工厂,并使用美国工厂最终组装和仓储。到1991年,美国最大的100家公司中,有一半以上经营墨西哥边境加工厂。墨西哥出口加工系统的兴起深刻地影响了为美国市场提供产品的生产组织,涉及的产业有电器和电

---

① 虽然出口加工厂最初仅限于边境地区,但1972年放宽了地理限制。截至1990年,超过80%的出口加工厂位于边境地区。

② 到1990年,边境加工厂的数量再次增加到近1 900家,雇用了45万名工人(Gereffi,1992)。

子产品、纺织品和服装、家具、汽车和运输设备等(Hufbauer and Schott,1992)。尽管美国公司也将生产转移到其他国家,但是,墨西哥出口加工业区的快速增长标志着墨西哥北部已经融入美国制造业,同时也标志着墨西哥采取了通过低工资和薄弱的工人保护来降低劳动力成本的明确的竞争战略。

在墨西哥,20世纪80年代制造业工人的实际工资急剧下降,1982年到1988年下降了40%(Shaiken,1995:26)。实际上,墨西哥边境加工区的工资率与墨西哥其他制造厂的工资率不相称,1985年边境加工厂的小时工资平均为276比索,而非边境加工厂的小时工资为538比索(Hufbauer and Schott,1992)。[1] 出口加工区处于"严格控制的劳工运动并几乎没有其他选择"的劳资关系系统之下,只有10%~20%的出口加工厂成立了工会,而大多数成立了工会的工厂是由制度革命党(Institutional Revolutionary Party,PRI)控制的墨西哥工人联合会(Confederation of Mexican Workers,CTM)操纵的(Shaiken,1995:26)。[2] 试图组织独立工会的工人面临恐吓、威胁甚至暴力。

到20世纪80年代,美国公司向墨西哥边境的加工生产区的迅速扩张,开始改变美国管理层和工会之间的权力平衡。由于工厂迁往墨西哥,工人们面临着失业,公司利用工厂迁移的威胁来降低工资和福利(Bronfenbrenner,1997)。随着这些力量的结合,美国工会逐渐认识到国际贸易和投资政策以及协定的重要性,这些政策和协定使他们在谈判桌上越来越处于不利地位。尽管几十年来制造业工会的政策议程包括了贸易,但是,其国际工作通常是独立于并隶属于与集体协商、工作条件和工人安全有关的国内活动。正如为进步的墨西哥日报《每日新闻》(*La Jornada*)工作的美国记者大卫·布鲁克斯(David Brooks)所解释的:

> 在劳工运动中,很少有人意识到,但仍然是非常重要的问题,经济一体化的进程突然直接影响了国内劳工的利益——从逃走的

---

[1] 主要从事服装生产、半导体组装和轻工制造的工厂的特点一般都是低工资、劳动密集型。第二波从事汽车相关制造和先进电子装配的边境加工厂倾向于使用更先进的技术和更高技能的劳动力,并支付更高的工资(Gereffi,1992;Shaiken,1990,1991;Sklair,1993)。

[2] 谢肯(Schaiken)引自米德布鲁克(Middlebrook,1991)。

工厂到如何进行合同谈判的每一件事情。10年前,大约在20世纪80年代初,谈判桌上的第三件事就是公司把一定比例的生产转移到墨西哥,到了80年代末,这就成了谈判桌上的第一件事。所有这些事情突然开始对会员资格、合同、各个方面产生真正的影响,并迫使以前归属于国际部门的东西成为参与国内政策的人的关键利益所在。因此,事实上,在很大程度上,这些问题已经不再只是一直处在隔离世界的国际公民关注的问题了。①

关注国内问题的劳工活动家发现,通过在贸易政策领域建立规则,从而使经济变革成为可能,这从根本上对他们产生了影响。

由于边境地区的环境、健康和公共基础设施的紧张,美墨边境地区经济活动的增加也产生了非经济或额外的经济后果。墨西哥北部工厂的急剧增加使大量工人进入该地区。② 基础设施不足导致废水处理不足、饮用水不安全和生活条件恶劣(Pastor,1992)。这里,美国公司在环境、健康和安全控制方面比在美国更加松懈,这导致了边境两边的问题。水污染、空气污染、危险废物处理不当影响了墨西哥和美国边境居民的健康和福祉。通常至少有一半的美国边境加工厂产生的有害废物没有得到妥善处理(Kopinak,1993)。③ 边境两边的行动主义者难以确定所造成的健康风险,因为墨西哥没有知情权法律。④ 由于没有能力组织起来为更好的工作条件而斗争,出口加工区的工人面临长时间工作而报酬低微的状况。

边境的局势揭示了劳工和环境问题之间的联系,越来越多的行动主义者逐渐认识到,他们的解决方案需要跨越问题和跨越国界的鼓动宣传。因此,它有助于催化他们之间新的和有些重叠的宣传鼓动网络。他们的集体反应始于

---

① 美墨对话组织对大卫·布鲁克斯的个人采访,2001年5月8日。
② 1980—1990年间,墨西哥人口增长了21%,边境39个墨西哥城市的人口增长了30%。提华纳的人口增加了61%,华雷斯城增加了41%。提华纳、华雷斯城和墨卡利在这一时期拥有最多的边境加工厂(Gereffi,1992)。
③ 一项对墨卡利的墨西哥出口加工区的研究发现,墨西哥出口加工区造成的最大环境问题源于其产生的危险废物(Sanchez,1990)。
④ 《边境线》(*Borderlines*,1993)。

1988年,当时美国和墨西哥的主要活动家和组织开展了一项计划,将美国和墨西哥(后来还有加拿大)的民间社团组织聚集在一起,讨论北美经济一体化问题。正如他们所说的,每年墨西哥和美国的"对话"(Dialogos)交流包括官方和独立的墨西哥工会、美国和加拿大的工会、环保组织、农业组织和人权活动家等。

"对话"是最早应对区域经济一体化危险的三国组织,它加强了环境和劳工活动家对彼此在边境工作上的认识。在主要组织中,问题重叠的证据很快显现出来了。比如,美国劳联—产联在其报纸《劳联—产联新闻》(AFL-CIO News)上刊登报道,详细介绍墨西哥边境工厂的环境问题。[①] 1989年,美国劳联—产联贸易部编写了一份题为《墨西哥出口加工区:边境以南的隐蔽生产成本》(The Maquiladoras: The Hidden Cost of Production South of the Border)的报告,其中强调并审查了工厂的环境问题,包括有毒物的毒害、缺乏适当的废水处理设施、水供应系统污染、有毒物倾倒以及拒绝为出口加工区的工人提供基本的健康和安全保护问题。[②] 参与当地反对工厂不法行为的草根组织的劳联—产联代表及其在当地环保组织(如亚利桑那州有毒物质信息、边境生态项目和得克萨斯政策研究中心)的新联系人提供了报告中的大部分信息。这些地方组织于20世纪80年代出现,旨在解决边境地区的环境退化和可持续发展问题。他们开展研究和公众教育活动,倡导特定政策的改变,并推动充分公开披露和参与关注边境工厂的环境后果。他们还强调跨国联合行动的必要性。

1989年,劳工—环境问题重叠变成组织化应对的问题,40个环保组织、劳工组织和宗教组织组成了一个非正式联盟,这个联盟成为墨西哥出口加工区正义联盟(Coalition for Justice in the Maquiladoras, CJM)。墨西哥出口加工区正义联盟的关注点是通过为出口加工区产业制定行为守则,改善工厂及其社区的边境加工厂工人的工作生活条件,并推动建立独立工会、提高健康与安全标准以及提高工资水平。[③] 因为美国劳联—产联的参与,许多进步的墨西哥组织,甚

[①] 参见1988年6月4日、27日的报道。
[②] 《劳联—产联新闻》,1989年3月4日。
[③] 参见墨西哥出口加工区正义联盟(1999)。

至一些美国组织对加入墨西哥出口加工区正义联盟持谨慎态度,因为劳联—产联历史上反对拉美革命①,以及在美国倾向于使用种族主义言论和政策让外国工人和移民作为失业的替罪羊,这是潜在合作伙伴所顾忌的。根据布朗和希姆斯(Browne and Sims,1993)的说法,至少有一个"美国组织拒绝了联盟的加入邀请,因为害怕破坏与墨西哥同行的工作关系"。② 一位墨西哥工会领袖描述了一些墨西哥劳工活动家的处境:"与墨西哥出口加工区正义联盟合作很困难,因为许多人不想与劳联—产联合作。"③为了安抚不情愿的合作伙伴,劳联—产联的代表将其作为工人运动领袖的角色,并与担心自己的主导地位和国际冷战声誉的团体接触。劳联—产联的一名官员在创建墨西哥出口加工区正义联盟时解释了他是如何通过直面其问题重重的过去和阐明改变的承诺来争取潜在合作伙伴的:

> 1989年、1990年和1991年,我在建立联盟和走出去与组织会面并鼓励他们加入这个联盟中发挥了重要作用。但是,当我去和团体谈话的时候,我会说,听着……我知道美国劳联—产联有一段可怕的历史,我认为这就是他们对墨西哥工人的种族主义态度以及我们在拉丁美洲的国际参与的重大历史,这是可悲的。我们致力于发展一个与过去不同的项目,我们需要发展一个项目,教育我们的成员有必要与墨西哥的兄弟姐妹、工人们一起工作,与共同的敌人斗争。这就是为什么人们愿意加入劳联—产联发挥重要作用的联盟的原因……我认为,为了完成这项工作,必须对劳联—产联进行自我批评,为了完成这项工作,这是必要的。然后就发生了,所以,我认为这是劳联—产联最终采取的立场,从而支持这种策略。④

在将劳工与环境问题联系起来以及与当地小型环保组织建立信任关系方

---

① 布斯塔曼特(Bustamante,1972)和弗兰克(Frank,1999)发掘了这段历史。
② http://www.nathannewman.org/edin/.labor/.files/.archive/.global.
③ 艾丽西亚·塞普尔韦达·努涅斯(Alicia Sepúlveda Nuñez)的个人采访,2000年8月27日。
④ 对劳联—产联官员的个人采访,2001年。

面,美国劳联—产联的主要活动家在边境地区发挥的作用至关重要。

开启《北美自由贸易协定》的斗争阶段

在《北美自由贸易协定》出台之前的几十年里,贸易政策和立法领域的精英们成功地实现了贸易政策的自由化,国内基本上没有人反对这种做法。到20世纪80年代中后期,加拿大和墨西哥内部的精英阶层也改变了他们同美国开展贸易的立场,虽然有些人不情愿。与此同时,更广泛的华盛顿共识(Washington Consensus)政策议程——自由贸易与取消资本管制、投资和金融监管、为知识产权和外国投资者建立新的保护措施、服务业私有化和放松管制以及预算紧缩——越来越受到贸易政策和立法领域许多人的欢迎。具有讽刺意味的是,这些支持自由贸易、支持新自由主义的力量横扫了整个美洲大陆,并扩大了贸易政策的范围,将这些非关税相关条款包括在内,帮助形成了一批与美国贸易政策的发展有利害关系和利益关系的新参与者。随着北美经济一体化的推进,以及1986年启动的乌拉圭回合(该回合也突破了过去的《关贸总协定》,将非关税问题纳入贸易协定),以及谈判者将其权力范围扩大到国内法,这些新的行为者面临的利益相关性变得更大。

贸易谈判中包括的范围扩大以及美国受贸易政策影响的新的行为者的构成是成就一场核心在于公平贸易的新社会运动的必要条件,但不是充分条件。事实上,一场新的公平贸易运动需要活动家的想象力和奉献精神,这些活动家致力于将来自不同部门的代表聚集在一起。在20世纪80年代他们建立的新兴网络帮助发展了环境—劳工权利联系的话语基础,并成为反对《北美自由贸易协定》通过的斗争期间及以后动员联盟争取公平贸易的基石。

第四章

政治化与框架：环境与劳工权利相结合

1990年9月25日美国总统布什宣布,他打算与墨西哥就一项贸易协定进行谈判①,这便立即开始了关于"快车道"的政治争论。在20世纪90年代初,《北美自由贸易协定》之争开始时,劳工和环境活动家都不得不将目光投向贸易政策领域之外,以影响其主要谈判代表的谈判原则。尽管工会在贸易政策领域保持着政府官方顾问小组成员的地位,他们将贸易和劳工权利联系在一起的公平贸易框架也得到了承认,但是,他们仍然被谈判者边缘化了。环保组织在贸易政策领域根本没有任何作用,贸易自由化与环境退化之间的概念联系在贸易政策领域内也不存在。实际上,当《北美自由贸易协定》被提出时,人们普遍认为它会以最小的阻力获得通过,并且任何反对意见都会来自劳工代表及其国会盟友。

然而,工会和环保组织在立法领域都有影响力,并且,国会对美国贸易政策拥有一个重要的杠杠平衡点——有权延长或废除总统的"快速通道"授权。尽

---

① 在这个早期阶段,加拿大不是该协定的缔约方,也不叫《北美自由贸易协定》。加拿大于1991年1月23日加入谈判。

管 1988 年国会通过的"快速通道"授权有 5 年期限,但是,其中包括了一项标准条款,即允许任何国会议员在 1991 年提出一项决议,在该期限进行中缩短"快速通道"授权。这种立法和贸易政策领域之间的杠杆点为草根活动家试图改变后者的规则创造了机会,通过与国会盟友的合作,他们可以影响官员在贸易政策领域的谈判立场。

在整个谈判过程中,环保活动人士及其国会盟友面临着两个巨大的战略障碍:首先,贸易与环境权利或环境保护之间没有直接的话语联系。因此,他们必须让立法领域的行为者承认并将环境问题纳入贸易辩论。如果他们与劳工活动家合作,建立一个反对《北美自由贸易协定》的框架,将劳工权利和环境权利联系起来,并作为意识形态基础,在草根政治领域形成一股可以利用到立法领域的反对浪潮,那么,这样的工作就会容易得多。

其次,如果他们在立法领域成功地扩展了贸易话语,就必须想办法对贸易政策领域施加压力,让谈判者认可环境保护,并将环境保护纳入贸易协定。这不是一件容易的事,因为谈判者在辩论开始时就划清了界限:他们明确无误地声明环境问题在《北美自由贸易协定》的谈判中没有立足之地。此外,环境谈判目标只能在关键时刻被添加。例如,没有任何机制将它们添加到国会的"快速通道"授权中,因为该决议的措辞是在法规中预先设定的,只能终止"快速通道",而不能改变其条款。

在本章中,我们探讨环保活动家如何利用框架策略解决第一个障碍,使贸易自由化的环境问题批评合法化,然后,与劳工活动家一起构建一个扩大的劳工—环境权利框架,从而增强了两个运动反《北美自由贸易协定》的信号。我们审视反对《北美自由贸易协定》的组织如何在草根政治领域建立联盟,并在广泛的各类组织中推广新的劳工—环境权利框架。然后,我们研究环保主义者如何通过与反《北美自由贸易协定》联盟的其他成员和国会议员的联盟获得在贸易政策领域的合法性和让步,从而应对第二个障碍。

在基层政治领域构建一个新的框架

反对《北美自由贸易协定》，活动家们必须想办法形成贸易问题框架，不仅引起公众的共鸣，而且引起主要国会议员的共鸣，并且还要能够统一不同的且相互抵触的草根组织的观点。他们还必须运用抽象和高度技术性的语言经常讨论协定的具体影响。他们面临的挑战是重大的。活动家必须让普通人关心国际贸易政策，过去，这个问题几乎没有引起公众的兴趣。他们必须集结劳工和环保活动家，以便他们愿意围绕它动员起来，投入稀缺的资源，甚至参与破坏性的行动。自第二次世界大战以来，他们必须第一次将贸易政策政治化。

然而，立法领域改变框架的机会是相当大的，因为公平贸易已经成为该领域一个强有力的对立框架。在《北美自由贸易协定》之前的几十年里，主要是由工会推动的这个对立框架以国家经济利益为中心，为美国工会和产业提供一个公平的经济竞争环境，以对抗外国竞争者。它关注失业和保护受公司转移到国外影响的美国工人，这些转移到国外的公司消除高薪蓝领工作岗位和破坏工会。尽管公平贸易框架的合法性已经确立，但是，反对者经常攻击其对就业和劳工权利的关注是贸易保护主义。并且，包括一些环保主义者在内的进步主义的活动家嘲笑其过于自私的民族主义立场。

改变贸易的主导框架是一项艰巨的任务。挑战现有的具有象征意义的框架涉及"集体行动框架"工作，其中，涉及行为者围绕对政策关切和可能结果的修正或更广泛的理解达成新的共识（Snow and Benford, 1992；Klandermans, 1988）。"集体行动框架"是一种解释性的图式，它通过有选择地突出和编码某一群体现在或过去环境中的宗旨、情况、事件、经验和行动序列，来简化和浓缩"外面的世界"（Snow and Benford, 1992：137）。集体行动框架工作包括构建意义，它让政治家重视和对某种状态不满，从而构建更大的意义框架，产生新的关联并在此基础上建立新的联盟（Klandermans, 1988；Snow and Benford, 1988, 1992；Melucci, 1989；Tarrow, 1994；McAdam, Tarrow and Tilly, 2001）。

这种联盟建设可以局限于一个特殊领域的活动家，也可以扩展到更广泛的领域。面对《北美自由贸易协定》，这种联盟涵盖多个领域，因为活动家们将立法和贸易政策领域的决策者作为目标，关注一系列贸易问题。但是，活动家们也在草根政治领域工作，向政治精英施压，要求他们改变对贸易自由化的支持立场。在谈判的不同时点上，建立一个扩大的劳动—环境权利框架，通过给予不同议程、参与程度和哲学观点的团体参与联盟机会，有助于将各个组织联系起来。劳工和环境活动家们位于话语斗争的前线。

在草根政治领域建立反对《北美自由贸易协定》的联盟

第一个积极发出警告并在非政府组织中发起更广泛的动员反对自由贸易协定的是反对《美加自由贸易协定》(CUSFTA)的加拿大活动家，尽管加拿大当时并未参与拟议的谈判。1990年10月，一个加拿大活动家代表团前往墨西哥，旨在引起当地劳工、环保和人权活动家的兴趣。然后，在11月，加拿大代表会见了美国相关组织的活动家，这些组织包括国际劳工权益基金会、环境工作组和农业与贸易政策研究所。[①]

在会议上，加拿大人为建立一个北美的非政府组织活动家网络奠定了基础，这个非政府组织活动家网络关注贸易问题，在每个国家的草根政治领域和美国的立法领域进行运作。与会者意识到谈判的重要性和政治意义，他们提供了一个在整个大陆的进步活动家之间分享共同利益的机会。[②] 加拿大活动家先前通过加拿大行动网络(Action Canada Network, ACN)动员反对《美加自由贸易协定》，这个为反对自由贸易协定而特别创建的网络成为墨西哥和美国联盟发展和组织结构的模式，这导致在美国建立发展、贸易、劳工和环境动员网络

[①] 1998年4月14日，对国际劳工权利基金会的菲瑞斯·哈维(Pharis Harvey)的个人采访。当时该组织称为国际劳工权利教育和研究基金。

[②] 参见1998年4月22日对替代政策开发组织的凯伦·汉森-库恩(Karen Hansen-Kuhn)的个人采访；关于会议的讨论。

(Mobilization on Development, Trade, Labor and Environment, MODTLE)①，以及墨西哥自由贸易行动网络(Mexican Action Network on Free Trade, RMALC)的创建。在美国的会议上，代表们还提出了一个三国跨部门的国会论坛，讨论贸易自由化对社会和环境福利的影响。

非正式网络的发展反过来又创造了多个"话语节点"，使非政府组织的活动家能够进一步阐述和传播扩大的贸易政策观点。这些节点的中心是：(1)位于华盛顿和边境的环保组织共同努力建立评估贸易政策的环境后果的合法性；(2)美国劳联—产联传播相关立场的研究报告并在工会中讨论各种观点；(3)反《北美自由贸易协定》联盟(这里统称为"反《北美自由贸易协定》联盟")由各种各样的选民(例如消费者、农户等)组成，通过巨大的伞式网络包括公平贸易运动(FTC)(侧重于草根组织)，发展、贸易、劳工和环保动员网络[侧重于研究与墨西哥自由贸易行动网络(RMALC)及加拿大行动网络(CAN)等伙伴一起进行跨国动员的智囊机构]和公民贸易观察运动②(Citizen Trade Watch Campaign, CTWC, 主要侧重于华盛顿的游说活动，包括工会、家庭农场运动的主要成员以及消费者和环保团体)，将国家和地方劳工和环境组织联系在一起。③ 图4.1详细介绍了这些网络在"快速通道"斗争中的情况，并提供了关于按部门协调活动的主要工会和环保组织的信息，其中一些组织同时参加了反《北美自由贸易协定》联盟。

---

① 贸易和环境可持续发展工作组分裂后，发展、贸易、劳工和环境动员网络(MODTLE)出现了。1992年秋天，发展、贸易、劳工和环境动员网络成为负责任贸易联盟(ART)。

② 1991年6月开始讨论成立 CTWC，作为非政府组织，成为国会公平贸易委员会的对手机构(2001年3月2日，对国际劳工权益基金会的菲利斯·哈维进行的个人采访)。CTWC 成立于1991年夏，它构建了公民领导的联盟，这个联盟帮助引领了针对"快速通道"的斗争。

③ 1998年5月12日对国际女装工人联合会(ILGWU)艾薇·杜布罗(Evy Dubrow)的个人采访。美国州、县和市雇员联合会(Americon Federation of State, Country and Municipal Enployecs, AFSCME)的马格·艾伦(Marge Allen)和食品和商业工人国际联合会(United Food and Commercial Workers International Union, UFCWU)的塞贡多·梅卡多-劳伦斯(Segundo Mercado-Llorens)是推动"快速通道"立法联盟的核心参与者，公民贸易观察运动也是核心参与者，尽管《北美自由贸易协定》并没有像对工业纺织品、电气和汽车工业影响那样直接影响到其工会成员。

公民贸易观察运动
(华盛顿特区游说)
公民
美国州、县和市雇员联合会(AFSCME)
食品和商业工人国际联合会(UFCWU)
地球之友(FOE)
全国家庭农场联盟(National Family Farm Coalition, NFFC)
全国农户联合会(National Farmers Union, NFU)
塞拉俱乐部(Sierra Club)
服装和纺织工人联合会(ACTWU)
国际女装工人联合会(ILGWU)
国际机械师和航空航天工人协会(IAM)
国际卡车司机兄弟会(ITBT)
美国通讯工作者联合会(CWA)
美国电子与通信业国际工会(IUE)
美国汽车工人联合会(UAW)
社区营养状况研究所(CNI)
全国消费者联盟(NCL)

公平贸易运动(FTC)   **发展、贸易、劳工和环境动员网络(MODTLE)**
(草根网络)   (国际网络)
农业与贸易政策研究所(IATP)   国际劳工权利基金会(ILRF)
正义就业(Jobs With Justice)   经济政策研究所
清洁水行动   政策研究院(IPS)
反杀虫剂行动网络   联合卫理公会
当地产业工会   替代政策开发组织(DGAP)
当地环境保护团体   美国电气、无线电和机械工人联合会(UE)
    全国野生动物联合会(NWF)
    [将墨西哥自由贸易行动网络(RMALC)
    加拿与行动大网络(CAN)联系在一起]

环境保护组织[1]
全美野生动物保护联合会
自然资源保护协会
世界野生动物保护基金
自然保护协会
奥杜邦学会
环境保护者选民联盟
野生动物保护者
环境保护基金
塞拉俱乐部
地球之友
边境环境项目组织
亚利桑那有毒物信息组织
得克萨斯政策研究中心

全美劳工组织[2]
劳联—产联(AFL-CIO)
服装和编织工人联合会(ACTWU)
国际女装工人联合会(ILGWU)
美国电子与通信业国际工会(IUE)
美国州、县和市雇员联合会(AFSCME)
国际电子工人兄弟会(IBEW)
国际机械师和航空航天工人联合会(IAM)
国际卡车司机兄弟会(IBT)
美国通讯工作者联合会(CWA)
食品和商业工人国际联合会(UFCW)
美国钢铁工人联合会
美国汽车工人联合会(UAW)

注：[1]除了边境环境项目组织、亚利桑那有毒物信息组织以及得克萨斯政策研究中心之外，这里所列的所有组织总部均在华盛顿特区。这三个非全国性的组织位于美墨边境地区，在影响边境地区的环境政策立场的形成方面与全国环保组织合作。图中黑体字显示的组织参与美国贸易代表(USTR)咨询委员会。

[2]这个表列包括所有隶属劳联—产联的工会组织，它们几乎参与了反对《北美自由贸易协定》的斗争。美国电子与通信业国际工会(IUE)是斗争中的核心组织，但它并不隶属于劳联—产联。

图4.1 "快速通道"斗争中的联盟和网络

强调以下情况是重要的：不仅框架搭建工作很少由一个独立的节点协同（Melucci,1988），而且很少完全统一。框架有时通过组织之间的明确合作来制定，其成果是精简的解释性图表，有时通过个别组织的论证产生，其成果可能是自己的集体行动框架，或者进一步减少、改进和调整其他组织建立的框架。由于这些团体既没有相同的价值观，也没有在贸易政策和立法领域的等级制度中的对等地位，因此他们不可避免地重视或强调新的劳动—环境权利框架的不同方面。

绿色贸易话语

在劳工和环境权利及保护能够融合成一个浑然一体的框架之前，活动家们不得不在贸易和环境问题之间建立一种联系，其核心是对与贸易相关的环境破坏的批评。环境社会学家和杰出的政治理论家将环境保护主义描述为一种"上升的社会力量"(Buttel,1997:50)。[1] 这种力量填补了后福特主义时代劳工运动和社会民主政治衰落留下的真空，并呈现了左翼政治和文化运动的"绿化"(Beck,1992;Giddens,1994;Buttel,1997;Deluca,1999)。[2] 虽然他们的观点取向不强调环境运动的异质性并且过度强调了环境运动的效力[3]，但在反对《北美自由贸易协定》的斗争中绿色概念被巧妙地运用于新的劳工—环境权利框架的发展之中：框架代表了一个真正的绿色贸易话语。在环境问题领域，不仅第一次将环境问题与美国贸易政策联系起来，而且，由于这样的关联，行动主义者运用环境透视镜来审视问题并合法化其他社会福利主张。

环保主义者长期以来一直质疑经济发展本质上是进步的这一乐观假设，并

---

[1] 另外，参见巴特尔和泰勒(Buttel and Taylor,1992)。

[2] 这在很大程度上源于梅鲁奇(Melucci)和图雷恩(Tourraine)等学者推动而发展起来的"新社会运动"文学。参见斯科特(Scott,1990)的概述。

[3] 关于环境动员和行动的复杂性的讨论，参见道伯森(Dobson,1990)。关于环境行动的效力的讨论，参见卡恩(Cahn,1995)。近年来发展中国家环境运动的广泛发展也使人们对环境动员是否具有结构上的优先地位产生了疑问。参见马蒂内兹-艾丽娅(Martinez-Alier,1994)、巴特尔(Buttel,1997)、巴特尔和泰勒(Buttel and Taylor,1992)以及耶利(Yearley,1994)。

批评经济增长、资本积累和工业发展的力量。① 环保主义者和那些认为"跑步机般的生产方式"(treadmill of production)②不可避免地会导致环境退化的人之间存在分歧,前者相信可持续的经济发展是可能的,后者则认为"跑步机般的生产方式"必然会导致环境退化。但是这是一种普遍的环境批判,认为不受约束的市场力量会导致环境外部性,而市场本身无法很好地解决这些外部性。对经济一体化、全球商品链生产和工业发展影响的环境问题批评是新自由主义倡导者难以反驳的。过度承载能力和经济外部性问题缺乏贫困和其他社会福利问题的相对主义主张。尽管自由贸易的支持者不认同边境问题的严重程度和最佳解决方案,但是,他们发现很难辩称不存在任何问题,也很难辩称这些问题是墨西哥人自己造成的。

通过关注标准的向下趋同,在关注环境和关注劳工相互联系方面,这样的绿色贸易话语取得了最强大的效果。在《北美自由贸易协定》背景下,使用边境加工区作为未来的体现和实际表现,这个污染避风港怪物以及环境监管的逐底竞赛为更广泛的社会福利条件下降的争论提供了逻辑基础。绿色贸易话语带来了科学语言和概念的认可,并使国际主义观点具有日益增强的合法性,使行动主义者能够抵制贸易政策领域给反对派贴上的保护主义标签。正如一名绿色和平活动家在他的国会证词中解释的那样:"绿色和平组织认为国际贸易本身不是目的,贸易机构必须负起责任,贸易必须服从于对环境的关注,服从于真正的、以人为本的、社会公平的发展。"③

也许更重要的是,行动主义者利用环境框架来阐明对美国贸易政策的广泛批评,从而为反对新自由主义贸易主张提供了一个强有力的楔子。环保人士的批评暴露了自由放任政策的矛盾之处。早期的行动主义者提出贸易对环境影响的批评,批评环境需求服从于经济利益的观点以及当集体环境商品交给市场

---

① 参见斯克莱(Sklair,1994);耶利(Yearley,1994)。有关绿色政治理论的讨论,参见巴里(Barry,1999)。
② 施内贝格(Schnaiberg,1980)、施内贝格和古尔德(Schnaiberg and Gould,1994)。参见关于国际规模的"跑步机般的生产方式"的讨论,参见古尔德等(Gould et al.,1996)。
③ 威廉姆·巴克莱(William Barclay,1992)的证词。

机制解决时所造成的伤害。

一名野生动物保护者组织(DOW)的活动家强调了贸易和环境危险之间的联系:"从环境的立场来看,自由贸易应该是达到目的的手段,而不是目的本身。如果要建立一个成功的环境公约,我们都有很多工作要做。为了实现《北美自由贸易协定》的巨大潜力,必须改革传统的国际贸易规则,从而充分和完全地整合环境、保护、健康和安全问题。"[1]

因此,行动主义者强调,市场的支配性是如何导致市场过程之外的环境损害的,他们认为,通过《北美自由贸易协定》实现的北美经济一体化应当重视建立防止环境退化的制度体系。环境透视镜的使用,特别是关注边境地区的情况,凸显了市场的失败,这个鲜活的案例影响了美国和墨西哥公民。活动家们还从环境角度批评了贸易政策领域本身的结构,认为旨在促进贸易自由化的体制属性实际上是为了公司利益而损害公民的福利。

与劳工形成鲜明对比的是,常常缺乏视围绕环境问题进行动员的自利选民(Audley,1993)。然而,缺乏这样的支持者和环境权利主张的普遍性,是新的劳工—环境权利框架发展过程中逐渐具有说服力的来源。在《北美自由贸易协定》出现之前,公众对环境问题的广泛支持也为认可的听众提供了一个框架。1989年,66%的盖洛普民意调查受访者表示,他们"极为关注"海洋生物和海滩的污染,50%的人极为关注空气污染。1992年,在《北美自由贸易协定》谈判初期,盖洛普民意调查机构将大约20%的美国人归类为坚定的环保主义者,他们自称为强大的环保主义者。[2]

对劳工而言,一种更为进步的贸易话语

绿色贸易话语不仅仅是环保组织参与贸易辩论的结果。事实上,没有正式与劳工运动或反《北美自由贸易协定》联盟结盟的工会和劳工活动人士支持将

---

[1] 威廉·斯内普(William Snape,1993年3月10日:123)的证词。
[2] 引自施威茨和布瑞纳(Switzer and Bryner,1998)的证词。

劳工权利和环境权利联系起来的话语框架,并强调边境地区的环境恶化问题。此外,工会与环保组织和更进步的劳工活动家在边境与国际劳工标准和权利工作的互动,帮助官方劳工运动转向更进步的劳工和贸易相结合的话语体系。

这种劳工话语扩大了几十年的公平贸易框架(核心在于为美国工会和产业与外国竞争者竞争建立一个公平的经济竞争环境),为此,增加了道德和国际主义色彩——强调北美工人之间的联系和优先的跨国团结(Kay,2005,2011a,2011b)。话语根源于早期工人运动的核心价值观。事实上,1864年成立时,国际工人协会(或称为第一国际工人协会)明确表达了全球工人运动和国际团结的必要性。自19世纪以来,在不同的斗争中,包括在《北美自由贸易协定》出台前几十年致力于国际劳工标准的行动主义者的工作中,进步的工会主义者和工人都援引了这一核心价值观。但是,新一代以国际为重点的劳工活动家综合了这些旧的框架,并开始关注贸易自由化造成的共同跨境问题。

对于美国劳联—产联及其附属机构内部的一些人来说,采用更进步的话语反映了一种工具性的担忧,即仅仅关注就业会疏远公众和潜在的盟友。但是,对其他人来说,他们中的许多人参加了民权运动、农场工人的斗争以及各种拉丁美洲的团结运动,这个决定反映了道德上的担忧,即把外国工人作为替罪羊违背了国际劳工运动的设定价值观。到了1990年,这些受过民权运动训练的领导人中的许多人已经在工会中掌握了权力,取代了冷战分子或者减轻了他们的影响力(Voss and Sherman,2000)。所以,在反对《北美自由贸易协定》的斗争中,他们对采用更进步的劳工话语所产生的影响是相当重要的。

但是,或许更具历史意义的是,他们努力通过与墨西哥工会建立关系,尤其是与不隶属于政府执政党的独立工会建立关系,将这种话语付诸实践。尽管在《北美自由贸易协定》之前的几十年里,北美工会通过各种机构和组织(例如世界贸易工会联合会、国际自由贸易工会联合会和国际贸易秘书处等)彼此联系,但是,这些互动是不平等的,不是建立在努力创建和培育基于共同利益的长期计划的基础上,并且通常只有工会领导人和精英参与。[1] 此外,美国劳联—产联的反共产主义活动,以及一些附属机构将"美国的"工作岗位的流失归咎于外国工人和移民的倾向,破坏了北美工会之间的关系。[2] 当被问及劳联—产联在《北美自由贸易协定》之前参与跨国民族主义运动的事情时,劳联—产联国际部的一位领导人解释说:

> 在《北美自由贸易协定》之前,基本上没有,或者说几乎没有。美国劳工联合会参与了墨西哥工人联合会的工作[3],主要通过国际劳工组织处理与美国或墨西哥无关的问题,而是处理与其他拉丁美洲国家有关的问题。……在1990年之前,跨国活动并没有真正与各国工会联系起来,而是由进步的当地人或持不同政见的北方运动实施的,通常不涉及长期的关系。[4]

20世纪90年代初,在北美进步的工会活动家建立的关系是新的和独特的,更进步的劳工话语使他们振作起来,这种话语强调合作优先于竞争(Kay,2005,2011a,2011b)。

尽管劳工组织的话语更为进步,但是,其在贸易问题上的立场一再被功利主义的自由贸易论调所削弱。自由贸易倡导者们承认,在自由化的贸易体制下,总会不可避免地出现输家。他们一再将劳工领袖抱怨贸易对本国产业的影响归咎于自身利益,并批评称,这是保护主义者为了对抗失业而采取的行动。环保主义者关于贸易和环境的新的绿色话语对贸易保护主义的批评更具免疫力,但是,其新颖性意味着它在贸易政策、立法和跨国谈判领域缺乏合法性和牵引力。

---

[1] 有关国际劳工组织的历史和局限性的讨论,请参阅斯特维斯(Stevis,1998);博斯韦尔和斯特维斯(Boswell and Stevis,1997)。
[2] 参见巴斯特蒙特(Bustamante,1972);弗兰克(Frank,1999)。
[3] 墨西哥工人联合会(CTM)是墨西哥主要的工会,与执政党有着历史渊源。
[4] 2000年2月29日在华盛顿特区对劳联—产联代表蒂姆·贝蒂(Tim Beaty)的个人采访。

全面发展起来的劳工—环境权利框架

随着《北美自由贸易协定》斗争的展开，劳工与环境保护活动家开始发展和整合一个劳工—环境权利框架，这一框架起源于他们在美国—墨西哥边境的合作。他们声称，由于监管不力，鼓励将工厂迁往墨西哥，可能导致美国劳工和环境监管压力下降，从而将环境和劳工问题结合在一起。这种联系对环保主义者和工会来说是双赢的。对于环保主义者来说，框架适应可以让他们依靠劳工组织的影响力，通过把环境问题与默认的对立贸易框架即更进步的公平贸易框架相联系，从而提高了环境问题的政治相关性。正如塞拉俱乐部的约翰·奥德利(John Audley)所解释的那样："不管我们是否意识到这一点，当我们与劳工结盟时，政治力量就已经存在了，不管是松散的还是统一的，在合法化我们的工作方面……我的意思是，我们当时击败《北美自由贸易协定》的工作很大程度上是基于我们与劳工结盟的能力。一个单独的环境问题不会打败任何与贸易有关的东西。"[①]劳工活动家利用环境问题扩大其对立立场的权威性，并弱化了所谓保护主义的批评。

环境和劳工活动家与他们的消费者、家庭农场和宗教团体的盟友一起，反对贸易政策和跨国谈判领域中贴在反对方身上的普遍的贸易保护主义标签。劳工和环境论点的话语联系在两个方面削弱了这个标签。

首先，这种联系有助于扩大和团结反对《北美自由贸易协定》的联盟，因为它扩大了新的反对框架的潜在支持者的范围，并增加了联盟声称代表的选民。贸易话语的扩大使得活动家能够吸引以前从未参加过贸易政策辩论的全国性和地方组织。这种广泛的吸引力对于活动家努力组织草根政治领域的活动，从而向立法领域的行为者施加压力，至关重要。此外，劳动与环境话语的一致性使得不同选区的立法者能够表明立场，反对协定。这对于国会中普遍支持劳工的议员来说尤为重要，因为他们的选民可能会因《北美自由贸易协定》而失去工

---

① 1998年4月27日，对塞拉俱乐部的约翰·奥德利的个人采访。

作。当他们阻止或改进协定时,采用绿色话语使他们能够避免自己的观点被曲解为保护主义。

其次,环保主义者在政治上的软弱无力成为劳工倡导者话语上的重大收益。同时存在的危害和环境运动的力量在于一种道德权威,这种权威来自在不代表具体选民的情况下解决广泛影响所有公民的问题。劳工活动家为了自身利益游说的说服力因超越传统贸易选区的环境因素的加入而得到了提高。环境框架使辩论超出了纯经济领域。突然之间,在自由贸易下谁赢谁输之间的界限变得模糊了。正如当时的财务秘书和后来的劳联—产联主席汤姆·多纳休(Tom Donahue)所强调的,对工资和劳工权利的关注更容易受到相对主义的批评,而环境问题可以明确地用一个标准来衡量:"当人们看到其他国家的工资水平时,很难表达这些工资实际上有多低。人们能理解脑炎的恐怖故事,因为它们不是相对的。环境问题引起了更大的共鸣,尽管我不愿意承认这一点。"①

然而,正如后面更详细讨论的那样,围绕与劳工有关的问题,环保主义者两个截然不同的团体产生了分歧。尽管环保主义者普遍同意将环境问题框架与该地区贸易自由化的不受管制的进展联系起来,但是,参加反《北美自由贸易协定》联盟的那些人支持将环境问题与劳工联系起来,而联盟以外的那些人则不支持这种联系。因此,后者在立法和贸易政策领域基本上扮演了搭便车者的角色,在威胁否决协定通过中,他们受益于工会的政治影响,同时,试图与贴在劳工身上的保护主义标签保持距离。本章的其余部分将探讨在《北美自由贸易协定》谈判的初始阶段工会和环保组织是如何利用新形成的劳工—环境权利框架的。

第一部分:在立法领域重整劳工—环境框架

在最初宣布有意就《北美自由贸易协定》谈判与"快速通道"授权投票之间的那个时期,在各种情况下和不同场所,行动主义者重整劳工—环境权利框架。在草根政治领域,工会和环保组织在出版物中使用这个框架向会员和附属机构

---

① 2001 年 5 月 23 日,对劳联—产联的汤姆·多纳休的个人访谈。

宣传,并在对公众的媒体活动中使用这一框架。他们也开始通过游说和国会证词在立法领域推动这个框架。例如,在 1990 年 11 月 17 日发布的一份立场文件中,全国野生动物联合会(NWF)强调了增加与墨西哥贸易的潜在环境危险,该立场文件讨论了墨西哥出口加工区对边境环境的影响,外国投资企业的"无节制扩张",与共享水资源有关的问题,化石燃料的大量使用,以及更普遍的自然资源的额外开采。[①] 这是全国性环保组织的第一份立场报告,第一次强调了在墨西哥北部不受管制的出口加工区的扩张的环境后果。它为最初质疑拟议协定的环境层面问题的国会盟友提供了技术和框架资源。

活动家们正确地批评了《北美自由贸易协定》谈判的秘密性,但他们利用一切机会介入谈判。尽管布什政府对他们的意见不感兴趣,但他们还是利用一切机构手段与美国贸易代表办公室的官员会面并提交正式评价。他们表达不满、批评和建议的主要渠道是一系列的国会听证会。由于民主党同时控制了参众两院,而且许多委员会主席都对《北美自由贸易协定》持批评态度,从 1990 年 5 月 21 日到 1991 年 5 月 24 日(在"快速通道"谈判之前和谈判期间),美国国会就自由贸易协定举行了 20 场听证会(每月超过一场),劳工和环保活动人士参与了所有听证会。

我们分析了劳工和环保人士在 20 场国会听证会上提供的 143 份证词。我们的分析聚焦于证词,因为可以确保所有的记录都已获得,而且因为证词指向的是贸易政策和立法领域的成员。对所收集的资料进行分析,揭示了在立法领域劳工与环境联系是成功的。在 20 场听证会中,55% 的听证会完全涉及环境和/或劳工问题。最重要的发现是,82% 的涉及环境和/或劳工问题的听证会是将环境与劳工问题一起讨论的。没有一个听证会专门关注环境问题,只有 18% 的听证会单独讨论劳工问题。在立法领域,劳动和环境权利很快成为默认的对立框架,这两个问题在概念上耦合。这是一个值得注意的发现,因为在当时贸易和环境问题之间的联系是一个新颖而有争议的问题。

[①] 参见全国野生动物联合会,1990 年 11 月 17 日;以及《美国贸易内幕》,1990 年 11 月 23 日,第 19 页。

活动人士在国会听证会上的证词

虽然在活动人士如何根据听证会的主题、时间期限和特定委员会来使用劳工—环境权利框架方面存在一些差异,但是,框架很早就形成了,且在《北美自由贸易协定》辩论的最初一年甚至在《北美自由贸易协定》谈判期间保持了相对一致。听证会证词的内容分析表明,关键主题——墨西哥边境加工厂的环境和劳工方面的违规行为以及缺乏健康和安全标准的监管与监督对消费者的威胁——是为了说明和支持劳工与环境的联系。无论他们是否积极参加《反北美自由贸易协定》联盟,活动家们都广泛采用了这些主题,反映了新框架的普遍接受程度。

劳工和环境问题相结合的主题将边境加工区作为潜在的不受管制的自由贸易协定的长期后果——包括贫穷、健康问题、危险的工作条件和边境沿线的环境退化——的代表。公平贸易运动的一位领导人解释了他对基于边境加工区的主题的使用:"我希望使边境成为自由贸易言论与边境加工区的现实,以及自由贸易导致繁荣和改善环境的神话之间冲突的焦点。"[1]边境条件及时被具体化,引起了关于发达国家和发展中国家在贸易制度和生产标准下调方面的关系的一些高度复杂的争论。基于生动的图像和惊人的统计数据,边境地区给出了一个具体的例证,表明了快速的、无节制的工业化对生产国和消费国造成的影响。

环保主义者和劳工领袖认为,出口加工区直接通过松散的环境控制,间接通过对该地区的基础设施和生态平衡"征税",破坏了环境。他们认为,由于美国和墨西哥有不同的监管结构,经济一体化会导致竞相倒退,因为它会刺激政府废止工人和环境保护。与美国国家贸易委员会和公平贸易运动都有联系的一位官员证实道:

> 政府对这些问题视而不见,因为他们的贸易和环境政策是由那些鼓吹反对邪恶的政府管制、蔑视私营企业的公共责任的空想

---

[1] 2001年4月3日,对公平贸易运动的克瑞格·梅里利斯的个人采访。

家们所指导的。政府本身根本没有能力对在墨西哥的美国公司强加严格的环境规管,恰恰是因为他们想要避免支付体面的工资,提供工人安全保护,采取健全的环境政策,以及——但愿不要发生——承担他们公平的税收份额。①

尤其是,劳工领袖利用转移到墨西哥来逃避美国环境法监管的可能性,强调了更为普遍的企业做法,即选址墨西哥以降低劳动力成本。美国劳联—产联迅速抓住了这样一个主题:向下调整环境标准、边境两侧的环境退化以及对墨西哥工人的负面环境影响。这些主题在最早的美国劳联—产联呈现在国会委员会面前的证词中已经很明显,随着全面运动的发展,其他工会也采用了这些主题。美国劳联—产联贸易问题工作组组长马克·安德森(Mark Anderson)在他的证词中抓住了这种话语联系:

> 除了工资差别的问题,监管结构和社会保护方面的巨大差异的确给美国的生产制造了严重的困难。在某种意义上,从商业角度来说,建立美国—墨西哥自由贸易区无异于与在芝加哥市周围画个圈并说,例如,在这个圈里,美国最低工资或童工法不适用了,职业健康和安全法规不需要遵守了,工人补偿和失业保险不需要支付了,环境保护法可以被忽略了。所有这些标准以及其他类似的标准都给美国生产商带来了成本。然而,作为一个国家,我们已经决定,这些费用对于提高我们所有公民的生活水平是必要的。在墨西哥,没有这样的费用需要承担。②

安德森还详细描述了南加利福尼亚家具工业为了逃避环境法而转移到墨西哥,以及一家咨询公司在广告中吹捧在墨西哥边境地区做生意没有《职业安全与健康法案》(OSHA)、环境保护署(EPA)和空气质量限制的好处。③

---

① 克瑞格·梅里利斯的证词,1991年5月8日,第312页。参见塞拉俱乐部的约翰·奥德利的证词,1992年4月8日。

② 马克·安德森的证词,1991年6月28日,第7页。还可参见斯图尔特·哈德森(Stewart Hudson)代表全国野生动物联合会的证词,1991年4月24日;约瑟夫·桑切斯(Joseph Sanchez)代表美国汽车工人联合会的证词,1991年5月14日。

③ 马克·安德森的证词,1991年6月28日,第26页。

与环保活动人士使用的语言相比较,劳工活动人士经常提供令人震惊的图片,这些图片更生动,更少关注环保主义的科学语言。他们认为,企业剥削了边境加工区的工人,使他们陷入贫困,他们几乎没有办法改变自己的命运。将边境加工区引起的环境问题和劳工问题联系起来,也让劳工和环保活动人士得以反驳支持贸易的主张,即贸易自由化毋庸置疑会普遍提高生活水平。① 自由贸易倡导者信奉,资源的有效配置会改善所有公民生活水平的双赢情景,而活动家们反驳说,不仅可以看到两败俱伤的另一种情景,而且具体的例证在边境地区已经存在。一名了解亚利桑那州有毒物质情况的活动人士在国会作证时强调了边境地区贫困的生活水平:"如果自由贸易协定不把公共、职业和环境健康作为协定的一个内在组成部分,那么,在我看来,自由贸易并不像我们听到的支持者所声称的那样,并不意味着更高的生活水平。而它真正意味着的是回到早期工业革命时期狄更斯笔下的肮脏状况,这样的状况我们已经在边境上看到很多了。"②

活动人士还抨击了消费者是贸易自由化最大赢家的流行假设。他们认为,消费者可能是最大的输家之一:不受监管的杀虫剂和致癌物的危险以及不充分的安全监管远远超过了消费者购买廉价产品所省下的钱。活动人士认为,贸易谈判代表扩大了贸易政策的范围,以至于它们将深刻影响传统上所定义的贸易领域之外的条件。正如非政府组织"公民"的洛里·瓦拉赫和汤姆·希利亚德(Tom Hilliard)所解释的那样:

> 环境和消费者安全法不是市场机制,而是公共卫生措施。美国政府有保护消费者免受有毒物质伤害的固有义务,而这项义务并不取决于外国提供的贸易优惠的经济价值。尽管贸易协定可以通过降低价格水平与增加竞争使消费者获益,但是,如果此类协定还剥夺了对消费者的安全和健康保护,或使这类法律随后受到贸

---

① 关于在边境地区倾倒有毒物质的健康后果的讨论,参见 1991 年 4 月 23 日公平贸易运动和美国贸易委员会(NTC)的克瑞格·梅里利斯的证词,以及 1991 年 3 月 6 日斯图尔特·哈德森代表全国野生动物联合会的证词。

② 迈克尔·格里高利(Michael Gregory)的证词,1991 年 4 月 23 日,第 40 页。

易法庭的挑战，那么，归根结底，就是消费者的净损失。①

因此，他们造成了环境外部性和放松监管的危害，这是消费者面对的新的成本。另外，他们还扭转了以前的偏见，不再从经济上把公民狭隘地看作只是追求省钱的消费者，而是提升了消费者作为人民的重要性。因此，活动人士开启了最广泛意义上的贸易讨论，他们强有力地辩称，贸易不仅仅是一个追求利润的经济问题，而是一个广大消费者和环保主义者应该关注的问题。这是一个更多的公民应该参与的问题，以确保政府保护公民的健康和安全。

企业受利益驱动的形象与普通公民、消费者和工人的需求相对立，使劳工运动传统的阶级话语有了不同的解释。在经济衰退和经济不确定的时期，否认阶级问题就是为了否定或平息普通工薪阶层的焦虑。扩大这一信息的涵盖范围，以联合更多的美国人，使活动人士能够基于劳工运动传统框架，而不受限于传统的劳工阵营的人口数量。尽管工人的损失总是可以被其他人的收益所抵消，但是，重新构成大多数，即那些受到环境法规保护的人作为大多数，从而使活动人士能够反击作为自由贸易思想根源的功利主义。

立法领域的转变与贸易政策领域的不妥协

在国会听证会上，以及联盟游说团体访问数百名国会议员的创新，劳工、环境、消费者、家庭农场和宗教团体联合起来批评《北美自由贸易协定》，活动人士在贸易政策政治化方面取得了巨大的开创性成就，并建立了一个在立法领域引起共鸣的劳工—环境权利框架。但是，贸易政策官员从一开始就明确表示，他们不会取消放宽管制或与非关税有关的条款，这些条款在《北美自由贸易协定》草案最终泄露时便为人所知。尤其是他们将努力限制将劳工和环境问题纳入该协定。他们还试图劝阻国会议员将劳工和环境标准与该协定联系起来。② 这个立场反映了布什政府的一般观点。正如1991年1月《美国贸易内幕》报道的

---

① 洛里·瓦拉赫和汤姆·希利亚德的证词，1991年5月8日，第25页。另参见梅卡多-劳伦斯代表UFCW的证词，1991年12月9日、29日。

② 马格斯（Maggs，1991）。

那样：

    一位国会消息人士说，美国贸易代表办公室的官员试图劝阻立法者试图将自由贸易协定的议程扩大从而包括劳工和环境问题。这位官员指出，其他场合正在这些领域里取得一些进展，并表示政府认为墨西哥不会同意在自由贸易协定的框架内讨论这些问题。①

在导致"快速通道"之争的跨国谈判领域的信息是相同的。当记者问及谈判的情况时，墨西哥商业和工业发展部部长海梅·塞拉·普切（Jaime Serra Puche）回答说："环境问题和对墨西哥石油工业的投资不会成为自由贸易谈判的一部分……"②

然而，贸易政策和立法领域之间的交叉创造了一个支点，在这个点上，规则可以被改变，联盟可以跨越它们。它为美国的活动人士提供了一个压力点，否则，他们就被排除在贸易政策领域之外。此时，机构渠道只对美国贸易代表官方委员会的工会顾问部分开放。环保组织、消费者组织和其他组织都没有这种渠道，因此，除非信息被泄露，否则信息是有限的。根据法律规定，在"快速通道"下，布什政府必须与国会各个委员会磋商，并在"快速通道"决议时发布关于目标和意图的正式声明。在1990年12月写给众议员多恩·皮斯（Don Pease）的信中，美国贸易代表卡拉·希尔斯（Carla Hills）试图向他保证国会议员在这个过程中会有发言权：

    当继续自由贸易倡议时，我们将继续我们的长期政策，与国会和所有的私营部门顾问磋商。鉴于"快速通道"的批准程序，这些磋商更加重要，因为政府需要确保在整个谈判过程中反映国会的关切。……我们已经将我们的意图和计划通知了众议院筹款委员会，每一步都在寻求指引。我和我的同僚们已经与委员会的成员和职员见过几次面了。此外，我们还与众议院和参议院的许多其他成员讨论了这一提议。……我已经并将继续尽一切努力，与你

---

① 《美国贸易内幕》，1991年1月11日，第2页。
② 《美国贸易内幕》，1991年2月8日，第9页。

和你的同事们一起制定一项有利于我们国家和人民的贸易政策。

我想重申,在这个问题和所有其他贸易问题上,我欢迎你的建议。①

在她的信中,希尔斯还认识到,由于需要国会批准"快速通道"授权,跨领域的独特的支点被创造出来了。

在"快速通道"之争展开时,扩大了立法领域内对贸易辩论的范围,将环境和劳工问题包括在内,活动人士及其国会盟友已经跨越了一个关键的战略障碍。一开始看似毫无希望的努力获得了动力,导致"快速通道"的斗争中活动人士使用框架策略来推进一个新的劳工—环境权利框架。这使得环境活动人士能够在立法领域发挥远远超出其资源或其在立法影响层级中的地位的影响力。通过利用环境政策资源和先前存在的联盟,并借助劳工组织的立法力量,环保主义者成功地使对贸易自由化的环境批评合法化,并在迫在眉睫的"快速通道"斗争和接下来的《北美自由贸易协定》斗争中转变为合法的贸易行为者。

活动人士面临的另一个挑战是,他们在贸易政策领域没有正式或官方的作用机制,从而获得合法地位和官方的让步,从而将环境问题纳入谈判。他们还希望取消任何有损环境保护和目标的《北美自由贸易协定》的条款。尽管美国贸易代表承诺与劳工和环保组织合作,活动人士仍然面临来自政府当局的强烈反对。

第二部分:要求贸易政策领域的合法地位和让步

在谈判开始之前,关于贸易政策官员赖以通过《北美自由贸易协定》的"快速通道"授权延续的斗争就开始了。当布什总统 1991 年 3 月 1 日正式要求"快速通道"授权展期时,国会拥有 60 个立法日来决定是否提交一份不赞成的决议,这将使 1988 年的授权半途而废。贸易政策领域的官员需要确保"快速通道"的延续,迅速将美国国内政治推向前台,因为国会制定规则的授权提供了一个机制,可以迫使贸易政策领域围绕《北美自由贸易协定》的谈判做出让步。国

---

① 日期为 1990 年 12 月 10 日的一封信,刊印于《美国贸易内幕》,1991 年 1 月 11 日,第 7 页。

会可以采取的"快速通道"决议不会改变法定谈判的目标,只能使"快速通道"落幕。但是,"快速通道"与拟议中的自由贸易协定将获得通过的前景之间的明确联系,使得有关谈判议程的讨论不再由贸易政策领域所左右,而是转移到了民主党控制的国会面前。关键民主党人对布什政府的《北美自由贸易协定》议程和更广泛的贸易自由化议程越来越警惕,并且他们有权缩短旨在促进贸易自由化的贸易协定的批准程序。

"快速通道"授权期限不被缩短的前提条件让国会有机会直接向政府当局发送获得批准所需参数的信号。由于立法领域和贸易政策领域的交叉互动,被排除在贸易政策领域(尤其是美国贸易代表咨询系统)之外的活动人士可以在立法领域游说,从而影响贸易政策的结果。并且,新的劳工、环境和消费者联盟可以利用不同的立法网络,扩大在立法领域的影响力,并在贸易政策领域建立代理人联盟。就《北美自由贸易协定》而言,事先确认"快速通道"不延期的决议为迅速动员可能受该协定影响的非国家行为者创造了条件。它使立法领域的成员能够将环境问题纳入辩论,并从一开始就使新的贸易行为者合法化。他们向贸易政策官员发出信号,即为了确保协定的通过,劳工和环境问题尤其需要得到解决。

尽管"快速通道"不延期决议选项为活动人士提供了早期置身于自由贸易协定辩论的特别的、没有预想到的机会,但是,为他们及其立法联盟提供的是一个为时很短的、参与辩论的框架。首先,只有在国会议员提出了授权规定期限的确切必要措辞,表明该决议不享有特权因而需要表决的情况下,才允许进行未来的"快速通道"不延期表决。但是,提出这样一个决议也需要一种意识,即它可能通过,因为一边倒的投票赞成继续1988—1993年任期的"快速通道"代表团将表明对《北美自由贸易协定》谈判的方向缺乏关注。他们必须迅速动员。

在1990年10月与加拿大同行会晤后不久,活动人士就开始利用跨立法领域和贸易政策领域的各种机构杠杆点。一个月后,即11月20日,一个由美国环境、劳工、家庭农场和人权组织组成的松散集团举行会议①,讨论如何挑战"快速通道",迫使立法和贸易政策领域的官员将环境和劳工问题纳入贸易协定。在早期的协调努力中,贸易和环境可持续发展工作组的成员于1991年1月组织了一次题为"开启辩论"的三国公共论坛。② 组织者主要是针对起到关键作用的众议院筹款委员会的工作人员设计论坛,它是跨立法和贸易政策领域的关键委员会之一。

该论坛支持详细阐述对贸易的批评,要求将环境问题纳入贸易议程,并利用一些工作组成员的网络联系将立法联盟扩大到其他成员。③ 该论坛的特点是,有来自墨西哥、美国和加拿大的主讲人,专题讨论内容涉及广泛的社会福利问题:人权、健康和安全、边境加工厂、移民和劳工流动、跨境污染、童工、消费者保护、社会宪章、农业、可持续发展和债务减免。美国国会代表马尔西·卡普图尔(Marcy Kaptur)和特里·布鲁斯(Terry Bruce)主持了专题讨论会。

在联盟发展和政治影响方面,这次活动都是成功的。超过400名贸易政策领域的行动者参加了这次活动。④ 尽管大多数参与组织[《华尔街日报》用一个词"五花八门的人"(motley crew)来概括参与者,后来MODTLE的名称便源于此]在立法领域缺乏显著政治影响力,但是,他们引起了关注。这次活动的一位组织者解释了参与者多样性的重要性:

> 大多数与会者都是贸易律师,他们对不开启贸易辩论有着强烈的兴趣。筹款委员会的成员、贸易经济学家以及贸易界的其他人士如经济学家贾格迪什·巴格瓦蒂(Jagdish Bhagwati)认为,任

---

① 参与者包括全国野生动物联合会、劳联—产联、美国汽车工人联合会、家庭农场联盟、绿色和平组织、自然资源保护委员会、社区营养研究所,还有国际劳工权利基金会等(《美国贸易内幕》,1990年11月23日,第19页)。

② 环保组织的代表包括全国野生动物联合会,地球之友和绿色和平组织。国际劳工权利基金会是主要的劳工组织,但其他工会包括美国汽车工人联合会、国际女装工人联合会、食品和商业工人国际联合会,还有服装和纺织工人联合会。其他组织包括替代政策开发组织、亚利桑那州有毒物质信息项目、农场工人机会计划协会、童工联盟、社区营养状况研究所、政策研究所、美国—墨西哥对话组织、全国消费者联盟、家庭农场联盟、全国有毒物质运动、教会和社会联合卫理公会,以及墨西哥学者和倾向加拿大网络的人们(《美国贸易内幕》,1991年1月11日,第7页)。

③ 参见《美国贸易内幕》,1990年11月23日,第19页;《美国贸易内幕》,1991年1月18日,第14页。

④ 参见布雷彻和科斯特洛(Brecher and Costello,1991);罗杰(Roger,1991)。

何将劳工标准和环境标准联系起来的做法都是非法干涉,是伪装的保护主义。对于联盟而言,尽可能保持辩论的公开性,以消除人们视其为保护主义者的看法,则具有重要的战略意义,尽管无论如何我们都会受到这样的谴责。①

参与者的广泛露面及其多样性有助于促使人们对贸易问题产生更大的兴趣,并与总部设在华盛顿特区的非政府组织中的墨西哥和加拿大活动人士建立关系。② 在活动之后,有几位国会议员——其中有些在立法领域和贸易领域均有重要地位——表示支持劳工和环境议题。参议员、金融委员会贸易小组委员会主席唐纳德·里格尔(Donald Riegle)支持将劳工和环境问题纳入谈判,众议院筹款委员会成员罗伯特·T. 梅特苏(Robert T. Matsui)也支持将劳工和环境问题纳入谈判。参议员唐纳德·里格尔明确指出了成功标志的必要性,包括"非常谨慎、具体地制定劳工和环境标准",因为较低的标准可能会刺激工厂向海外迁移。③ 亚利桑那州众议员吉姆·科尔比(Jim Kolbe)在众议院筹款委员会的听证会上说:"随着我们进入谈判阶段,我认为,环境肯定是每个人都会考虑的首要问题。"④甚至广大支持贸易自由化的国会议员也并不认为关注环境问题与他们的贸易目标存在根本性冲突。

主要立法者也转而依靠环保组织获得技术信息、关于协定潜在问题的框架战略以及游说支持。⑤ 例如,1991年2月,18位众议院议员致信布什总统,表示支持"快速通道"授权延期,但是要对该协定进行环境审查,并采取行动保证"拟议的贸易协定将妥善解决环境问题",以及"美国和墨西哥在谈判和执行任何贸易协定时必须高度重视各种环境问题……"⑥这封信反映了全国野生动物联合会(NWF)1990年11月关于美墨经济一体化对环境的影响的立场文件,特别是反映了关于出口加工区对环境和公众健康的危害的立场。全国野生动物联合

---

① 2001年3月2日对国际劳工权利基金会的菲瑞斯·哈维的个人采访。
② 1998年4月22日对替代政策开发组织的凯伦·汉森-库恩的个人采访。
③ 《美国贸易内幕》,1991年2月8日,第5页。
④ 奥德利(Audley,1997:52);奥德利在《北美自由贸易协定》斗争期间为塞拉俱乐部工作。
⑤ 参见麦克阿瑟(Macarthur,2000)。
⑥ 参见怀登等(Wyden et al.,1991)。另见《美国贸易内幕》,1991年2月22日,第6页。

会和地球之友(FOE)支持这封信的立场。①

在政治上,这一事件向贸易政策领域的行为者发出信号,表明环境问题可以扩大国内贸易辩论的范围。正如绿色和平组织的一名工作人员评论的那样:"在劳工运动之外,呼吁在贸易协定中保护社会和环境的组织数量激增。"他继续得出结论,随后的论坛和新闻发布会对贸易政策领域官员的公共立场产生了一些影响:

> 论坛和2月6日的新闻发布会似乎产生了一些影响,因为美国贸易代表的立场在2月6日从"环境与劳工权利不是贸易相关的问题,在自由贸易协定谈判中不会讨论"变成了一个更具和解性的"我们将认真考虑劳工和环境游说团体的关注"。可能只是花言巧语。但一些国会办公室正在要求我们提出框架建议,讨论如何在(自由贸易协定)中纳入环境问题。②

对于该论坛的国会反响也表明,立法者们为了反对一项没有环境保护的贸易协定,倾向于接受中间人联盟的观点。《美国贸易内幕》报道了布什政府所处的困境,注意到来自不同部门的活动人士之间的一致性,以及该活动之后一些国会议员接受了贸易和社会正义问题之间的联系。国会在贸易中的宪法角色,加上民主党对两院的控制,意味着政策和政治影响力的变化是可能的。而贸易政策领域的成员则担心"快速通道"不延期决议的通过会产生影响。美国贸易代表希尔斯警告说:"就在我们说话的时候,反对派组织正在形成⋯⋯有那么一些人非常乐意剥夺我们的'快速通道'授权,这样就会削弱我们。"③希尔斯的担忧得到了证实。论坛活动联盟迅速地成倍增加。一周后,在非政府组织公民位于国会山的办公室里,明确反对"快速通道"延期的环保组织与工会、消费者、宗教团体和家庭农场组织一起,加之一位资深众议院民主党人的高级职员,讨论发起一场立法运动,积极挑战继续实施"快速通道"。

---

① 全国野生动物联合会(NWF),1990年11月17日,以及《美国贸易内幕》,1991年2月22日,第5页。其他国会议员也发信支持将环境问题和贸易协定联系起来,参见《美国贸易内幕》,1991年3月1日,第7页。
② 参见邓肯(Duncan,1991)。
③ 邓恩(Dunne,1991:4)。

当民主党众议员拜伦·道尔根(Byron Dorgan)提出了"快速通道"授权不延期决议案时,环保和劳工活动人士的出现和直言不讳使美国贸易代表缩小其扩大谈判目标范围的努力变得更加复杂。美国贸易代表表示,其排除环境和劳工问题的坚定立场可能无法维持。随着在众议院即将终止"快速通道"授权,贸易政策领域的官员担心劳工和环保组织的联盟可以阻止他们的那种协定进行谈判。因此,他们利用布什的环境保护署(EPA)负责人威廉·赖利(William Reilly)作为环保组织和贸易政策官员之间的沟通渠道,希望能赢得他们的支持。① 世界野生动物基金(WWF)前主席赖利推动将环境问题纳入贸易谈判。他还发起了自己的顾问小组,为解决谈判代表与环保主义者之间的冲突提出政策建议。由于美国贸易代表办公室没有专门处理环境问题的工作人员,因此,不得不依靠环境保护署的政策规划和评估办公室及其国际部门。

根据他的工作人员所说,赖利把贸易和环境之间的联系看作提高环境保护署政治权威的一种方式。② 赖利与美国贸易代表卡拉·希尔斯的良好关系使他的工作人员能够参加跨机构会议,并且能够为负责制定政策的官员们提供建议。2月19日,即希尔斯在各种国会委员会上作证的前夕,他私下会见了6个环保组织,其中包括全国野生动物联合会和地球之友,寻求折中立场。③ 赖利在草根政治领域的网络和联盟增加了他在试图减少环境和贸易联系的贸易政策官员中的影响力。

次日,即2月20日,参议院贸易委员会的民主党成员强烈质疑希尔斯关于美国工厂大量搬迁到墨西哥运动可能是为了利用劳工和环境监管薄弱时,他们援引了劳工—环境权利框架。在众议院筹款法案贸易小组委员会的听证会上,他们对没有环境和劳工保护的协定的可行性表示关切。④ 为了缓解国会的压力,美国贸易代表办公室迅速放弃了最初的立场,即环境和劳工问题在贸易谈

---

① 参见奥特曼(Otteman),1991年5月24日。《美国贸易内幕》报告说,全国野生动物联合会对"快速通道"的支持将来自赖利给参议员维斯(Wirth)的信所带来的结果,信中澄清了布什总统行动计划中包含的环境承诺(Reilly,1991;Hair,1991)。
② 1998年5月26日对世界自然基金会的凯瑟琳·富勒(Kathryn Fuller)的个人访谈。
③ 《美国贸易内幕》,1991年2月22日,第5页。
④ 《美国贸易内幕》,1991年2月22日,第1、4、19页。

判中没有立足之地。希尔斯承认,有必要与关心环境问题和劳工标准问题的组织合作。正如《美国贸易内幕》所报告的那样:"美国贸易代表卡拉·希尔斯本周表示,美国政府有必要与那些对墨西哥的环境保护、劳工标准和非法毒品贸易表示越来越关切的组织接触,以确定解决这些问题的最佳方式。"①3月1日,布什总统正式要求"快速通道"授权,希尔斯进一步建议,与墨西哥签订一份同时进行的环境条约。② 活动人士终于与美国贸易代表办公室产生了分歧,他们打算利用这一点。在"快速通道"授权投票之前,他们的努力让自己处于有利地位。现在,美国贸易政策领域的谈判代表面临失去"快速通道"授权并在更大的谈判限制下运作的危险。他们意识到,他们必须做出一些让步,否则就有可能失去"快速通道"授权,而活动人士将环境保护纳入协定的合法性确保了他们能做到这一点。

民主党立法者要求将劳动和环境保护纳入协定

当布什总统请求"快速通道"授权时,活动人士在立法领域施加压力,要求将劳动和环境保护纳入协定。众议员道尔根提出了一项不延期决议提案,保证了"快速通道"规则下的特权投票。民主党党鞭大卫·博尼奥尔(David Bonior)和众议员马尔西·卡普图尔和邓肯·L.亨特(Duncan L. Hunter,共和党人)加入了道尔根的行列,支持取消《北美自由贸易协定》谈判的"快速通道"授权的决议提案。在国会内部,主张继续"快速通道"授权的最重要的参与者都是民主党成员:众议院筹款委员会主席戴恩·罗斯滕科夫斯基(Dan Rostenkowski)、参议院财政委员会主席劳埃德·本特森和众议院多数党领袖理查德·格普哈特(Richard Gephardt)。作为两个直接负责贸易监管的国会委员会的主席,罗斯

---

① 《美国贸易内幕》,1991年2月22日,第1页。
② 参见《国会周刊》有关官方要求的政治讨论,1991年3月2日。由于1988年法案的措辞,国会无法区分受"快速通道"投票影响的贸易协定。因此,他们必须决定《关贸总协定》和《北美自由贸易协定》的命运,前者在国会中得到更多民主党人的支持,后者被认为更有问题。一些国会议员推动将"快速通道"投票分成两票,这样他们就可以支持《关贸总协定》,同时否决《北美自由贸易协定》的"快速通道"程序。布什政府反对这种做法(Watkins,1991)。当时,参议员劳埃德·本特森(Lloyd Bentsen)提出将《关贸总协定》和《北美自由贸易协定》与"快速通道"授权联系起来,这实际上使通过更加困难,因为它允许《关贸总协定》的反对者和《北美自由贸易协定》的反对者联合起来(Otteman,March 1991:21)。

滕科夫斯基和本特森在立法和贸易政策领域都是有权势的成员。他们还创设了 1988 年的"快速通道"立法,并有支持商业利益集团拥护的贸易议程的历史背景。虽然格普哈特在制定贸易政策方面没有直接作用,但是,他在立法机构对其党员的投票保持着相当大的影响力。由于"快速通道"授权的延续在众议院比在参议院更受质疑,因此众议员格普哈特的影响力能够影响投票结果。[①] 格普哈特维持公平贸易立场,并公开批评政府的贸易政策。他与美国劳联—产联(AFL-CIO)关系密切,同时,也是一位潜在的总统候选人,因此,试图避免贸易保护主义的污点。博尼奥尔和卡普图尔与草根劳工和环保活动家以及全国性工会关系密切。

这三位国会议员的"快速通道"立场反映了民主党内部在贸易问题上日益严重的分歧。与格普哈特的立场不同,本特森和罗斯滕科夫斯基坚定地支持贸易自由化,并利用他们作为贸易政策领域与立法领域的参与者的地位,以促成决策者之间的妥协。他们寻找限制最少的方法来满足国会的关切,并确保"快速通道"授权延续。1991 年 3 月 7 日,为了抢占格普哈特的先机,以及确立在众议院获得胜利的地位,罗斯滕科斯基和本特森给布什总统写了一封信,要求他制订一个贸易政策行动计划,以回应劳工和环境问题关切。[②] 他们建议他重视"两个国家之间的差异和执行环境标准、健康和安全标准以及工人权利的差异",在最狭义上,通过将讨论范围限于员工再培训、环境和劳工标准(体现出重视)(Cameron and Tomlin,2000:73)。在 4 月 23 日与布什总统讨论可能的行动计划的会议上,众议员罗斯滕科夫斯基强调,如果布什总统不履行向失业工人提供全面贸易调整援助的承诺,将"有困难通过"最终协定。[③]

3 月 27 日,众议员格普哈特给总统写了一封信,概述了投票通过延续"快速通道"授权所需要的条件,反映了劳联—产联经济研究部针对该协定的讨论

[①] 参见克劳德(Cloud,1991a)。
[②] 布什政府的一位负责"快速通道"的领导人声称,政府处理了罗斯滕科夫斯基和本特森的来信,以抢占格普哈特的先机(MacArthur,2000)。两位立法委员定于 3 月 1 日与美国贸易代表会面,以"开始整合联盟的进程"(Cloud,1991a)。
[③] 《美国贸易内幕》,1991 年 5 月 3 日,第 8 页。

要点,并反映了劳联—产联对该协定涉及的社会和环境福利的全面关注,包括劳工和环境保护问题。① 众议员怀登与环保组织合作编制了一套环境标准,列出了政府行动计划所需的最低标准。② 他赞成一种双轨方案,即与《北美自由贸易协定》直接相关的环境问题在贸易谈判中处理,而其他双边环境问题在平行讨论中处理。怀登建议,该计划应包括一项承诺,即记录现有的边境问题,并确保美国谈判顾问小组中包括环保组织的领导人。他还要求建立独立的、可执行的争端机制来处理持续存在的环境问题。③

同样在3月,环境保护署负责人赖利促成了全国野生动物联合会(NWF)主席杰伊·海尔(Jay Hair)和美国贸易代表希尔斯的一次私人会面,这次会面促成全国野生动物联合会向美国贸易代表办公室提交了一些在谈判中应遵循的"可持续发展"原则。④ 全国野生动物联合会终于可以直接接触贸易政策领域的一名关键官员。全国野生动物联合会的要求之一是建立"一个将成为《北美自由贸易协定》谈判一部分的环境谈判小组"。⑤

环保组织的分化

在联盟中,全国野生动物联合会独立参与美国贸易代表办公室事务的意愿反映了对增长持不同观点的环保组织之间日益紧张的关系。"促进增长"的环保组织认为,经济增长可以刺激环境保护方面的支出,从而为环境保护带来潜在的好处。相比之下,"意见相左的"组织反对经济增长模式,认为不可再生资源是有限的,因此,会受到不受约束的经济活动和增长的影响。⑥ 奥德利区分了反对经济增长模式的全国性环保组织和支持经济增长模式的全国性环保组织

---

① 《美国贸易内幕》,1991年3月29日。
② 全国野生动物联合会和国家自然资源保护委员会等全国性组织虽然在贸易政策领域是局外人,但是,在从土地管理和能源政策到空气污染等问题上,它们在环境政策制定者和立法者中是合法的、有影响力的。一旦决策者接受了贸易与环境问题之间的联系,主要的环保组织就不必证明自己作为环境问题专家的合法性。
③ 《美国贸易内幕》,1991年4月5日,第8页。
④ 《美国贸易内幕》,1991年4月5日,第8页。
⑤ 《美国贸易内幕》,1991年4月5日,第8页。
⑥ 然而,所有主要的全国性环保组织都接受了可持续发展的概念。

(Audley,1997:35)。图 4.2 列出了参与《北美自由贸易协定》关于增长问题辩论的全国性环保组织的排名。

全国环保组织谱系

更加反对增长模式			更加支持增长模式
绿色和平组织	塞拉俱乐部	野生动物保护者组织	大自然保育协会
公民组织		奥杜邦协会	环境保护基金会
地球之友		自然资源保护委员会	全国野生动物联合会
	意见更加相左		意见更加调和

注：为引自奥德利(1997:35)。

图 4.2 环保组织及其关于增长的立场

虽然联盟多样性可以是一种优点,但也可以是一种弱点,因为决策者可以利用差异来分化联盟,破坏协调活动[参见海茵斯(Haines,1988:2)关于他所谓的"激进的侧翼效应"的讨论]。主要环保组织在经济增长问题上的哲学分歧为美国贸易代表办公室提供了一个分化组织联盟的契机,这个联盟可能使用环境让步策略来反对"快速通道"授权延续。此外,劳工和环境关注之间的密切关系增加了潜在的摇摆的环保组织的影响。就环保主义者而言,支持增长模式的组织[1]从他们与劳工团体的密切关系和劳工—环境权利框架中获利,但实际上并没有参与结盟。环境权利诉求与劳工权利诉求之间的密切关系为他们在立法领域提供了政治杠杆,使他们成为搭便车者,从新的劳动—环境权利框架和劳工组织的影响中获益。然而,与此同时,他们试图将自己的话语与有关失业和工资水平的话语区分开来,将有关失业和工资水平的论点与影响力虚弱的保护主义主张联系在一起。四个支持经济增长模式的组织代表实际上在他们的国会证词中包含了一些声明,这些声明提出《北美自由贸易协定》将创造新的就业机会和减少贫困,这与工会的论点相矛盾。

全国野生动物联合会与美国贸易代表希尔斯的会面标志着其立场和策略的早期转变。在得到希尔斯关于协定中的环境问题将得到解决的保证后,全国

---

[1] 这里,我们修改了奥德利(1997)的术语,区分了支持增长模式和反对增长模式的环保组织。

野生动物联合会领导人决定,影响美国贸易代表和其他贸易政策官员的最佳方式是将自己与劳工活动家区分开来(Audley,1997)。他们的重点在于利用立法领域的关键盟友实现他们的贸易目标,赌注下在环境和劳工问题脱钩后,美国贸易代表更容易接受环境问题而不是劳工问题。在与希尔斯会面之后的一个月内,全国野生动物联合会取销了与 MODTLE 的合作,切断了与劳工议程的明确联系。海尔(Hair)认为,MODTLE 的利益与该组织的利益不再一致,该组织开始兜售贸易自由化的潜在好处。根据环境保护署的内部备忘录记载,"显然,全国野生动物联合会针对《北美自由贸易协定》的立场改变了"。[1]

鉴于大多数工会反对继续实行"快速通道",摇摆不定的环保主义者决定立法结果的能力给了他们关键的影响力。(从联盟中)分离出来的环保组织为那些支持"快速通道"的商业立场的民主党人提供了掩护,这削弱了劳工活动人士击败"快速通道"的能力。如果劳工组织和环保组织联合起来反对继续实行"快速通道",那么,《北美自由贸易协定》就难以通过。对于《北美自由贸易协定》的支持者来说,分化环境保护主义者与劳工的联盟,就可以保证《北美自由贸易协定》通过的最佳机会。因此,联盟政治和政府的分化影响了正在开展的围绕《北美自由贸易协定》的斗争。

尽管许多人批评劳联—产联在反对"快速通道"授权上没有做足工作,但是,劳工活动家很少受到分而治之策略(divide-and-conquer)的影响。劳工活动家仍然联合起来反对"快速通道",同时推动联盟在斗争中发挥更积极的作用。当美国贸易代表法定咨询系统的最高咨询层贸易政策和谈判咨询委员会(ACTPN)公布其3月1日关于"快速通道"的建议时,劳工组织的凝聚力是显而易见的。委员会"强烈"建议延长"快速通道"授权,而"唯一的异议来自其劳工代表",劳工的意见是一致的。报告还指出:"在其他七个贸易政策咨询委员会中,除了劳工咨询委员会,所有委员会都支持这一建议。"[2]

---

[1] 引自奥德利(Audley,1997:54)。
[2] 贸易政策谈判咨询委员会(1991:7)。

贸易政策领域的转变

1991年5月1日,布什总统提出了推进《北美自由贸易协定》谈判的行动计划。在这份计划中,一项"资金充足"的工人调解计划与《北美自由贸易协定》的实施立法相联系。[①] 贸易政策官员同意在美国贸易代表的咨询委员会中任命环境代表,这是一个巨大的转变。他们从六个环保组织——世界自然基金会、大自然保育协会、自然资源保护委员会、奥杜邦协会、保护区选民联盟和全国野生动物联合会——以及一个州级的环保局局长中挑选代表,在谈判期间为美国贸易代表提供建议。[②] 该计划规定:

> 美国贸易代表将包括一名非政府环保组织的代表,参加贸易政策和谈判咨询委员会(ACTPN)。环境代表也将被邀请参加下列贸易政策咨询委员会:政府间政策咨询委员会,服务贸易政策咨询委员会,投资政策咨询委员会,产业政策咨询委员会,农业政策咨询委员会。环境保护署将与非政府组织密切磋商环境问题,因为这些问题是在正在发生的美墨环境关系的背景下产生的。[③]

代表是从最不可能反对谈判的支持增长模式的组织中挑选的。他们加入了17个不同的谈判委员会组织的、由1 000名美国贸易代表顾问组成的顾问团队。

政府还与墨西哥总统协调努力,通过两级策略来缓和国内环境问题。根据该计划,美国和墨西哥官员将通过一项综合边境环境计划,寻求"平行轨道"来加强环境合作和扩大环境保护。计划还要求对《北美自由贸易协定》进行环境审查。[④] 环境保护主义者为改善美国和墨西哥边境的环境赢得了实质性收益。

---

① 奥特曼(1991年5月3日:1、5)。1992年2月,布什的预算提案要求取消贸易调整援助计划。布什要求根据《经济错配和工人调整援助法案》向受《北美自由贸易协定》伤害的人提供工人援助,该法案提供的是培训支持,而不是收入支持。劳联—产联的代表称该计划不充分,资金不足,资格标准过于严苛(Kirkland, 1991)。

② 布什(1991)。详见《美国贸易内幕》,1991年7月19日,第19页。

③ 布什(1991)。环保人士在这些委员会的任命并没有全部实现,非政府组织公民提起诉讼,要求民间社会团体代表他们。于是,成立了一个贸易和环境政策咨询委员会,环境和产业代表人数相等。

④ 布什(1991)。环境审查是对非政府组织公民诉《国家环境政策法案》(NEPA)案的回应。

第一次，环保主义者在贸易政策领域内有了公认的作用。然而，这些收益不足以令那些不支持增长愿景的劳工活动家或环保主义者满意。

"快速通道"斗争的影响

1991年5月23日，众议院以231票对192票通过了继续"快速通道"授权的决议。① 众议院民主党领袖和他们的同僚之间产生了分歧。民主党众议院议长汤姆·福利(Tom Foley)和众议员格普哈特投票支持保留"快速通道"，而民主党众议院议员几乎以二比一的票数支持终止"快速通道"。21名共和党议员也投票支持结束"快速通道"。② 参议院也以59票对36票否决了民主党参议员弗雷茨·霍林斯(Fritz Hollings)提出的终止"快速通道"授权的决议案。③ 众议院的投票也支持格普哈特-罗斯滕科夫斯基决议案，即政府承诺在其行动计划中关注劳工和环境标准和保护，投票结果是329票赞成、86票反对。④

"快速通道"的通过令劳工和环保活动人士感到失望，他们曾努力反对该法案。有了"快速通道"，直接影响三国之间的谈判进程将困难得多，因为这一机制大大限制了国会对最终协定内容的影响力。然而，尽管输了，但反《北美自由贸易协定》联盟影响了这一进程。活动人士为贸易辩论注入了新的议题，形成了跨社会运动领域的新生联盟，并迫使贸易政策官员做出让步，以满足劳工和环境方面的要求。此外，"快速通道"的斗争使活动人士能够及早动员起来，并与将劳工和环境问题作为贸易辩论中心问题的国会决策者结成联盟。

环保主义者对贸易政策的影响出乎意料，因此，特别引人注目。他们突出了立法和贸易政策领域之间建立联盟和制定规则战略的重要性，这使得环保主义者能够在短时间内、在资源有限的情况下赢得贸易谈判代表的让步。在谈判的早期阶段，环保组织利用前者获得合法性，使"快速通道"投票受到质疑，而随

---

① 克劳德(1991b)。
② 卡尔莫斯(Calmes,1991)。
③ 正如众议院一样，投票实际上是针对一项取消继续实行"快速通道"的决议案(Bradsher,1991)。
④ 《美国贸易内幕》，1991年5月24日，第1页。参见古格里奥塔(Gugliotta,1991)。

着谈判的进展,他们利用后者在贸易政策领域获得让步和代表权。相对接近的快速通道投票结果让贸易政策精英们注意到,如果没有获得众议院民主党议员的足够支持,即使走"快速通道"程序,《北美自由贸易协定》也可能面临风险。这为环保组织要求将它们纳入贸易政策领域打开了大门。环保人士很快就显示出了他们动员的结果,正如自然资源保护委员会的主席宣称的:"在历史上,环境问题第一次进入了贸易争论。我们面临的挑战是制定国际协议,在全球范围内促进可持续发展。"①

重要的是强调,活动人士通过要求解决劳工和环境问题来改进《北美自由贸易协定》的努力是可能的,因为劳工的支持使他们能够威胁《北美自由贸易协定》投票的结果。这导致贸易政策官员寻求与环保活动家接触,并最终试图将他们与劳工伙伴分开。贸易政策官员还必须遵守法定的透明度规定。根据法律规定,美国贸易代表向咨询委员会中的工会及其立法联盟提供有关他们打算谈判的信息(尽管是不完整的信息),并与立法者、工会和环保组织面对面交流。布什总统公布了他的行动计划,以征求公众意见。民主党控制的国会和共和党控制的总统之间的党派分歧,也有助于国会举行几乎每月一次的关于协定的公开听证会,活动人士在听证会上提供证词。这些开放的渠道使得活动家们能够在贸易政策和立法领域利用制定框架和规则以及建立联盟的策略。

"快速通道"斗争结束后,贸易政策显然发生了重大转变。立法领域的贸易政策辩论已扩大到包括环境和劳工权利问题以及各种各样的选民参与。《纽约时报》的一名记者指出了这些变化的重要性:

> 六个月前开始的是否延长政府的谈判授权的国会例行决议演变成了一场关于美国在世界经济中的地位的激烈辩论。在来自工会、企业和游说团体的相互冲突的压力下,双方的国会议员阐释政府谈判贸易协定的权力与在经济问题上最有争议的投票可能是国会今年面临的最重要的问题。②

---

① 自然资源保护委员会,1991年5月8日。
② 布瑞德希尔(Bradsher,1991)。

并且,一名《华盛顿邮报》记者观察到:"尽管激烈的争论和党派政治影响了关于'快速通道'的辩论,但双方的观察员都承认,它已经成功地普及了贸易问题。"①

　　新的贸易选民的加入确保了围绕最终协定的内容和结构展开有争议的斗争。甚至"快速通道"的支持者也承认:"不同的社会群体第一次被带入了贸易协定的谈判中。这给政府施加了压力,政府需要达成一项各方都能接受的条约。贸易已成为一个公共问题。"② 按照墨西哥谈判团队的协调员的说法,墨西哥谈判代表认识到"众议院的绝大多数人希望《北美自由贸易协定》成为最环保、最有利于劳工的协定"。③ 在《北美自由贸易协定》斗争的下一阶段,在"快速通道"斗争后,作为反对派的劳工和环保活动家面临的斗争只会愈演愈烈,这要求他们寻找新的方法,利用跨领域的战略增加成功的机会。

---

① 李(Lee),1991年5月23日,第21页。
② 同上。
③ 引自麦克阿瑟(2000:129)。

第五章

动员公众和立法部门反对《北美自由贸易协定》

一旦国会允许"快速通道"授权继续有效,劳工领袖和支持增长的环保主义者在贸易政策领域就有了官方的咨询作用,尽管其处于边缘地位。二者都利用这些职位,向所在领域的官员提出环境和劳工保护的建议。然而,活动人士在贸易政策领域的边缘地位使他们几乎没有直接的杠杆用来影响《北美自由贸易协定》的谈判。因此,反《北美自由贸易协定》联盟的主要关注点是立法领域,在那里,活动人士拥有关键的调和资源:选票、金钱、信息和组织支持。劳工和环保活动家的策略是增加公众对《北美自由贸易协定》的敌意,并利用这种敌意影响最终被要求批准该协定的立法者。制造国会最终通过协定的重大威胁,他们希望通过关注立法渠道或者事实上压制整个协定,从而间接地影响谈判代表。

本章考察从1991年6月开始到1992年8月的14个月《北美自由贸易协定》实质性谈判期间活动人士动员反对《北美自由贸易协定》的大规模运动的情况。1992年8月,美国贸易代表完成了《北美自由贸易协定》的谈判,布什总统通知国会,他打算在任期届满前签署该协定。当美国劳联—产联和支持增长的环保主义者集中精力于内部人策略时,工会和许多环保组织联合在华盛顿特区运作的其他消费者组织、农户组织和宗教团体,比如公民贸易观察运动(CT-WC)和该领域的公平贸易运动(FTC)在更广泛的草根政治领域创造了一个强大的反《北美自由贸易协定》联盟,并动员起来。他们举行地方性的抗议和集会,写新闻发布稿,与社区团体和当地政客举行论坛,并出现在超过 100 个城市的媒体上。超过 60 个团体参加了联盟,同时,在 20 个州建立了活跃的地方联盟。[①]

在立法领域,运动的巨大规模是一笔有价值的资产。此外,在反对《北美自由贸易协定》的框架内,还安排好了一些资源。环保主义者(以及消费者、家庭农场和宗教团体)利用劳工组织在国会中更大的影响力,而劳工组织则受益于其他草根组织的广度和多样性。他们一起实施了一个传统宣传、群众抗议运动、宣传噱头以及面向华盛顿决策者的教育运动的综合战略。他们通过国会议员的批准角色,瞄准了立法机构的权力,重点关注在这一过程中扮演杠杆角色的众议院议员,或者那些尚未做出决定、容易受到压力策略影响的议员。草根阶层的努力提高了决策者立场的可见度,并增加了他们在华盛顿的压力。活动家们不仅挑战精英们以《北美自由贸易协定》为代表的贸易自由化的意识形态承诺,而且反对在华盛顿进行的实现贸易政策的常规计划。采用跨越内部人领域和外部人领域的草根战略,他们发起了一场以草根为中心、参与者和口号多样的国际主义的反贸易运动。

在实质性谈判阶段,草根动员帮助改变了公众舆论。根据盖洛普民意调查,在实质性谈判阶段中,公众对北美自由贸易区的支持率从最初要求"快速通道"授权时的 72% 下降到 21%。该联盟还成功地利用草根动员影响了立法领域的支持。1992 年 8 月,众议院一致通过一项决议,警告总统,贸易协定不应削弱劳工、环境、健康和安全法律。1992 年 12 月,当布什签署《北美自由贸易协定》时,几乎没有人期望国会批准该协定。

---

① 梅里利斯和维纳(Merrilees and Weiner,1992)。

第一部分：动员公众反对《北美自由贸易协定》

实质性谈判一旦开始，环境和劳工活动人士直接影响谈判方向的机会就是有限的。尽管环境保护者现在已经确立了在贸易政策领域的角色，但是，他们的地位像劳工一样，是被边缘化的。此外，劳动—环境权利框架在该领域内仍然是处于对立面的，引起了贸易自由化支持者的强烈反对，这些反对力量主要是共和党。拥有美国贸易代表咨询职位的环保人士致力于促进环境保护，并在倡导更加以环境为导向的协定方面取得了一些成功。但是，支持经济增长的环保主义者学到了劳工领袖之前学到的东西。鉴于贸易政策领域中贸易自由化的意识形态占据主导地位，通过美国贸易代表咨询委员会注入更广泛的社会福利目标的努力基本上是无效的。贸易谈判代表抵制将劳工和环境问题纳入广泛的美国谈判目标。相反，他们采取了一种平行轨道的方式安抚国内选民的关切。考虑到这一领域的制约因素，显然，他们需要在这一领域外部进行更多的社会运动动员，以最大限度地提高谈判成果，并迫使贸易政策官员将劳工和环境保护纳入谈判，并成为谈判的实质内容。

然而，草根政治和贸易政策领域之间的交叉关系被削弱了，从而使活动人士对后者几乎没有直接的影响力。因此，制定规则、制定框架和资源调和战略没有什么用处了。活动人士开始关注国会对《北美自由贸易协定》的最后投票，以及在立法和草根政治领域调配资源的能力，这些资源源于国会议员对关键政治资源的依赖：选票、资金和组织支持。他们的策略是增加公众对《北美自由贸易协定》的敌意，利用这种敌意影响立法者，然后，利用他们的杠杆作用取得最大化让步或破坏整个协定。

因此，活动人士运用三管齐下的策略影响立法者：(1)教育地方利益集团成员，增加反对意见；(2)增加普通选民对该协定的反对意见，以失去选票来威胁立法者；(3)通过在国内各个地区游说，以威胁失去选票和组织支持的方式向立法者施加压力。农业与贸易政策研究所的马克·里奇强调了将草根政治领域的公众动员与立法压力联系起来的战略收益：

> 到最后，华盛顿人民对所有这些事情的贡献就是一心一意的计票和投票。到最后，你要负起责任看看投票结果如何。而在华盛顿之外，我们就不知道了。事实上，对我们来说，你可以挥动双手说，"哦，那些可怕的政客"……所以，在某种程度上，我们非常幸运的是，贸易运动已经扩大到这样的规模，足以吸引尽可能多的人参与进来，事实上草根阶层和华盛顿可以成为某种平等的伙伴……我想说，这项贸易工作的一个真正的天才方面——这并不容易，也不总是令人满意的，但是，对于成功真的至关重要——是在"快速通道"投票或其他事情迫在眉睫或《北美自由贸易协定》投票迫在眉睫的时候，将贸易问题推动进出华盛顿的能力，所有的资金和所有的资源——一切都集中在华盛顿，当没有这种中心点时，人力、能源和资金就转移到更多的草根事务上……我觉得这真的是一个创新。①

另一个关键的创新是非政府组织公民的洛里·瓦拉赫所说的"你跑不了且你藏不住"的广泛联盟的本质。为了避免被国会议员利用（据瓦拉赫报道，这种情况经常发生在斗争开始时），来自不同部门的活动人士开始一起游说："与他或她所在区域的目标成员一起，通过在华盛顿特区的贸易游说会议和草根倡导会议上团结所有人。选择变得很清楚：与你的整个阵营统一立场。否则，就是对我们所有人的背叛，即明确表示你投票支持公司，反对你的阵营。"②公众舆论数据支持了活动家的信心，他们相信地方草根阶层的压力会对立法者产生强大的影响。民意调查显示，美国人对贸易的看法并不强烈，可能会受到新信息的影响。在《北美自由贸易协定》斗争开始时，收集的盖洛普调查数据显示，尽管自由贸易原则得到了广泛支持，但是，当美国的就业机会受到威胁时，受访者也强烈支持关税。超过一半（54%）的受访者赞成使用关税来保护一些经济部门

---

① 2001年6月11日对农业与贸易政策研究所的马克·里奇的个人采访。
② 2018年1月与洛里·瓦拉赫的私人通信。

免受外国竞争的影响,而只有 25% 的人赞成取消关税。[1]

加林-哈特战略研究小组(the Garin-Hart Strategic Research Group)在 1991 年 4 月为美国劳联—产联进行的一项调查显示,超过一半(58%)的受访者几乎或完全不熟悉协定的具体内容。但是,民意调查显示了另一个令人信服的发现:在听取了关于协定的赞成和反对意见后,大多数受访者转变为反对立场,53% 的人反对《北美自由贸易协定》,42% 的人支持《北美自由贸易协定》。民意调查人员发现,最有说服力的论点是环境问题,58% 的受访者表示美国企业迁往墨西哥以规避美国的环境法规,这是反对的强有力的理由。由于工厂迁移而导致的失业和工资下降位居第二,有 57% 的人认为这是反对该法案的有力的理由。[2] 因此,民意调查早已显示了公众反对《北美自由贸易协定》的潜在效果,那么,这种效果可以在 1992 年 11 月的总统和国会选举中得到利用。

草根政治工作中的一项开始于 1991 年秋,这是对环境保护署因应公众关切而发布的当局一体化的边境环境计划的回应。这个由美国环境保护署和墨西哥城市发展与生态秘书处(SEDUE)联合制订的两国计划,侧重于解决美墨边境 6 个姐妹城市的重大污染问题,如废水和危险废物处理。[3] 州和地方官员、社区代表与环保活动家普遍认为该计划含糊不清,没有解决关键的资金问题。更重要的是,支持/不支持增长模式的环保组织均广泛支持这样的观点,即贸易的环境后果需要在任何一项成功的贸易协定的实质性谈判中得到解决。[4]

1991 年 9 月,这两个机构在圣地亚哥、提华纳、得克萨斯、卡莱克西科、阿里萨里、亚利桑那州和索诺拉州举行了关于这一计划的联合公开听证会。[5] 公平贸易运动(FTC)的动员激起了社区的反应,导致美国和墨西哥边境城市民众的大量出席。在环境保护署的圣地亚哥听证会上,一名公平贸易运动的活动人

---

[1] 伯克霍德(Burkholder,1991)。
[2] 加林-哈特战略研究小组(1991)。主要调查结果的总结不包括抽样误差范围。参见《劳联—产联新闻》,1991 年 5 月 1 日。
[3] 奥特曼《美国贸易内幕》,1991 年 8 月 2 日:12)。
[4] 《北美自由贸易协定的思想》(NAFTA Thoughts),1991 年 12 月。
[5] 麦克唐奈(McDonnell,1991)。

士戴上塑胶手套,抓起他所说的提华纳相邻地区发现的一罐有毒液体,倒进一个玻璃杯里,放在环境保护署和墨西哥城市发展与生态秘书处的官员面前,宣称:"看看20年来自由贸易的实验对边境的影响。"[1]抗议者在圣地亚哥听证会上示威,打出了标语,上面写着"这个计划糟透了"。[2]

环境活动人士报告称,在跨国谈判领域他们的努力得到了《关贸总协定》争端解决小组1991年8月的一项决定的支持。GATT仲裁庭曾裁定,美国禁止进口来自任何不符合美国保护海豚标准的国家的金枪鱼违反了GATT规则。[3]墨西哥是向GATT仲裁庭提起诉讼的国家之一。这项裁决触及了跨政治谱系的众多全国环境团体的要害,目前贸易政策和跨国谈判领域存在某种方式的重叠,这使得国内环境政策变得脆弱,因为贸易律师对环境保护知之甚少或缺乏经验,他们可能会打击环境保护措施。这一结果引发了活动人士的强烈反对,他们担心这会成为反对保护全球公共资源的"超管辖范围的"(extra-jurisdictional)法律的先例。这一意见对于动员环境保护主义者关注贸易问题是如此重要,以至于野生动物保护者组织(DOW)的一名代表解释说:"事实上,在许多方面,尽管这与《北美自由贸易协定》本身毫无关系,但它与《北美自由贸易协定》有着千丝万缕的联系,它确实是现代贸易时代的开端。"[4]为了避免进一步刺激《北美自由贸易协定》反对者,墨西哥当时降低了对GATT进一步干预施压的力度,而是宣布将采取一系列单方面措施,使其渔业与美国更加一致,以减少意外杀害海豚的事件。这个问题后面再讨论。

到1991年年底,公民贸易观察运动(CTWC)和公平贸易运动(FTC)带头在草根政治领域开展组织活动。前者协调立法活动、新闻和游说,公平贸易运动努力扩大华盛顿以外的联盟伙伴数量,并更广泛动员公众关注协定。公平贸

---

[1] 林德奎斯特(Lindguist,1991)。参见克劳利(Crawley,1991)。
[2] 麦克唐奈(1991)。萨利纳斯的抗议事件参见《多伦多星报》,1991。
[3] 参见《美国贸易内幕》,1991年8月23日,第1页。
[4] 1998年5月14日对野生动物保护者组织的比尔·斯内普(Bill Snape)的个人采访。参见奥特曼(1991年9月6日:1、14、15)。关于国会对此事的进一步行动,参见《美国贸易内幕》,1991年9月13日,第4—5页,1992年3月13日,第3—5页,奥特曼,《美国贸易内幕》,1991年10月4日,第10—11页,《美国贸易内幕》,1991年9月27日,第1—2页。

易运动的组织者认为,为了影响谈判,他们需要引起立法者的选民和主要的非政府组织支持者之间的强烈共鸣。没有这种共鸣,立法者会相互指望,并屈从于资助他们竞选活动的公司利益集团的压力。公平贸易运动建立了草根基础,开展大众教育和动员,预算很少,主要通过基金会赠款以及工作人员的捐赠与参与组织的实物捐赠维持。《北美自由贸易协定》斗争运动的草根组成成员是广泛的、强有力的和多样化的,正如一位劳工活动家所描述的:

> 地方联盟最凸显的特征之一是频繁的会议,各种各样的组织和活动家在会议上分享有关贸易问题的战略和观点。在马萨诸塞州召开的委员会会议参加者包括来自卡车司机工会、国际女装工人联合会、UE 和邮递员组织的代表。在社区方面,最活跃的参与者来自马萨诸塞州有毒物质运动组织、学生环保行动联盟、马萨诸塞州拯救詹姆斯湾组织、律师协会、几个中美洲团结团体以及移民工人资源中心(Immigrant Workers' Resource Centre)。①

在《北美自由贸易协定》的斗争期间,全国各地数百个地方环境、劳工、农业、消费者、人权和教会组织加入了反《北美自由贸易协定》的联盟。

由于缺乏与贸易政策官员接触的机会,以及需要公共部门回应他们反对《北美自由贸易协定》的诉求,以华盛顿特区为基地的联盟和草根活动家都以创造性的方式强调他们对该协定的反对意见,这些反对意见往往涉及政治舞台,活动家们寻找途径传达他们的信息。在 1991 年 8 月西雅图第二轮谈判最后一刻的示威之后,活动家们意识到,谈判地点是吸引媒体注意和突出会议秘密性的绝佳场所。在记者们百无聊赖地等待有关谈判的信息时,活动人士利用记者对新闻的需求,在会场主持了一场自发的新闻发布会。在随后的谈判中,主办团体策划了类似的"公民招待会",包括与媒体的对话和其他宣传噱头。②

在西雅图的会议上,华盛顿公平贸易联盟(Washington Coalition for Fair Trade)在 300 名活动人士的示威活动中大肆吹捧"公平贸易"。在 1991 年 9 月

---

① 威尔逊(Wilson,1994:32)。
② 比如,《北美自由贸易协定的思想》,1992 年 2 月 15 日。

得克萨斯州的一次谈判代表的会议上,活动分子举着标志牌、标语牌和横幅,与谈判代表会面。1992年6月在华盛顿特区,在谈判人员聚集的同一栋大楼里,公民贸易观察运动(CTWC)设立了一个"接待室"。在那里,他们分发食物和教育材料,一些身着燕尾服的活动人士分发"假菜单",通过这样的方式解释根据拟议的贸易规则,杀虫剂可能污染食物。① 反对《北美自由贸易协定》的活动人士开车穿过田纳西州、加利福尼亚州和得克萨斯州,动员反对者。车队放映了有关墨西哥环境恶化的电影和幻灯片。② 公平贸易运动组织的领导人出席了农场援助V音乐会(Farm Aid V Concert)。1992年在华盛顿特区举行的谈判会议上,公民贸易观察运动(CTWC)的活动人士打扮成尼克松总统和布什总统的样子,在水门酒店的谈判地点前,向谈判代表和媒体分发(疏通堵塞的下水道用的)橛子。上面写着"你需要水管工的时候,水管工在哪儿?停止保密""我挺过了《北美自由贸易协定》部长级会议"。假扮的布什和尼克松宣称:"我们听说这里可能有泄露的文本!带上这些活塞,堵住你发现的任何漏洞!你不会想让美国人民知道你在这里做了些什么!"他们给水门酒店的接待员留下了一个活塞,让他交给美国贸易代表卡拉·希尔斯。③

到1992年夏天,公民贸易观察运动已经包括了大约60个全国性的环境、劳工、消费者、家庭农场和宗教团体。④ 公平贸易运动有12名工作人员,在11个州运作,包括加利福尼亚州、艾奥瓦州、宾夕法尼亚州、佛蒙特州、乔治亚州和得克萨斯州。更多的志愿组织者和顾问在全国各地开展工作,在20个州与活跃的地方联盟一起工作。现场工作人员主要来自其他草根组织,包括正义工作组织、公民行动组织。他们的重点是通过公开的会议、听证会和演讲以及与当地基层组织的教育会议,在100多个城市启动有关贸易问题的选民团体工作。

---

① 韦斯特莱尔(Wastler,1992:5);梅里利斯和维纳(1992)。
② 邓恩和布兰斯坦(Dunne and Bransten,1992:17)。
③ 非政府组织公民的贸易小组,1992年8月14日。另见达林(Darling,1992)。
④ 公民贸易观察运动的职员由非政府组织公民提供。其工作人员包括积极参与公民事务的活动分子、家庭农场联盟和公共利益研究组织的成员(Merrilees and Weiner,1992)。

他们还与当地选区的国会议员会面,对国会议员进行贸易问题的教育活动。①

日益增强的国际联盟

实质性谈判时期也标志着美洲非政府组织在贸易和经济一体化方面真正开始进行国际努力。《北美自由贸易协定》运动的特征是努力在这三个国家的劳工和环保活动家之间建立持久和更平等的关系(Kay,2005,2011a,2011b)。与工会一样,一些组织赞美国际主义重要性的道德立场,而另一些组织更多的是出于破坏《北美自由贸易协定》的实用主义愿望,而不是出于国际主义的理想。虽然发展、贸易、劳工和环境动员网络(MODTLE)没有发挥重大作用,在国会游说努力方面则由公民贸易观察运动(CTWC)带头,但是,他们在以下方面起到工具作用:建立一个国际团结联盟,组织公共财团,并制定了一份三国文件,提出了一个拟议的自由贸易协定的替代方案。鉴于加拿大同行已经组织了一次跨部门的联盟运动,几乎破坏了1988年的《美加自由贸易协定》,公平贸易运动和公民贸易观察运动就运动战略与其密切合作,试图拓展其所学到的东西和有效的战略。

参与发展、贸易、劳工和环境动员网络(MODTLE)的几个重要组织如国际劳工权益基金会(ILRF),具有自己的组织任务,即国际范围的组织任务。国际劳工权益基金会(ILRF)与整个中美洲和南美洲的组织就劳工权利、妇女的小规模经济发展和民主选举方面开展合作。许多发展、贸易、劳工和环境动员网络(MODTLE)的活动家与加拿大和墨西哥的活动家在社交网络中紧密合作。在墨西哥边境工作的美国环保主义者也和墨西哥活动分子建立了关系。这些活动分子不仅关注国际问题,而且在涉及贸易问题上,也具有国际主义视角。

长期以来,对全球变暖、濒危物种、跨境污染、海洋污染和生态系统破坏的担忧一直是美国环保组织的关注点。美国通过贸易限制来执行国际环境条约

---

① 梅里利斯和维纳(1992)。这份备忘录还写道,马克·安德森给劳工活动分子写了一封信,鼓励他们与公民贸易观察运动和公平贸易运动进行更密切的合作。参见1992年的《纽约时报》和1992年的《卡车司机工会新闻》。这些活动家的活动预算不超过20万美元(Dunne and Bransten,1992)。

的能力是这些环保组织关注《北美自由贸易协定》的焦点。这些组织试图采用一些方式将贸易辩论的焦点扩大到国界之外。并且他们认为与贸易相关的最终目标与加拿大和墨西哥环保组织的目标相吻合。从斗争一开始就吸收环保团体,也有助于引起一种以前从未有过的更具国际性的关注。例如,在反对《北美自由贸易协定》中发挥了主导作用的绿色和平组织美国分部是国际组织的一部分,其在加拿大和墨西哥有分支机构。这种国际联系有助于形成一种超越美国受限制的集团利益的贸易观点。

围绕在三国谈判地点的动员活动,美国、墨西哥和加拿大各组织之间联系得以发展和加强。谈判为活动人士提供了一个会合点,围绕这个会合点,开展更加协调的活动,并发出共同的信息。其中,最重要的会议是1991年10月在墨西哥萨卡特卡斯举行的第三次部长级会议。在那里,加拿大行动网络(CAN),发展、贸易、劳工和环境动员网络(MODTLE),以及墨西哥自由贸易行动网络(RMALC)向谈判者提出了一项16点计划,旨在改变《北美自由贸易协定》,以支持一个"(美洲)大陆发展协定"[①],提倡更广泛的社会和经济一体化,类似于欧洲模式,而不是有限的贸易和投资自由化。

该建议案呼吁减少墨西哥债务、协调工作条件、确保人权标准的机制、对自然资源和粮食安全的国家主权、改善环境法规、保护工人权利、提高墨西哥工人的最低工资水平以及跨国公司行为守则,等等。[②] 在一起起草草案的过程中,活动人士就共同目标和争论点达成共识。正如墨西哥自由贸易行动网络的主管在草案进程开始时所宣称的:

> 在14个月前,谁会想到我们今天会在这里,传统上相互猜疑的部门构建了一个联盟,已经让国会清醒地认识到自由贸易的社会问题,强力推动对劳动和环境问题的承认,在加拿大和墨西哥找到了真正的同仁,影响了墨西哥的立法,并把贸易纳入国家议程,并且在选举中,以至于布什政府在处理美国公众关于贸易相关问题

---

① 《美国贸易内幕》,1991年11月1日,第9页。
② 《美国贸易内幕》,1991年11月1日,第9页。发展、贸易、劳工和环境动员网络1月关于协定的文件强调了这些内容(MODTLE,1992)。

的看法时不得不非常谨慎。①

在这三个国家中,活动人士之间建立了更加紧密的联系,这使得他们能够更加细致入微地分析贸易与劳工和环境问题的关系,因为活动人士加深了他们对其他国家非政府组织立场的理解,并努力为一个真正的三国贸易协定的内容充实他们的愿望清单。

劳联—产联在反《北美自由贸易协定》联盟中的角色变化

当发展中的反《北美自由贸易协定》联盟开始为运动制定长期战略时,劳联—产联的角色开始发生变化。尽管公平贸易运动(FTC)这样的运动/网络在反对"快速通道"和早期反《北美自由贸易协定》的斗争中,争取到了美国劳联—产联的积极参与,而且其似乎是一个天然的合作伙伴——因为其领导人认识到了劳工和环境问题与贸易之间的潜在联系,但是,美国劳联—产联拒绝正式加入其他运动。美国劳联—产联自身就是一个联盟,除非它有控制权力,否则不会参与其他联盟。② 美国劳联—产联的代表也保护自己作为立法领域民主同盟中主导组织的地位。虽然大多数联盟组织缺乏进入贸易政策领域的官方渠道,但是,工会是该领域的活跃成员,即使其在该领域被边缘化。因此,在立法和贸易政策领域,美国劳联—产联的代表都处于有利地位。正如美国贸易代表劳工顾问委员会的一名美国劳联—产联的官员所解释的:"在某种程度上,对我们来说,这不是一个进入的问题。我们想进去的话,随时都可以进去。问题是他们是否会注意我们说的话,总的来说,这是完全不同的问题。显然,这不是完全确切的,至少当前贸易联盟的其他成员,他们没有机会……但我们做到了。"③

不那么激进的美国劳联—产联领导人认为,新生的反《北美自由贸易协定》联盟过于边缘化和草根化、过于无力,从而阻止其正式加入。在这个场域,某种程度上在华盛顿特区,更激进的美国劳联—产联的活动人士接受了他们的信

---

① 《北美自由贸易协定的思想》,1992年,第2页。
② 美国劳联—产联与CJM的合作是一个例外,但是,CJM在华盛顿以外的地方运作。
③ 2001年4月3日对美国劳联—产联的马克·安德森的个人采访。

息,并非正式地参加了会议和活动。运动的领导人还找到了与工会建立联盟的其他方式。正如公平贸易运动的一名代表就场域战略解释的那样:"我们保持对话和通信链路的开放。我们没有告诉他们,但是我们已经……对于劳工,我们已经有了 B 计划。B 计划是绕过劳联—产联,并开始与其附属机构合作,甚至更深入、更进一步地形成联系,开始与地方工会和州联合会合作,并在草根阶层建立基础。"[1]

在华盛顿特区,受到贸易影响最直接的主要是全国性工会,如美国汽车工人联合会、服装和纺织工人联合会(ACTWU)、国际女装工人联合会(ILGWU)、美国电子与通信工业国际工会(IUE)、全国卡车司机兄弟会(IBT)和国际电工兄弟会(IBEW),都积极参与了更广泛的反《北美自由贸易协定》联盟。当势力强大的工会比如美国汽车工人联合会(UAW)参与进来时,在立法领域里联盟便在合法性和可见度方面获得了巨大的支持。[2] 公民贸易运动(Citizens Trade Campaign,CTC)的创建理事会成员包括来自全国卡车司机兄弟会、国际女装工人联合会、服装和纺织工人联合会、美国电子与通信业国际工会和美国汽车工人联合会的代表。

最初,劳联—产联的领导人仅通过内部人政治领域,利用他们在贸易政策领域的地位与立法领域试图影响协定实质内容的关键决策者合作,来追查《北美自由贸易协定》谈判的问题。这意味着在政治上可行的范围内,权衡话语、调整和运作。相比之下,反《北美自由贸易协定》联盟的活动人士则试图改变在贸易政策方面政治上可以达到的标准。美国劳联—产联前主席汤姆·多纳休解释说,其最初的重点是如何努力达成足够的让步,使《北美自由贸易协定》令成员满意:

> 我们一开始并没有对《北美自由贸易协定》说不。我想,在多年的谈判中,总有一些人坚持反对《北美自由贸易协定》。但那不是政策。我们的政策是让它为我们服务。事实上,我们——(劳

---

[1] 2001 年 4 月 3 日对公平贸易运动的克瑞格·梅里利斯的个人采访。
[2] 参见 1998 年 4 月 30 日对芭芭拉·沃登(Barbara Warden)的个人访谈。

联—产联贸易特别工作组的负责人)和我以及任何代表联合会发言的人——的观点都是一致的,一致认为,我们的国家命运都是相互联系的,我们主张西半球的经济一体化,而不是自由贸易——这是一个毫无意义的东西。①

在"快速通道"的斗争中,因为与墨西哥工人联合会的关系,劳联—产联也被限制积极加入一个真正的反对《北美自由贸易协定》的国际联盟。② 在《北美自由贸易协定》斗争的头两年里,联盟缺乏劳联—产联的积极参与意味着联盟成员没有获得充分的资金实力和立法影响力。然而,美国劳联—产联的缺席造成了领导权的真空,使得公民贸易运动(CTC)理事会的活动家,尤其是其会员工会的主席和工作人员,以及来自发展、贸易、劳工和环境动员网络(MODT-LE)的成员,得以开展与他们的组织实力、理念和首选策略相匹配的运动。因此,他们更加关注草根政治领域的动员,优先考虑国际主义和成员及信息的多样性。最终,当反对《北美自由贸易协定》的联盟试图扩大其联盟范围并接受草根行动主义时,它对劳联—产联产生了影响。

随着实质性谈判的进行,劳联—产联在反对《北美自由贸易协定》联盟中的立场开始改变。由于墨西哥工人联合会支持《北美自由贸易协定》,并且不愿意提高墨西哥出口加工区工人的工资和工作条件,劳联—产联非正式地切断了与墨西哥工人联合会的排他性关系,开始与独立的墨西哥工会以及与他们合作的反《北美自由贸易协定》联盟建立更牢固的联系。1992年夏天,美国劳联—产联贸易问题工作组组长马克·安德森加入了公平贸易运动顾问委员会。在一封发给全国各地劳工联合会和中央劳工委员会的信中,他概述了公平贸易运动和公民贸易运动的工作。③ 反对《北美自由贸易协定》联盟扼杀《北美自由贸易协定》的不屈不挠的努力对普通美国选民产生了一些影响。调查数据表明,实质性谈判期间的草根动员成功地改变了公众观点。1991年3月,谈判之前进

---

① 2001年5月23日对劳联—产联的汤姆·多纳休的个人访谈。
② 1998年4月1日对美国电气、无线电和机械工人联合会的克里斯·汤森德(Chris Townsend)的个人采访。
③ 山兹和安德森(Shantz and Anderson,1992)。

行的一项盖洛普民意调查显示，72%的受访者大体上支持北美自由贸易区。[①]差不多一年半之后，也就是1992年10月，这个数字下降到只有21%。[②] 也许更重要的是，活动人士已经将贸易政治化，使其成为餐桌上的话题，并且成为一个在全国引起广泛共鸣的政治问题。

第二部分：利用基层民众的对抗来影响立法者，从而使《北美自由贸易协定》的通过成疑

尽管活动人士动员起来反对《北美自由贸易协定》及其帮助形成的公众舆论对立法者构成了威胁，但是美国贸易代表仍然拒绝将劳工和环境保护纳入协定，拒绝让布什政府没有挑选的环境保护组织参与谈判进程中的美国贸易代表各个委员会。被美国贸易代表排除在外的环境保护组织表达了其对贸易政策领域封闭性的愤怒和失望。例如，非政府组织公民在1991年12月发布了一份报告，批评了美国贸易代表顾问委员会的排他性，敦促将消费者和环保倡导者纳入新的小组，并要求美国贸易代表召开公开会议。他们公开了咨询委员会上众多公司代表误导环境问题的更多的证据。

到1991年秋，国会议员和支持"信任而须核实"方法的环保主义者对美国贸易代表谈判优先事项的方向越来越警惕。不仅布什总统拒绝在谈判中设立一个单独的、专门的环境工作组，而且美国贸易代表还专注于传统贸易问题，而没有将环境问题直接纳入谈判。1991年9月中旬，众议院主要民主党人与环保团体会面，讨论他们关注的问题。正如《美国贸易内幕》的一名记者观察到的："这次会议意义重大，因为来自两个不同环保阵营的成员出席会议，一个阵营并不完全反对'快速通道'谈判授权的规定，另一个阵营则反对。一名消息灵通的国会人士说，这次会议在这个交叉点举行的部分原因在于，政府对传统贸

---

① 伯克霍德(1991)。调查询问了美国、加拿大和墨西哥的居民，哪个国家会从北美自由贸易区获益最多。尽管墨西哥和加拿大的多数人都表示，美国可能受益最多，而52%的美国受访者认为，墨西哥可能是主要受益者。

② NBC新闻(1993)。

易问题的关注排除了将环境问题详细纳入《北美自由贸易协定》谈判的可能性，这加剧了国会温和派成员和环保团体的怀疑。"①1991 年 6 月，众议员卡普图尔，在反对"快速通道"的立法斗争中发挥了带头作用的众议院议员之一，帮助组织了一个公平贸易核心小组，以便在谈判过程中对贸易政策官员保持间接的压力。② 类似于国会内的公平贸易运动，它由 49 位成员构成（主要是民主党议员，还有包括邓肯·L.亨特在内的共和党议员），他们对延续"快速通道"授权投了反对票。9 月，第一次召开了组织会议，成员决定敦促相关委员会举行《北美自由贸易协定》相关问题的听证会。③

甚至作为财政委员会贸易小组委员会主席和环境与公共工程委员会主席、直接负责贸易协定环境部分的参议员鲍卡斯（Baucus）也承认，贸易政策官员在环境问题上持不妥协态度。《北美自由贸易协定》的支持者鲍卡斯在 9 月底表达了他对政府的不满，他说："最好的情况是，政府是不情愿；最坏的情况是，敌视在贸易谈判中考虑环境问题的想法。"④

当美国贸易谈判代表希尔斯拒绝由一个独立的、没有偏见的机构进行环境审查（这是布什总统 5 月 1 日对国会承诺的一部分）时，她激怒了活动人士及其立法盟友。取而代之的是，她的办公室在环境保护署的协助下，直接负责制定和进行环境审查。当审查结果在 1991 年 10 月 17 日发布时，环保主义者被激怒了。审查结果明确否定了贸易自由化和环境问题之间的联系。这份官方报告驳斥了有关该贸易协定将不可避免地产生负面环境后果的环保主张。相反，该报告认为《北美自由贸易协定》将改善环境质量，因为它将改善墨西哥的经济，从而增加可用于环境保护的财政资源。

为了回应环境审查报告，环保组织增强了他们对谈判代表的压力。非政府组织公民代表自己、塞拉俱乐部和地球之友在联邦法庭起诉美国贸易代表。他们指控美国贸易代表在《北美自由贸易协定》谈判中违反了《国家环境政策法

---

① 奥特曼（1991 年 9 月 13 日：7）。
② 《美国贸易内幕》，1991 年 6 月 21 日，第 13 页。
③ 奥特曼，《美国贸易内幕》，1991 年 9 月 13 日，第 7 页。
④ 引用麦克阿瑟（2000：129）。

案》(NEPA)第 102(2)(c)条,因为未能做出更广泛的环境影响声明。① 尽管自然资源保护委员会和环境保护基金没有加入诉讼,但他们警告美国贸易代表说,《北美自由贸易协定》谈判需要遵守《国家环境政策法案》。② 此外,全国野生动物联合会发布了一份清单,列出了这些官员为换取"快速通道"延续而做出的关键环境承诺。③

为了制定集体战略,格普哈特和他的工作人员还与环保人士集体会面,包括来自"快速通道"斗争双方的团体。怀登议员给布什总统写了一封信,11月,73 名众议院民主党人在这封信上签名,要求他在向国会提交完整的《北美自由贸易协定》之前,提交一份单独的环境协定。40 位投票赞成"快速通道"重新授权的代表在这封信上签名,显示了《北美自由贸易协定》在没有环境协定的情况下通过的脆弱性。④

公民贸易观察运动还在立法领域动员起来,以支持国会在贸易谈判中对劳工和环境问题加强控制。公民贸易运动的领导人与议员瓦克斯曼(Waxman)和格普哈特合作,他们共同发起国会第 246 号决议案,表达了众议院的意见,即任何损害健康、环境或劳工标准的贸易协定都不会被批准。⑤ 他们还与参议员里格尔合作,里格尔提出了国会第 109 号决议案,以改变"快速通道"授权的延续,允许在五个实质性领域修订:劳工标准、环境标准、原产地规则、争端解决机制和工人调整援助。⑥

某种程度上,由于公民贸易观察运动的努力,30 个共同发起人在第 109 号决议提案上签名。公平贸易运动也利用里格尔的决议提案来动员草根,获得草

---

① 参见奥特曼(1991 年 8 月 2 日:1,12);格里高利(Gregory,1992)。活动人士赢得了最初诉讼,这个诉讼被地区法院推翻,并在上诉中维持原判。关于诉讼的进一步信息,参见《美国贸易内幕》,1991 年 10 月 4 日,第 7 页;1991 年 11 月 29 日,第 8 页。
② 普瑞克特等(Prickett et al.,1991)。
③ 全国野生动物联合会(1991)。
④ 《美国贸易内幕》,1991 年 11 月 8 日,第 7 页。
⑤ 有关这项决议案的报道,参见《公民贸易观察运动》,1991 年 12 月 13 日。
⑥ 《美国贸易内幕》,1992 年 2 月 14 日,第 20 页。参见里格尔(1991)。关于劳工支持决议案,参见希汉(Sheehan,1991)。《公民贸易观察运动》,1991 年 9 月 26 日。

根支持。① 议员乔治·布朗(George Brown)与来自这三个国家的劳工和环保活动人士磋商，召集共同发起人，提出反对违反劳工和环境法的不公平贸易行为的两项法案。② 所有提议的国会决议提案都有两个目的：一是改变贸易政策领域的规则，但不废除"快速通道"；二是向贸易政策领域的人们发出信号，表明劳工和环境问题是最终批准协定的双赢局面的关键组成部分。

即使是支持《北美自由贸易协定》的主要立法者也认识到，如果没有更强有力的环境承诺，该协定的通过将面临威胁，因此，加大了对政府当局的压力。全国野生动物联合会、环境保护基金和世界野生动物基金会直接与众议员怀登和参议员鲍科斯合作。另外37个参议员——大多数来自边境州，他们支持延续"快速通道"授权——起草了一封信，敦促总统保证支持边境环境计划，并具体列入1993年的预算。③ 1992年2月25日，布什总统发布了他的综合边境环境计划的最终版本。该计划要求在3年内投入10亿美元，用于边境环境清理和基础设施建设，资金来自联邦政府、边境州和私营企业。④

1992年3月，自然资源保护委员会开始组织各种组织的环境要求，将其纳入提供给谈判者的政策建议。自然资源保护委员会主要与其他支持增长模式的组织合作。塞拉俱乐部是唯一一个从一开始就被邀请参加的对抗增长模式的环保组织，尽管最终其他组织也被邀请参加（Audley,1997:87）。6月，自然资源保护委员会完成了文件，除了全国野生动物联合会外，所有主要的全国性和边境环保组织都签署了该文件。全国野生动物联合会发布了自己的文件。这两份表明立场的文件提出了相同的一般政策建议，包括：(1)将政策建议直接纳入《北美自由贸易协定》；(2)设立三方环境委员会；(3)保护国际环境协定；(4)保护制定环境、消费者健康和安全国家标准的权利；(5)公众参与争端程序

---

① 梅里利斯和维纳,1991年10月23日。
② 由于过于复杂,该法案被批评。参见《美国贸易内幕》,1992年3月13日,第8页。
③ 《美国贸易内幕》,1991年12月13日,第7页;以及科尔比等(Kolbe et al.,1991)。
④ 《美国贸易内幕》,1992年2月28日,第9页。

和《北美自由贸易协定》的全面实施过程;(6)为边境沿线的环境援助提供资金。① 参议员鲍卡斯利用其在贸易政策领域的职位(作为财政委员会贸易小组委员会主席)安排美国贸易代表和支持增长的环保组织之间的直接会面。然而,尽管环保主义者有机会接触谈判人员,但他们无法获得令人满意的让步。7月,自然资源保护委员会的主席致函布什总统,说明自然资源保护委员会无法支持已经写就的协定。

劳工活动家也开始提出强硬的要求,以回应加拿大行动网络于1992年3月获得的、被泄露的《北美自由贸易协定》草案。日期为2月21日的可以确认的草案包括了括号内尚未达成共识的文本部分。作为回应,加拿大行动网络、加拿大政策选择中心和加拿大共同前线撰写了《北美自由贸易协定草案文本:初步简报》。发展、贸易、劳工和环境动员网络和公民贸易观察运动还于4月编写了一份文本分析报告,题为《自由贸易的代价太高》。5月,贸易政策领域的官员与劳动咨询委员会的工会成员协商,以确定有利于《北美自由贸易协定》的适用的工人培训方案。在7月26日于墨西哥城举行的新闻发布会上,加拿大行动网络、墨西哥自由贸易行动网络和发展、贸易、劳工和环境动员网络的成员发誓,如果在解决劳工和环境问题的方式上没有任何变化,他们将反对协定的通过。②

到1992年7月,谈判代表非常担心《北美自由贸易协定》无法通过,美国贸易代表启动了一项说服致力于工人再培训和环境保护的立法者支持该协定的策略。美国贸易代表希尔斯会见了几乎所有众议院委员会的主席和高级成员,并与筹款委员会的每位成员会面商谈。在7月30日的会议上,环保活动家向希尔斯抱怨说,环境方面的考虑远远不够。在最后时刻,希尔斯对环境方面的要求做出了一些让步,她宣布她打算商谈建立北美环境委员会(Audley,1997:69)。

7月底,在格普哈特和瓦克斯曼提出的众议院第246号决提案投票前的几

---

① 奥德利(1997:87)。全国野生动物保护联合会更普遍地开始形成自己的共识。5月25日文件发布时,自然资源保护委员会并没有表示支持。

② 《美国贸易内幕》,1992年7月28日,第3页。

天里,公民贸易观察运动活动人士向每一位众议院议员传递了关于布鲁克林大桥的伪造行为。传单上列出了布什在贸易方面的失信承诺,并附上这样的话:"如果你相信布什总统在就业、贸易和环境方面的承诺……(那就等于说)他有一座桥想卖给你。"①众议院于 8 月 6 日以 362 票对 0 票一致通过决议,警告总统贸易协定不应削弱健康、安全、劳工以及环境法。② 格普哈特提到公民贸易观察运动和公平贸易运动的工作时,强调了活动家在草根政治和立法领域之间的资源中介策略的有效性,因为他们"为今天将这项立法摆在我们面前做出了不懈的努力"。③

虽然进展甚微,但《北美自由贸易协定》前景黯淡

1992 年 8 月 12 日,美国贸易代表完成了《北美自由贸易协定》谈判,布什总统通知国会,他打算在任期届满前签署该协定。然而,无论谁在 11 月 3 日当选下一任总统,都将负责引导该协定在国会获得通过。在近一年半的实质性谈判中,活动人士大幅改进布什协定的能力是微小的。美国贸易代表咨询委员会中的环保人士成功地推动了协定中加入一个序言,明确贸易与环境问题之间的联系,并确认可持续发展的必要性。劳工组织迫使政府为《北美自由贸易协定》导致的美国工人失业制定一揽子计划。但是,尽管立法者发出威胁,谈判者仍不愿意满足更大的环境要求。美国贸易代表希尔斯拒绝了"绿色税"和贸易制裁以保护环境和工人权利的提议。④

然而,劳工和环保主义者获得的最值得注意的成就是将贸易政策政治化,并在公众和主要立法者中动员起针对《北美自由贸易协定》的强大的反对力量。尽管大多数共和党人和贸易委员会的民主党领袖如众议院筹款委员会主席罗斯滕科夫斯基等人强烈反对,众议院还是通过了一项决议,要求贸易协定不得削弱劳工、环境、健康或安全法。即使是那些支持延续"快速通道"授权的立法

---

① 公民贸易小组,1992 年 8 月 14 日。
② 克兰弗德(Granford,1992)。参见公民贸易小组,1992 年 8 月 14 日。
③ 格普哈特(1992)。
④ 《美国贸易内幕》,1992 年 9 月 11 日,第 7 页。奥德利(1997:83)。

者,通过他们的投票,向总统发出了警告,表明如果《北美自由贸易协定》没有达到某些标准,他们就会扼杀该协定。

此时,公众对《北美自由贸易协定》的支持程度已大幅下降。根据1992年7月8日《时代》周刊与CNN的民意调查,39%的美国人反对该协定,只有45%的美国人支持该协定。[1] 支持《北美自由贸易协定》的立法者对公众特别是选民不支持该协定表示担心。实际上,在签署协定时,人们认为,鉴于该协定在劳工和环境问题上的弱点,《北美自由贸易协定》不会得到足够的支持而获得通过。在1992年7月24日写给布什总统的信中,参议员鲍卡斯写道,尽管他支持"快速通道"授权和《北美自由贸易协定》的概念,但是,"如果一项协议被提交给国会,却没有充分解决环境问题,我将别无选择,只能要求重新谈判或拒绝通过"。[2]

虽然活动分子正确地批评了谈判缺乏透明度,但是,他们利用有限的接触机会和信息,从而提出并运用他们自己的立场,并开展相关动员。在实质性谈判中,他们将局内人和局外人的策略结合在一起,相互加强;他们动员草根反对《北美自由贸易协定》,然后,利用这种对立影响立法者,通过威胁协定的最终通过,间接影响谈判者的立场。因此,通过利用局内人和局外人策略的结合,以及有效地在草根政治和立法领域之间调动资源,活动家们为一场有争议的总统选举搭建了舞台,这场选举将在很大程度上围绕着《北美自由贸易协定》展开,随后,国会将就协定的通过展开激烈的斗争。

---

[1] 误差幅度为正负3.5%(《时代》周刊/CNN,1992)。
[2] 《美国贸易内幕》,1992年7月28日,第2页、第3页。

第六章

利用制度杠杆影响附加协定

关于自由贸易问题的最终实质性谈判的时间到了1992年11月3日,这是总统竞选活动的日子,问题便呈现在总统候选人比尔·克林顿(Bill Clinton)面前。无论谁赢得了这次大选,都可以就这项协定进行重新协商,或者将面临艰巨的任务,即争取国会支持这项协定。但是,克林顿知道,劳工和环保活动人士会强烈反对他的前任通过谈判达成的协定,如果不改变政治格局,或者通过增加劳工和环境保护措施,国会可能不会批准该协定。为了与布什总统保持距离,同时避免贸易保护主义的诟病,克林顿接受了一个有限的劳工—环境权利框架版本,以改变事关《北美自由贸易协定》的政治版图。面临劳工和环保活动人士的强大压力,在大选前夕克林顿宣布,他支持补充劳工和环保协定。

美国立法者最终决定《北美自由贸易协定》命运的规则制定能力意味着,对于活动人士而言,在补充谈判中立法领域和跨国谈判领域之间的杠杆点是至关重要的。[1] 虽然谈判代表决定贸易协定的规则或原则,但是,立法者可以影响这些规则,并通过投票程序,拥有是否让这些规则制度化的最终权力。加拿大不

---

[1] 当然,墨西哥和/或加拿大总是可以选择退出谈判。

列颠哥伦比亚省贸易部部长强调了国会制定规则的影响力的重要性,他在实质性谈判结束后打趣道:"现在《北美自由贸易协定》已经启动,只有美国的特殊利益集团有机会通过游说国会来改变文本。加拿大人没有这样的机会。"①

因此,在1993年3—8月附加协定的谈判期间,国家机构对于利用规则制定战略的活动家来说是非常宝贵的。他们的努力影响了国家,迫使谈判代表增加了附加协定的条款,以便有机会通过《北美自由贸易协定》。当3月份补充谈判开始时,三国的谈判代表都发誓,附加协定既不包括贸易制裁(即惩罚性的执行机制),也不以国际标准为基础。但是,活动人士继续征集公众的反对意见,然后,利用这种对抗影响立法者,而立法者运用最终通过的威胁向谈判者施加压力。

在本章中,我们揭示了活动人士和他们的支持者盟友与谈判者玩猫捉老鼠的游戏,并展示了谈判者如何屈服于压力,在谈判过程中多个点上加强了环境和劳动保护。我们还分析了环保主义者意想不到的能力,他们在环保附加协定中推动并获得的保护比劳工活动家在劳工附加协定中获得的保护更强有力。这一点尤其令人惊讶,因为与环保人士相比,工会更加强大,且有更多的政治和财务资源可以利用。

环保和劳工活动人士加强附带协定的能力是可能的,在很大程度上,这是因为获得批准的劳工和环境顾问可以获得谈判文本草案。事实上,克林顿总统发誓,他一旦当选,在谈判过程中,就给活动人士更大的透明度和参与度。克林顿政府履行了这一承诺,提供了关键谈判文件草案的访问权限,并允许贸易政策官员征求他们的意见(主要是为了权衡协定通过所需的最低条件)。美国劳联—产联的一名官员透露,他有能力获取文件草稿,他说:"我亲自阅读了一年来每一轮谈判达成的附加协定文本,并逐条详细审读……"②这样,克林顿政府处于活动分子提出批评的环境下,就像他们在布什政府时期所做的那样。但是,如果不能找到解决劳工和环境问题的办法,在国会里克林顿政府就会面临

---

① 引自《美国贸易内幕》,1992年8月21日,第5页。
② 1998年4月4日对美国劳联—产联的格雷格·伍德海德(Greg Woodhead)的个人采访。

这样的问题,即协定就会无疾而终。

活动人士敦促克林顿支持补充协定

随着实质性谈判的结束,劳工和环保活动人士焦急地等待着克林顿州长关于《北美自由贸易协定》的立场。两个月来,布什总统试图迫使他表明立场,但是,他拒绝拿出公开的立场。① 克林顿的竞选团队与劳工和环保领袖接触,帮助决定应该采取什么立场。克林顿的竞选团队讨论了两个广泛的策略选择——"是,但是"策略和"是,并且"策略。"是,但是"策略包含了对贸易自由化的普遍支持,同时拒绝了协定的特定内容。"是,并且"策略将对贸易自由化的普遍支持与对协定中附加保障措施的要求结合起来。劳联—产联、塞拉俱乐部与地球之友都支持"是,但是"策略,并主张重新谈判该协定,而支持增长的组织,如全国野生动物联合会和世界野生动物基金会则主张支持现有的协议,持"是,并且"立场(Audley,1997:69)。为了解决这个问题,克林顿的竞选政治顾问"从全国野生动物联合会和世界野生动物基金会挑选代表,与他和众议院筹款委员会及参议院财政委员会的工作人员一起协商关于《北美自由贸易协定》的立场"(Audley,1997:69—70)。

在等待克林顿宣布他的立场的时候,劳联—产联的领导人决定为反对《北美自由贸易协定》的立法战做准备,这需要来自草根的压力。他们的成员正在推动更多的行动和基层动员,工会成员正在参加公平贸易运动的活动,劳联—产联的附属机构也加入了公民贸易观察运动的董事会,并主动质疑劳联—产联在这个问题上的领导地位。劳联—产联代表艾德·费根(Ed Feigen)和马克·安德森在1992年8月开始了一项前所未有的"草根反对《北美自由贸易协定》行动计划"。② 在给安德森的信中,费根说:"组织和现场服务部门已经收到了许多关于联合会的《北美自由贸易协定》计划的询问,显然,草根在这个领域有强

---

① 费根(Feigen,1992:1)。
② 费根(1992:2)。

烈的兴趣。"①反对《北美自由贸易协定》的广告牌战略性地布置在全国各地。美国劳工联合会领导的"只是说不"运动也在1992年9月底之前开始了。②

同样是在9月,包括美国劳联—产联、地球之友、塞拉俱乐部、全国农户工会和其他组织在内的赞成重新谈判或拒绝协定的组织团结起来,发起了"21世纪贸易会议",以影响克林顿和其他总统候选人的立场。③ 超过50个组织呼吁从根本上改变协定或拒绝该协定,这次会议是美国劳联—产联与其他反对《北美自由贸易协定》的活动家共同发起的第一次重大活动。国会盟友也试图影响克林顿的立场。众议员卡普图尔和博尼奥尔发起由96名众议院民主党人签署的给克林顿的一封信,呼吁他拒绝《北美自由贸易协定》并重新就协定进行谈判。他们推动实施劳工—环境权利框架建议,要求提高工人权利、环境保护、健康和安全标准,并强调50万个工作岗位将会流失。④

克林顿竞选班子最终决定支持"是,并且"策略,这是由支持增长的环保主义者提出的,努力转变政治动态,使之足以通过该协定,同时,避免被贴上保护主义的标签。克林顿以附加谈判解决劳动力、环境和进口激增问题为条件,暂时支持协定。然而,支持增长的环保主义者曾经推动布什总统成立一个环境委员会,他们继续向克林顿施压。因此,克林顿同意在美国贸易代表委员会的基础上,成立一个环境委员会。其他主要的反对增长的环保组织表示,他们对克林顿没有要求重新谈判感到遗憾,并批评该协定缺乏对可持续发展的保证、具体的资助机制和环境标准的执行机制。⑤ 为了安抚工会,克林顿还同意成立一个劳工委员会。这也没有减轻劳工领袖的担忧。事实上,劳联—产联正式表达了对克林顿有条件支持《北美自由贸易协定》的"失望"。⑥ 他们表示,劳工委员

---

① 费根(1992:2)。
② IUE新闻发布会(1992)。
③ 奥德利(1997:81)。
④ 格普哈特议员和桑德尔·莱文(Sander Levin)议员没有在信上签名,但其他与劳工团体结盟的主要议员签了名。参见《美国贸易内幕》,1992年10月16日,第1页、第16页。也可参见卡普图尔等人(1992)。
⑤ 这些组织包括亚利桑那州有毒物质组织、环境保护署、国际环境法中心、野生动物保护者组织、地球岛、公平贸易运动、人道协会、塞拉俱乐部和地球之友等。
⑥ 《钢铁工人的立法呼吁》(Steelworkers Legislative Appeal,1992)。

会不够强大,无法获得他们的支持。

美国批准过程的透明度和美国通过协定的不确定性支持了克林顿的说法,即他的手脚被束缚了。三个国家的领导人都明白,如果没有某种干预,《北美自由贸易协定》很可能不会得到美国国会的批准。尽管加拿大和墨西哥的谈判代表对补充谈判的想法持反对态度,但是,克林顿关于确保协定通过的最佳方式是安抚劳工和环境选民的说法从表面上看是可信的,所以,他们最终(尽管勉强)同意了劳工和环境方面的附加协定。

1992年11月克林顿赢得总统大选之后,活动人士通过煽动公众反对协定,继续施加压力。1992年底,公民贸易观察运动和公平贸易运动在公民贸易运动(CTC)的领导下联合起来,成立了一个非营利的宣传组织,该组织还设有一个研究部门,其任务是"从事与保护环境和公民在国际贸易政策方面的权利和福利有关的公益性的、社会福利的教育活动"。[①] 公民贸易运动(CTC)称自己为"有史以来联合起来的最多样化的联盟",有60个全国性组织和3 000个基层组织,代表2 500万人。[②] 在任命前印第安纳州国会议员吉姆·琼茨(Jim Jontz)担任执行主席之后,公民贸易运动(CTC)于1992年12月发起了第一波运动,为新政府的成立做准备。[③] 公民贸易运动在华盛顿特区指导开展活动,而公平贸易运动则是基层伙伴。大约在同一时间,1992年11月,MODTLE更名为负责任贸易联盟(Alliance for Responsible Trade, ART)。

12月15日,公民贸易运动(CTC)领导人和负责任贸易联盟(ART)领导人一起给克林顿发了一封信,52个组织签署,信中说,协定中的缺陷足够严重,因此不能单靠补充协定解决。[④] 形成鲜明对比的是,野生动物保护者组织告诉克林顿,环境附加协定可以得到大多数环保团体的支持。该组织提出了需要满足的五个条件:(1)向公众开放争端解决机制;(2)确保基础设施和清理工作的资

[①] 《公民贸易运动》,1993年2月。
[②] 《公民贸易小组》,1992年12月30日。
[③] 珀金斯(1992)。《美国贸易内幕》,1992年12月25日,第7页。
[④] 公民贸易运动(CTC)领导人/负责任贸易联盟(ART)(1992);《美国贸易内幕》,1992年12月25日,第7页。

金来源；(3)生产过程的标准；(4)有效地阻止美国产业为了利用较弱的环境法律法规而迁往墨西哥；(5)在国际环境协定中加强环境保护。[1]

虽然这些不同的策略确实反映了策略和目标上的真正差异，但是，在这个阶段环保组织之间的多样性并不是内在的适得其反。正如公民贸易运动(CTC)的一份内部备忘录所解释的：

> 看起来，全国联盟中的一些团体正在宣扬"解决问题"的信息，州联盟正在采取更强硬的路线，主题是反对《北美自由贸易协定》。这两条信息都是好的，只会有助于全国运动作为一个整体并传播压倒一切的关注协定的意识。对于公民贸易运动的一些成员组织来说，愿意讨论附加协定是一种策略，他们认为在华盛顿这种策略是必要的，这样才能坐到谈判桌前，并成为《北美自由贸易协定》政治辩论中可信的一部分。在现在与政府谈判的过程中，这些组织正在做标记，以便日后可以根据这些标记判断最终达成的协定……事实上，人们普遍认为，全国联盟依赖于采取更强硬路线的州联盟。[2]

一些组织在立法领域寻求反对意见，而另一些组织在修改协定上努力，在某种程度上彼此加强了，在底线承诺上团结起来，争取阻止没有达到标准的最后一揽子计划。相比之下，支持增长的环保主义者利用联盟反对立场和运动来推进他们的"是，并且"立场，因为如果协定不能达成，运动则会产生真正的无效风险。在某种程度上，努力寻找可接受的条件，为反对增长的环保主义者提供了拒绝保护主义标志的手段。

1992年12月17日，当布什总统签署协定时，每个国家的劳工和环保组织都对正式的签署仪式表示抗议。反对该协定的草根活动也增加了。例如，马萨诸塞联盟发起了一场反对《北美自由贸易协定》的草根请愿运动。35个社区和劳工团体支持这项活动并参与其中。全州召开新闻发布会，开始签名运动。正

---

[1] 《美国贸易内幕》,1992年12月18日,第10页。
[2] 杜宾和麦克希尔瑞斯(Durbin and Mcilwraith,1993)。

如一名活动人士解释的那样:"新闻报道——以及地方参与的程度——令许多怀疑者感到惊讶,他们不相信这样一个看似深奥的问题能够吸引基层活动人士或地方媒体参与。最终,数以万计的签名被收集起来,交给了马萨诸塞州国会代表团的成员。"[1]活动人士继续施加压力,直到开始进行补充谈判。1993年2月,劳联—产联执行委员会公布了对《北美自由贸易协定》的官方立场。劳联—产联呼吁克林顿重新谈判,以提高"工人权利,强有力的劳工标准,消费者健康和安全以及环境保护"。[2]

活动人士对谈判代表施加间接压力

克林顿总统的新任美国贸易代表麦凯·肯特(Mickey Kantor)上任的第一天会见了负责任贸易联盟(ART)和公民贸易运动(CTC)的代表。他表示愿意在附加协定的谈判中征询这些组织的意见,并计划增强公众参与在补充谈判以及其他事务中的作用。[3]

1993年2月3日,克林顿总统成立了一个初步的贸易紧急特别工作组,由来自劳工部、环境保护署、商务部和财政部的代表组成。[4] 劳工部部长罗伯特·里奇(Robert Reich)明确表示,补充谈判的目的是确保《北美自由贸易协定》的通过,协定必须足够强硬,以影响劳工和环保活动家,以便让民主党人投票支持该协定,同时又不如此强硬,以至于疏远共和党人中的贸易自由化支持者。美国贸易委员会的谈判代表就是根据这个命令行事的。人们期望两项协定具有类似的功能,建立具有最低限度执行机制的三方委员会。[5]

---

[1] 威尔逊(1994:32)。
[2] 劳联—产联执行委员会,1993年2月17日。参见《北美自由贸易协定的思想》,1993年2月。
[3] 奥德利(1997:71)。
[4] 劳工部以其国际事务办公室为中心参与。
[5] 《美国贸易内幕》,1993年1月8日,第5页;《美国贸易内幕》,1993年1月15日,第18页。

谈判代表对活动人士压力的回应

活动人士用以加强附加协定的关键策略是,为了通过施加压力获得最大的让步,有目的地维持谈判代表达成目标的不确定性。① 《美国贸易内幕》报告称,谈判人员和克林顿政府成员很难确定劳工和环保组织及其国会盟友的"底线",因为他们想通过最大限度地利用规则制定机制对贸易政策领域谈判者施加影响,而不说出获得他们支持的最低要求。②

这个策略利用了各领域之间的不确定性,有助于立法者加强环境附加协定,将制裁措施纳入其中。事实上,谈判人员对这种不确定性的反应是改变他们的策略,将贸易罚款和制裁纳入其中,以此作为在立法领域获得赞成票的一种方式。谈判代表考虑到众议院议员的立场,以确定协定通过所需的最低让步。对于发展更多的支持协定的力量,众议院格普哈特给出的信号尤其使贸易制裁显得至关重要。正如一名美国谈判代表所解释的:

> 确实很难找到足够好的办法……墨西哥人明确表示,劳资关系保护是成败攸关的,他们宁可放弃《北美自由贸易协定》,而不是对任何涉及工会的事情进行制裁。最初,美国不清楚是否会支持制裁。劳埃德·本特森坚决反对任何制裁措施。但是,随着格普哈特和其他人开始发挥作用,并随着劳工问题越来越受到关注,财政部改变了立场,总统也倾向于采取某种制裁措施。所以,实际上谈判的立场改变了。而早前,有一种观点认为,在这个进程中不应有制裁措施。③

为了最大限度地发挥民主党的力量,众议院民主党议员桑德尔·莱文甚至敦促同僚在附加协定达成之前不要表明立场。

因此,在六轮正式谈判会议的每一轮会议中,谈判代表都对来自活动人士及其国会盟友的压力做出了回应,大大加强了两个附加协定。最初,由劳工部

---

① 《美国贸易内幕》,1993年4月2日,第19页。
② 《美国贸易内幕》,1993年4月2日,第19页。
③ 2001年3月13日对美国劳工部劳伦斯·卡茨的个人专访。

部长赖克领导的劳工问题谈判代表比环境保护署官员更坚持执行机制的重要性。[1] 加拿大和墨西哥的谈判代表明确反对一切制裁措施。然而,环境非政府组织及其国会盟友为了制裁措施而施加了压力,这使得担心环境方面的协定将比劳工方面的协定更弱的环境保护署官员要求类似于劳工问题附加协定的执行机制。因此,出乎意料的是,环保主义者最终加强了环境附加协定的两个关键条款,这两个条款最初比劳工协定弱,表现为两个方面,即执行机制和国际标准。

从开始以来,谈判代表就辩称,附加协定将需要一个最低限度的执行机制,但是,他们最初没有把发出传票或执行制裁的能力考虑在内。在1993年3月17日于华盛顿特区开始的第一轮谈判中,美国劳工谈判代表概述了处理劳工问题的三种可能途径。

第一种选择包括一个"不引人注目"的劳工委员会,它只会使用"软弱的道德劝说"(Cameron and Tomlin,2000:183)。该委员会"将提高范围狭窄的劳工权利的最低标准,需要很少的工作人员",并将重点关注"非政治的和容易界定的工人权利,如童工、工作时间、健康与安全"(Cameron and Tomlin,2000:183)。执行机制将是最低限度的。

第二种选择包括一个"更独立的劳工委员会,一个更大的工作人员队伍,以及检查相关问题的任务,诸如工人权利和参与,工资和生产力之间的联系,防止社会保障向下协调的保护措施,以及努力减少不平等"(Cameron and Tomlin,2000:183—184)。相关话语将源自"墨西哥宪法,加拿大夏洛特敦宪法条约的社会条款,以及欧洲社会宪章"(Cameron and Tomlin,2000:184)。

第三种选择将包含更具包容性的第二种选择,并"增加贸易制裁或类似的边境措施作为执行手段"(Cameron and Tomlin,2000:184)。[2] 该委员会将发挥监督作用,并对私人团体的申诉做出回应,但是,其调查结果将不具约束力。

加拿大谈判代表反对制裁措施,并拒绝设立独立的劳工委员会。他们的提

---

[1] 卡梅伦和汤姆林(2000:186)。相关讨论参见《美国贸易内幕》,1993年1月15日,第6—7页。

[2] 参见《美国贸易内幕》,1993年4月2日,第19页。

议提到了可能就整个美洲大陆范围的劳工标准进行未来谈判。墨西哥谈判代表希望达成最弱的附加协定(Cameron and Tomlin,2000：185)。他们甚至担心对这些问题进行有限的干预,并拒绝接受超越墨西哥国内法的委员会。在劳工协定的第一轮大纲中,明显没有对违规行为进行的贸易制裁。墨西哥总统萨利纳斯和他的经济内阁制定了三条准则：最终协定必须尊重墨西哥的主权,不能以"变相保护主义"的形式引入环境或劳工标准,也不能更广泛地重新谈判《北美自由贸易协定》,并且不能包括传统的商业交易(即不实行贸易制裁)。墨西哥劳工部部长特别关注维持墨西哥劳资关系的社团主义制度,墨西哥工人联合会支持这一谈判立场(Cameron and Tomlin,2000：185)。

在第一轮和第二轮谈判之间,活动人士集结了草根政治领域的公众和他们在立法领域的盟友。3月,公平贸易运动举办了一系列活动,向公众、国会和媒体宣传《北美自由贸易协定》。超过35个州的劳工、环境、农场、教会、消费者等联盟参与。负责任贸易联盟(ART)和公民贸易运动(CTC)在3月25日为新国会议员召集了一个关于《北美自由贸易协定》的简报会。① 4月国会休会期间,联盟各组织与他们的参议员和众议员在家中会面,并举行社区会议。

1993年4月,谈判代表为了第二轮谈判在墨西哥城召开会议时,美国劳工谈判代表要求采用争端解决机制,而美国环境谈判代表没有提出要求。因此,提交到桌面上的劳工附加协定的要求仍然高于环境附加协定。美国劳工谈判代表超越了环境保护提案,呼吁各国承诺执行北美劳工标准,这些标准基于国际公认的标准,包括结社自由、组织和集体谈判的自由、反对强迫劳动、最低工作年龄、工资、健康和安全条件以及反对雇员歧视。相比之下,环境委员会只是推动通过评估程序来促进环境法的强化和兼容性,以帮助监督委员会。② 美国劳工谈判立场也给予劳工秘书处更大的自由度和更大的权力。

然而,来自美国谈判代表的压力最终对跨国谈判领域产生了影响。墨西哥谈判代表团主席约瑟·科尔多瓦·蒙托亚(José Cordoba Montoya)最终同意在

---

① 《北美自由贸易协定的思想》,1993a。
② 《美国贸易内幕》,1993年4月30日,第2页、第6页。《美国内部贸易》,1993年5月7日,第9页。

环境附加协定中列入争端调查小组,并对违反环境法的行为进行制裁。支持经济增长的环保组织利用了这个开端。[①] 在世界自然基金会的肯·柏林(Ken Berlin)的领导下,组织包括全国野生动物联合会、自然资源保护委员会、环境保护基金和全国奥杜邦学会参加了秘密会议,为环境附加协定寻求一个政治上可行的立场。参议员鲍卡斯——参议院金融贸易委员会主席兼参议院环境和公共工程委员会主席——支持他们的努力。他与全国野生动物联合会和自然资源保护委员会协同,使贸易制裁措施成为关注环境问题的众议院议员支持的底线。支持增长的环保主义者向美国贸易代表起草了一份信函,信中涉及七个政策领域:"北美委员会的组织和结构,环境法规的执行,环境标准的明确化,资助边境和保护项目,争端解决程序,公众参与,以及国际环境协定。"(Audley,1997:89)他们宣称,即使环保委员会没有权力直接制裁污染企业,或在调查过程中发出传票,他们也可以支持《北美自由贸易协定》。

但是,支持经济增长的团体坚持认为,该委员会应发挥强有力的独立作用,并对文本中的话语标准做了澄清。草案在各组织之间传阅,这些组织做了一些小的修改。最终,具有美国贸易代表咨询部门地位的所有五个组织以及环境保护基金和野生动物保护者组织的代表都签署了这封信(Audley,1997)。1993年5月4日,各签署组织向美国贸易代表肯特发出了这封信,其中列出了他们支持《北美自由贸易协定》所需的条款。[②] 这封信标志着对此前的要求做出了大幅度让步,特别是在贸易制裁和传票权问题的要求方面。

参与反对《北美自由贸易协定》联盟的环保组织,包括地球之友、塞拉俱乐部、绿色和平组织、人权组织、全国有毒物质运动、清洁水源行动、地球岛研究院以及雨林行动,都被签署这封信的组织的立场所激怒,他们视其为投降书,因而拒绝签字。两个环保派别之间的分歧也因此加剧。公平贸易运动的一名领导人解释说:"在华盛顿,环保组织的分歧和分裂已经存在很长时间了,每个人都

---

① 参见奥德利(1997);《美国贸易内幕》,1993年4月30日,第1页,以及《美国贸易内幕》,1993年5月7日,第9页。
② 《北美自由贸易协定的思想》,1993b。这封信的复印件被收录在《美国贸易内幕》,1993年5月7日,第2—5页。

知道这件事。但是,(这个事件发生后)问题真的让这些团体感到不安,气氛变得非常紧张。"①

一个没有签字的组织的代表认为,这封信应坚持委员会能够通过法院寻求获得工业信息,包括"资金来源由污染者支付原则",并质疑暂停对惩罚境外所有生产过程方法的法律。② 反对增长的环保组织继续提出更多的要求。他们得到了众议员格普哈特的大力支持,5月4日他们与后者会面。众议员格普哈特认同他们的关切,并表示在贸易政策领域运作的环保组织的立场不够强硬,不足以获得国会的认同。③ 1993年5月11日,格普哈特宣布,他打算提出立法,允许美国对那些持续违反劳动法或环境法的国家提起诉讼。但是,他也表示,他将支持《北美自由贸易协定》正确的补充协定,迫使谈判代表继续努力争取让步,以获得他的支持。④

环境附加协定的美国谈判代表——迫于活动人士及其国会盟友的压力——在1993年5月渥太华第三轮谈判期间改变了立场,采取了制裁措施。美国谈判代表推动贸易制裁措施,以惩罚不执行国内环境法的行为,尽管他们坚持认为这样应该很难达成协定。他们还呼吁赋予独立环境秘书处对相关申诉进行调查的能力以及非政府组织(NGO)直接申诉的权利。⑤ 墨西哥和加拿大反对这种自主权和非政府组织的参与。⑥ 他们还拒绝了关于劳工附加协定包括贸易制裁的建议,以及一个有权直接申诉的非政府组织的独立秘书处。墨西哥完全反对设立一个独立的地区秘书处的想法,取而代之的是,建议国际劳工组织就地区劳工状况提出报告。⑦

---

① 2001年4月3日对克雷格·梅里利斯的个人专访。
② 《美国贸易内幕》,1993年5月7日,第2页。
③ 同上。
④ 《美国贸易内幕》,1993年5月4日,第7页。
⑤ 《美国贸易内幕》,1993年5月21日,第1页、第9页。
⑥ 《美国贸易内幕》,1993年5月21日,第1页。
⑦ 同上。也可参见《美国贸易内幕》,1993年6月11日,第5页、第8页。

活动人士在草根政治领域做出最后努力与补充谈判的蹒跚前行

在渥太华举行的第三轮谈判之后,活动人士加强了他们在立法和贸易政策领域的努力。1993年6月8日,28个环保组织做出回应,签署了一份文件,分析了协定的缺陷。这份报告是由反对增长的环保组织塞拉俱乐部、绿色和平组织、地球之友和人道协会共同完成的,认为贸易制裁应该适用于那些影响全球公共物品、跨界问题、贸易和投资的法律没有得到执行的情况。①

活动人士还继续在全国各地的草根政治领域努力。在1993年4月加州民主党全国代表大会之前,加州公平贸易运动的活动人士联系了1 000个代表,志愿者在大会现场做工作。他们的努力取得了成果,该党采纳了一项"公平贸易"决议案,得到了拉丁裔、环境保护组织和农村党团等许多人的广泛支持。在大会之外,参与墨西哥民主运动的拉丁裔活动人士,抗议墨西哥的人权侵犯行为。

5月,公民贸易观察运动举办了"全国行动周"活动,活动包括"纽约市游行和科罗拉多州的运输车队游行"。② 在明尼苏达州的诺斯菲尔德,活动人士建造了一辆汽车大篷车,交给一家公司,以抗议这家公司宣布将104个工作岗位转移到墨西哥。③ 在圣路易斯、佛蒙特州、波特兰、大福克斯和北达科他州均举行了集会。④ 纽约市的游行吸引了1 100人,活动分子来自电气和服装/纺织工会、绿色和平组织、布朗克斯清洁空气运动、国际卡车司机兄弟会和美国汽车工人联合会。当地卡车司机工会的副主席说,这是他40年的劳工运动生涯中第一次看到如此多不同类型的组织被动员起来。⑤

美国劳联—产联的附属机构——其中许多正在草根政治领域组织起来,与

---

① 《美国贸易内幕》,1993年6月11日,第2页。
② 来自公民贸易运动的新闻,1993年4月1日。
③ 同上。
④ 同上。
⑤ 克洛维(Crowe,1993)。

反对《北美自由贸易协定》联盟一起努力——继续向劳联—产联的高级官员施压,要求他们在这个问题上发挥更大的领导作用。补充谈判使美国劳联—产联处于一种困难的地位。它的领导层陷入了两难境地:一方面努力在新政府官员中提升自己的影响力,另一方面又要满足日益激愤的、被动员起来的成员的要求。劳联—产联在极大的压力下,支持他们帮助选出的民主党总统。政府官员私下与劳工领袖会见,试图说服他们不要公开反对补充谈判,表明他们是该进程的积极参与者。此外,克林顿还激起了工会的希望,认为劳工附加协定会很强大,并在1992年的一次演讲中宣布,"应该成立一个确保劳工标准和安全的委员会。它也应具有广泛的权力,以教育、培训、制定最低标准并具有类似的争端解决权力和补救措施。我们必须这么做。这是件大事"。①

美国劳联—产联遵从了克林顿政府的要求,做出了判断,因为其领导人不想在其他政策斗争中激怒潜在的盟友,还因为克林顿政府让他们相信,他们的参与可能会影响结果。所以,美国劳联—产联的官员在此之前与美国贸易代表合作,试图改进劳工附加协定,同时试图公开地减少对总统的反对意见。正如美国劳联—产联的马克·安德森解释的:

> 我们反对布什的《北美自由贸易协定》,因为它……什么也没有……于是,在我们的支持下,克林顿入主白宫,并说"我要谈谈其他的事项,给我一个机会,等等"。那时我们开始了"非此《北美自由贸易协定》的进程。在这之前,布什的《北美自由贸易协定》烂透了。因此,直到克林顿上台后,我们从那年的1月到8月与政府合作,试图达成一项劳工附加协定,然后,我们才能与附属机构去谈,看看这是否足以让他们接受。②

尽管他们采取了"等等看"的立场,但美国劳联—产联仍要求政府提供强有力的劳工保护:一系列北美工人权利和基于国际劳工组织标准的最低劳工标准,以及工会能够对任何北美国家的政府和企业违反劳工法规的行为提出申

---

① 克林顿(1992)。
② 2001年1月8日对美国劳联—产联的马克·安德森的个人采访。

诉。这些要求与反对《北美自由贸易协定》联盟中的许多其他工会和组织提出的要求相一致,它们一贯主张,劳工附加协定应为关键的劳工权利提供重要的执行机制,包括结社自由、罢工和集体谈判的权利。

劳工和环境活动家在草根政治领域的工作增强了国会对《北美自由贸易协定》的反对立场,采用的方法是提高公众对其内容的认识和关注,动员地方组织和选民向当地代表施压,以反对该协定。由于积极的游说努力,加之国会公平贸易党团等盟友的帮助,活动人士的努力得到了回报。到 6 月初,补充谈判陷入困境,《北美自由贸易协定》似乎不太可能获得通过。在 1993 年 6 月 9 日的商业圆桌会议上,克林顿总统承认,当时《北美自由贸易协定》不会在众议院通过。"许多国会议员正在反对《北美自由贸易协定》,因为他们认为这是我们有史以来达成的第一个贸易协定,我们在另一个国家降低投资难度,目的是建立生产基地而产品在我们的市场销售,而不是在他们的市场销售。"[1]

美国谈判代表警告说,如果没有劳工和环境秘书处,该协定在众议院通过的可能性很小。因此,接下来的三轮谈判[6 月初在华盛顿;7 月初在墨西哥的科科约克(Cocoyoc);7 月底在渥太华]大大加强了两个附加协定。6 月初,美国谈判代表在华盛顿会晤,但是,未能解决在使用贸易制裁和地区秘书处权力方面的分歧。对谈判人员和政府来说更麻烦的是,决定非政府组织公民诉《国家环境政策法案》案的联邦法官裁定,为了《北美自由贸易协定》的有效性,一份环境影响声明是必要的。美国地区法院裁定,美国必须"尽快"实施该协定。[2] 政府对这一裁决提出上诉。[3]

活动人士加大了压力作为回应。来自墨西哥自由贸易行动网络、加拿大行动网络、负责任的贸易联盟和公民贸易运动的代表发表了一份联合声明,呼吁在环境影响声明没有完成时,停止谈判。[4] 1993 年 7 月,奥杜邦学会主席写信给美国贸易代表肯特,指出政府有可能失去 7 个支持协定通过的环保团体中的

---

[1] 《美国贸易内幕》,1993 年 6 月 11 日,第 1 页。
[2] 《纽约时报》,1993 年 7 月 12 日。《美国贸易内幕》,1993 年 7 月 2 日,第 1 页。
[3] 上诉成功,下级法院的判决被推翻。
[4] 《美国贸易内幕》,1993 年 7 月 16 日,第 2 页。

5个团体。他认为,除其他事情之外,美国的谈判立场未能纳入澄清性语言,未能阐明新的标准规则并充分处理争端解决,尤其是在公众参与问题上。他补充说,提议的启动争端程序的门槛过高,而且环境委员会需要充足的资金。①

7月,公民贸易运动立法工作组安排与100名立法者举行会议,讨论与附加协定相关的问题。② 国会议员与工会和环保组织合作,后者每天在众议院发表一分钟的演讲,众议院会期历时一个月。③ 他们的国会盟友关注四大主题:工作、家庭农场主、环境和人权。

活动人士和立法者的压力产生了影响,到7月,三国同意设立劳工和环境秘书处。也就是在这个月,劳工谈判代表同意批准"科科约克妥协",最初这是由墨西哥和美国在谈判中提出的用语。他们同意由四个具有不同作用的机构来管理劳工协定:一个委员会、一个部长理事会、一个国家行政机构办公室以及一个国际协调秘书处。在渥太华举行的第六轮谈判事关最困难和最有争议的补充谈判阶段。美国希望达成的协定能够建立更高的标准,而其他两个国家希望协定以各自现有的法律为基础。加拿大面临的问题是,其大多数环境法都属于省级管辖,而墨西哥不想改变其社团主义谈判制度。最终,各方妥协,使用"相互承认的"法律,而不是国际标准。④ 他们同意八项劳动原则,包括结社自由、集体谈判的权利、罢工的权利、禁止强迫劳动和禁止童工等。但是,这些标准是目标而非可起诉的义务。⑤

在1993年7月30日的新闻发布会上,美国和加拿大在贸易制裁问题上似乎仍然存在严重分歧。此前,墨西哥曾提议将健康和安全标准作为可以仔细审查的领域。消息灵通人士称,墨西哥可能会接受增加最低工资法和童工法。美国贸易代表肯特在8月3日的听证会上告知国会议员,墨西哥已同意以知识产权条款为范本,为执行国家劳动法提供更好的诉诸法院系统的途径。但是,陷

---

① 《美国贸易内幕》,1993年7月23日,第12页。参见《美国贸易内幕》,1993年7月2日,第20页。立法者致克林顿的信中,呼吁增加环保条款。
② 《公民贸易运动公告》,1993年7月20日。
③ 同上。
④ 引自卡梅伦和汤姆林(2000:195)。
⑤ 《美国贸易内幕》,1993年7月23日,第20—21页。

入僵局的谈判威胁到了《北美自由贸易协定》的通过。领导反对党拉选票的众议院党鞭博尼奥尔在 7 月 27 日的新闻发布会上说,如果当时对协定投票,反对者将"漂亮地"击败协定。①

7 月底的民主党党鞭的统计显示,反对该贸易协定的民主党人是支持该协定的民主党人的 3 倍多。众议院议长汤姆·弗利(Tom Foley)在 7 月向一名外交官透露,他认为《北美自由贸易协定》已经死亡,克林顿和"地球上的任何人"都无能为力。② 参议员比尔·布拉德利(Bill Bradley)的助手也在 7 月 14 日警告美国全国制造商协会,参议院通过《北美自由贸易协定》并非万无一失。正如《美国贸易内幕》所报道的那样:

> 参议员们对支持《北美自由贸易协定》的投票感到焦虑,他说,因为"工会、环保主义者和民众对这个问题的热情程度令人震惊"。他说,与以往的贸易协定不同,《北美自由贸易协定》"不是内部人博弈",而变成用来表达对经济的不满意与对未来焦虑的草根们的"避雷针"。

事实上,随着《北美自由贸易协定》投票的临近,活动人士采用的内部人和外部人结合策略似乎已经成功地使该协定的通过充满了疑问。

劳工组织的关键策略失误

虽然在《北美自由贸易协定》斗争的第一阶段环境运动策略和劳工运动策略相互强化,但是,在补充谈判期间,环境保护主义者的努力与劳工运动的策略背道而驰。劳联—产联的官员最初与美国贸易代表合作,试图改善劳工附加协定。相比之下,在草根层面被积极组织起来的环保主义者与劳联—产联下属的一些工会联合起来,试图促使劳联—产联在这场斗争中发挥更积极的作用。③

---

① 《美国贸易内幕》,1993 年 7 月 30 日,第 6 页。
② 引自《苹果》,1993 年。
③ 参见 1998 年 5 月 5 日对劳联—产联的比尔·坎宁安(Bill Cunningham)的个人采访;以及 1998 年 4 月 4 日对劳联—产联的格雷格·伍德海德的个人采访。

然而,到了 1993 年夏天,美国劳联—产联的领导人认为,劳工附加协定过于薄弱,无法确保获得他们的支持。劳联—产联秘书长兼财务部部长汤姆·多纳休在给美国贸易代表麦凯·肯特的信中明确了联合会的立场:"政府的提议没有确定将要实施的哪怕最低限度的劳工权利和标准,建立一个如此模糊、自由裁量和拖延的监督程序,以至于争端的及时解决几乎是不可能的,使个人违反甚至是国家法律的行为不可起诉,并且在程序结束时没有提供有效的补救措施。"① 他认为,拟议中的变化表明美国法律约束下的补救措施正在削弱,因为《北美自由贸易协定》取代了国际劳工权利的普惠制监管。②

美国劳联—产联领导层决定,他们最好的策略是否决全部协定,所以,他们发起草根运动,在立法领域施加影响。③ 除了举行新闻发布会、市政厅会议、工厂门前示威和游说地方政府代表外,联合会的贸易特别工作组组织发送信件活动,并在全国各地布置展示牌。美国劳联—产联还通过与成员组织协调并为其努力捐款,成为反对《北美自由贸易协定》联盟中更积极的参与者。因此,美国劳联—产联的工作重点从贸易政策和跨国谈判领域转变为基层政治领域反对《北美自由贸易协定》的运动,并在立法领域反对通过《北美自由贸易协定》。④ 马克·安德森领导美国劳联—产联贸易特别工作组,他认为,美国劳联—产联的策略转变可能来得太晚了。

> 当他们最终达成这些协定,并且在 1993 年 8 月,当我们说这些
> 协定是一些烂的协定,我们说不,我们要设法取消它。这可能是我
> 们的战术失误,因为给我们很短时间动员和组织起来,那是在 8 月
> 中下旬。投票是在什么时候,11 月?这样,最多,我们只能有 3 个
> 月的时间。⑤

这个决定对两个附加协定的结果都很重要。如果在贸易政策领域没有美

---

① 多纳休(1993)。
② 同上。
③ 安德森(1993)。
④ 同上。
⑤ 2001 年 1 月 8 日对美国劳联—产联的马克·安德森的个人采访。

国劳联—产联的压力,支持劳工的美国谈判代表几乎没有更多的能力来威胁他们的加拿大和墨西哥的谈判对手,他们拥有立法规则制定的影响力,他们会声明确保通过的底线劳动要求。正如美国劳工谈判代表史蒂夫·赫岑伯格(Steve Herzenberg)解释的:

> 美国劳工运动是相当无效的。美国劳联—产联贸易特别工作组只会告诉美国谈判代表他们永远不会支持这件事,如果你强化协定,美国劳工运动引发的战争就会少一些。所以,没有外部人对美国谈判代表施加压力,这种压力可以导致谈判代表做出实用主义的算计,从而使协议更加强化。……我认为,美国的劳工运动本可以施加压力,从而导致一个不同的协定。①

在补充谈判的最终的意外结果中,立法、贸易政策和跨国谈判领域的规则制定策略起到了决定性作用。环保主义者利用这些策略对立法者和谈判者保持压力,而在没有受到劳工方面足够阻力的情况下,墨西哥谈判者利用这些策略,要求达成符合他们自己偏好的协定。众议员格普哈特和参议员鲍卡斯在8月初告知美国贸易代表肯特,贸易制裁的威胁对于确保国家法律的实施至关重要。②

当国际标准和制裁无法达成一致时,墨西哥首席谈判代表会见了众议员格普哈特,格普哈特强调制裁对美国立法通过至关重要。结果,墨西哥谈判代表同意接受在这两项协定中的制裁措施,以换取减小劳工协定覆盖的范围,从而排除对侵犯核心劳工权利的贸易制裁,如结社自由、集体谈判自由和罢工自由。③ 环境法保持了宽泛的界定。

尽管可以这样认为,与美国商业界对强化劳工权利保护的反对立场相比较,较为强化的环境附加协定与活动人士的压力没有太大的关系,但是,资料显

---

① 2002年9月27日对《北美自由贸易协定》劳方附加协定首席谈判代表助理、美国劳工部的史蒂夫·赫岑伯格的个人采访。
② 《美国贸易内幕》,1993年8月13日,第10页。
③ 墨西哥谈判代表倾向于弱化劳工监督,这反映了政府和工会对核心劳工标准及其执行机制的反对。墨西哥劳工部部长寻求保持该国的劳资关系的公司主义体制,并且,墨西哥工人联合会(墨西哥最大的工会)支持这个谈判立场(Cameron and Tomlin,2000)。

示，众多商业界代表并没有要求强化环境附加协定，从而弱化与劳工保护相关的贸易制裁问题。商业组织公开和私下都表达了他们对强有力的环境附加协定的关注和反对意见。商会的代表批评了两个附加协定，说没有与他们充分沟通。1993年4月，美国商会国际部副主席致美国贸易代表肯特的一封信中几乎完全关注环境附加协定："我必须坦率地告诉你们，商界对美国在环境附加协定谈判中提出的方向有相当大的担忧，这可能会危及我们的成员继续支持《北美自由贸易协定》。他们的关切涉及北美环境委员会的结构和权力，以及在某些情况下使用贸易制裁的拟议条款。"[1]"美国*《北美自由贸易协定》"(USA*NAFTA)这个由2 300家公司和由美国最大的公司CEO控制的企业游说组织组成的联盟，于1993年6月30日在新闻发布会上发表声明，批评美国地方政府的决定，即在环保非政府组织提出的案件中，要求提供《北美自由贸易协定》环境影响报告。[2]

像"美国*《北美自由贸易协定》"一样具有影响力的商业利益集团，比如商会、全国制造商协会、商业圆桌会议以及美国国际商业委员会批评了附加协定，并反对贸易制裁。[3] 然而，根据《北美自由贸易协定》主要支持者的说法，尽管他们的资金和渠道使他们能够影响协定的内容，但是，与立法斗争有关的商业鼓动则相对无效。[4] 白宫和国会官员并没有认为商业联盟制造了立法斗争中的分歧。克林顿总统在1993年9月抱怨说，商业界没有做出足够的努力帮助协定

---

[1] 沃克曼(1993:8)。
[2] 美国*《北美自由贸易协定》(1993)；另见《美国贸易内幕》，1993年7月2日，第17页；《美国贸易内幕》，1993年1月8日，第4页；还可参见安德森、卡瓦诺和克劳斯(Anderson,Cavanaugh and Gross,1993)。
[3] 《美国贸易内幕》，1993年5月14日，第7页、第8页；《美国贸易内幕》，1993年5月28日，第11页。
[4] 这些组织的成员在华盛顿有相当大的影响力，并在贸易政策领域有强大的关系。例如，美国*《北美自由贸易协定》的各州首席执行官中有46人是美国贸易代表咨询委员会的成员(Kollman,1998;Anderson,Cavanaugh and Gross,1993;Cameron and Tomlin,2000)。他们还压倒性地代表了与墨西哥出口加工区有关的公司：91%拥有公司，与首席执行官有联系，资料显示其在墨西哥拥有实体或子公司(Anderson,Cavanaugh and Gross,1993)。他们花钱促进该协定。美国*《北美自由贸易协定》和与墨西哥出口加工区相关的个人、公司花了1 000万美元促进该协定。劳工组织、环保组织和其他反《北美自由贸易协定》的组织最终在他们的运动上花了不到1 000万美元。因此，商业利益集团似乎有可能利用其权力，确保《北美自由贸易协定》没有执行机制(Lewis,1993)。美国*《北美自由贸易协定》在运动的最后几个月花了800万美元(Kollman,1998)。

的通过。① 1993年10月底，众议院少数党党鞭纽特·金里奇（Newt Gingrich）称商业界的努力是"可悲"和无效的。② 商业界的动员被宣布为"一个笑话"，最终会"失败"。正如一名白宫官员所解释的："公司和贸易协会在草根阶层的表现非常糟糕。他们可以在减税和反对增税方面做得很好，但是，在重大政策问题上，他们根本不擅长让自己的员工联系国会。员工们没有坚持下去。"③

白宫的《北美自由贸易协定》顾问比尔·弗兰泽尔（Bill Frenzel）承认，1993年10月底，当地商业界的努力尚未取得成果。他说，"他已经和'几百个'国会议员谈过了，只有一个人收到了三分之一的支持《北美自由贸易协定》的邮件。其他议员报告称，发邮件反对协定的比例是100∶1，并且几乎没有人收到支持《北美自由贸易协定》的电话"。④ "美国 *《北美自由贸易协定》"州首席执行官向华盛顿总部抱怨称，总体上，对于商业界《北美自由贸易协定》不是一个突出的问题，因此，难以让中小企业加入联盟。⑤ 尽管商业界对《北美自由贸易协定》的支持肯定影响了它的通过，但是，公司利益集团的鼓吹并没有充分解释活动人士如何能够影响结果，以及为什么环保主义者比他们的劳工同行更能成功地促成环境附加协定。⑥

因为补充谈判并不是不可避免的零和游戏，因此一个更强有力的环境附加协定不必以较弱的劳工协定为代价。美国劳联—产联本可以更努力地推动加强保护，或者与环保人士更密切地合作，为这两项协定制定一个共同的底线。如果环境让步没有削弱立法领域的反对力量，美国劳联—产联通过来自草根政治领域的压力，在立法领域扼杀该协定的策略就可能会取得成功。环保主义者能够在谈判的所有阶段利用策略，在各州的各个领域之间发挥杠杆作用，成功

---

① 科尔曼（Kollman，1998）。关于其他商业组织的讨论，参见《美国贸易内幕》，1993年7月30日，第21—22页。
② 《美国贸易内幕》，1993年10月29日，第11页。
③ 引自科尔曼（1998）。
④ 《美国贸易内幕》，1993年10月29日，第11页。
⑤ 美国 *《北美自由贸易协定》的掌舵人来自大公司（Anderson，Cavanaugh and Gross，1993）。
⑥ 此外，证据表明，总的来说，商业利益集团在争取对《北美自由贸易协定》的支持方面相对不成功。罗斯滕科夫斯基对他们在支持"快速通道"方面的努力不足感到失望，他曾警告过一群商业领袖："如果你们想赢得这场战争，就要动起来。"（Cameron and Tomlin，2000：74）

地推进环保附加协定。事实上，如果环保主义者在门口等待和敲敲门，那么，他们可能什么也得不到。但是，在协定最后敲定前的几个月，他们决定在立法和跨国谈判领域之间集中施加压力，这一决定被证明是明智的，因为正是在这里，最终发生了讨价还价，最终的平衡导致了一个看似不可能而又没有预期到的结果。

虽然美国劳联—产联在贸易政策和立法领域的影响力大于环保主义者，但他们关心的问题之间的结构性差异暴露无遗。劳工关注点触及了墨西哥与美国经济关系的核心，以及它满足资本需求的手段。墨西哥谈判者对弱劳工协定的偏好远远超过了他们对弱环境协定的偏好。与之相反的是，克林顿总统需要劳工协定与环境协定具有相同的约束力。

在这场关于美洲大陆经济一体化的最后战役中，支持增长和反对增长的环保组织出现了分歧，以及支持增长的环保组织在补充协定中找到中间立场的能力，使得克林顿可以在未能满足工人关键要求的情况下宣称公平贸易目标的胜利。具有讽刺意味的是，劳工运动团结一致反对《北美自由贸易协定》的能力阻止了谈判代表对他们的分化，没有任何出面调解的工会组织让他们让步。工会集体拒绝接受一项软弱的劳工附加协定，这激励了主要决策者为通过协定而争取选票，而不是改进协定，以使工会愿意谈判。

结果：两个附加协定的比较

美国贸易代表肯特于 8 月 13 日宣布，劳工和环境附加协定已经完成，另一项进口激增协定也已经完成。这两项协定都包括了被美国谈判代表视为确保国会支持至关重要的贸易制裁措施。[①]《北美自由贸易协定》的一揽子计划包括

---

① 对加拿大来说，赔偿金会得到法院支持。制裁会被维持，直到支付罚金和根据争端解决小组的调查结果执行法律。在加拿大拒绝接受贸易制裁后的最后几个小时，加拿大得到了差别待遇。加拿大各省签订附加协定是完全自愿的。

资助边境沿线的环境基础设施项目和一个全面的工人调整计划。[1] 随着谈判的结束,补充协定的不平衡性充分暴露。劳工活动人士并没有实现其核心要求,即基本劳工权利保护,而支持增长的环保主义者得到的甚至比他们要求的更多。

尽管两项附加协定都强调了国内法律的执行和创建多边组织,但是,在范围和效力上,两项协定显然是不平等的。在劳工和环境补充协定及其创建的机构中有着广泛的相似之处,在接下来的描述中,我们将讨论他们最初编写的并旨在1993年发挥作用的补充协定。《北美环境合作协定》(*The North American Agreement on Environmental Cooperation*,NAAEC)和《北美劳工合作协定》(*North American Agreement on Labor Cooperation*,NAALC)侧重于执行国内法,以解决对《北美自由贸易协定》影响的关切。为了实现这一目标,两项协定都设立了一个委员会,由一个部长理事会和一个秘书处裁决与国内法有关的国际贸易事项中的相关争端。部长委员会分别由各国的环境部部长和劳动部部长组成,促进跨境合作,解决贸易协定中出现的争端。如果发现某个国家一直未能实施相关法律,就要对其处罚,最终还要实施贸易制裁。[2] 秘书处对部长委员会提供运行、研究与技术支持。[3]

然而,在范围、执行权力和公众参与方面,环境附加协定都要比劳工附加协定强大得多。虽然环境合作委员会(Commission for Environmental Cooperation,CEC)可以对任何国内环境法的执行做出裁决,但是,劳工合作委员会

---

[1] 《美国贸易内幕》,1993年8月16日,第1页、第5页;还可参见《美国贸易内幕》关于贸易政策领域的成员对协定支持的讨论,1993年8月20日,第4—5页。

[2] 争端解决和处罚的步骤是对等的,如果发现有违反国内法的行为但未予补救,则最高可处以2 000万美元的罚款。随着贸易水平的提高,最高罚款额增加,最终不超过货物贸易总额的0.007%。此外,对于加拿大,两份补充协定都提供了单独的惩罚程序。加拿大的每个省都被允许决定是否接受补充协定。不列颠哥伦比亚省、魁北克省和安大略省拒绝了。加拿大法院而不是委员会本身,收取劳动或环境罚款,并执行行动计划的简易程序,而不考虑是非曲直。虽然加拿大法院在130多年的历史中从未执行过类似的命令(Grayson,1995),但这项措施提供了一种机制,以尽量减少侵犯加拿大人民的权利。

[3] 这两份补充协定都鼓励各国之间分享技术和法律信息,并授权各委员会储存这些数据。在2006年丑闻中,三国悄悄地让《北美劳工合作协定》秘书处停止运作[与劳工合作委员会劳动法和经济研究原主任兰斯·康帕(Lance Compa)的私人交流]。参见 http://www.govexec.com/federal-news/2006/10。

(Commission for Labor Cooperation, CLC)在它可能涉及的劳动法方面受到相当大的限制。劳工合作委员会评估仅限于得到共同认可的劳动法，防止利用创新的、深究的或更具保护性的国内劳动法的纠纷解决机制。此外，劳动合作委员会只能在涉及职业安全和健康、童工或最低工资的纠纷中实施贸易制裁。墨西哥的最低工资水平远低于贫困线，使得最低工资标准成为有限用途的组成部分。违反保护组织、罢工和集体谈判权利的法律的行为只能诉诸部长级磋商，而且明显不在所涉贸易制裁清单上。劳工合作委员会禁止任何影响对独立工会活动和有意义的保护工人权利至关重要的工人权利的行动（Kay，2005，2011a，2011b）。

此外，环境合作委员会还包括非营利组织和非政府组织代表的制度化参与。《北美环境合作协定》成立了一个联合公共咨询委员会（Joint Public Advisory Council, JPAC），由每个国家的5名成员组成，为环境合作委员会提供建议。正如环境合作委员会（CEC）网站所述：

> 在《北美自由贸易协定》谈判期间，公民、公共利益团体和环保组织将贸易自由化的环境影响带入了自由贸易的辩论，这场辩论最终导致了附加协定《北美环境合作协定》的谈判和环境合作委员会的创立。联合公共咨询委员会的任务是就《北美环境合作协定》范围内的任何事项向环境合作委员会提供咨询意见。联合公共咨询委员会确保在向环境合作委员会提出建议时，考虑到北美公众的意见。这种对公众参与的承诺使环境合作委员会独一无二，并为其他国际组织提供了一个典范。①

《北美劳工合作协定》没有一个类似于联合公共咨询委员会的机构。《北美劳工合作协定》有能力召集一个专家评估委员会（Evaluation Committee of Experts, ECE）来解决一些公众提案，但是，它不能与联合公共咨询委员会相提并论。如果部长级磋商未解决提案，那么，任何国家都可要求设立专家评估委员会。专家评估委员会向劳工合作委员会提交最终报告。召集专家评估委员会

---

① http://www.cec.org/about-us/naaec.

只是为了审查与贸易相关的问题,共同认可的劳动法所管辖的问题,以及与童工、最低工资和职业健康安全相关的问题。①

专家评估委员会使非政府组织和公众能够直接向其跨国"公民就执行事项提交意见"机制提出执行失败的申诉。虽然非政府组织、工会和个人可以对《北美劳工合作协定》提出公开意见,但是,他们必须通过设在每个政府的劳工部国家行政办公室(National Administrative Offices,NAOs)提出意见。② 意见提交者必须遵守他们自己国家的国家行政办公室制定的规则。如果提交的材料被接受以供审查,国家行政办公室将对其进行评估,并随后可建议进行部长级磋商,这涉及跨国审查。所以,《北美劳工合作协定》的程序创设了意见提交跨国审查前的一个额外步骤。③ 委员会不同的结构和程序构成意味着专家评估委员会拥有更广泛的管辖权,在公众参与方面发挥更大的作用,而且,其比劳工合作委员会拥有更大的执行权力,劳工合作委员会缺乏对那些对独立工会活动和对工人的真正保护至关重要的工人权利采取行动的能力。

活动人士对附加协定的不满意

1993年8月13日,当附加协定揭开面纱时,反对《北美自由贸易协定》联盟中的活动人士集体表达了他们的不满,并誓言反对《北美自由贸易协定》的通过。来自三个国家的联盟成员在9月底举行了会议,讨论短期战略、中期战略和目标。大家一致认为,首要任务是在美国这个最有机会发挥影响力的国家挫败这项协定,并在墨西哥和加拿大加强对这个问题的公开辩论。他们在草根政治领域发起了前所未有的动员,旨在让公众知晓《北美自由贸易协定》,并向国

---

① http://www.cec.org/about-us/naaec.
② 现在,美国贸易和劳工事务局处理美国提交的意见。
③ 具有讽刺意味的是,通过刺激工会之间的跨国合作,《北美劳工合作协定》程序实际上获得了意想不到的好处。《北美劳工合作协定》的程序规则要求提交申诉材料的国家不是违反劳动法的国家。因此,关于在美国的违法行为的意见必须在墨西哥和/或加拿大提交申诉。这一规定不仅使工会在没有"外国"工会的协助情况下极难向"外国的"国家行政办公室提出申诉,而且为工会在跨国申诉方面进行合作提供了一种激励(Kay,2005,2011a)。

会议员施加压力。到 1993 年秋天,活动人士保持着在 43 个州都有全州联盟的参与者。他们举行新闻发布会,安排被选出的代表的当地见面会,安排边境旅行,挨家挨户地拉票,发起明信片投递活动,并举行公开抗议。

在草根政治领域和立法领域之间的杠杆作用再次显著地降低了协定通过的概率。在《北美自由贸易协定》斗争的最后阶段,甚至对于总统来说,国内胜负的不确定性也是显而易见的。支持《北美自由贸易协定》的院外活动家肯·科尔(Ken Cole)宣称:"《北美自由贸易协定》非同寻常。人们成群结队地出来……或支持或反对,他们实际上是在举行新闻发布会,宣布他们的立场。这是史无前例的,我是说,你不能这么做。"[1]他补充说:"我们基本上得到了所有共和党人的支持,正在达成这个目标。现在,我们正在与民主党徒手搏斗。"[2]支持《北美自由贸易协定》的领导人对补充谈判能否克服立法分歧表示怀疑。政府大多数高级官员的私人观点是,总统应该放弃协定,"掩盖自己的踪迹"。[3] 密歇根州支持贸易的共和党众议员弗雷德·厄普顿(Fred Upton)认为,"现在支持《北美自由贸易协定》就像支持国会加薪一样。人们的情绪完全反对这样做"。[4]

尽管有这些预兆,然而,克林顿总统还是想办法争取到足够的票数,在 1993 年秋天确保了《北美自由贸易协定》的通过。克林顿将个人贸易和非贸易方面附加费交给未结盟的国会议员,作为最后的努力,以确保有足够的票数通过协定。讽刺专栏作家乔治·威尔(George Will)指出,"选票出售,总统购买"。[5] 关于北美发展银行(NADBank)的协定花费了美国至少 2.5 亿美元,是最昂贵的协议之一,以获得 8 名拉丁裔立法者的支持。[6] 据估计,这些协定的成

---

[1] 引自麦克阿瑟(2000:257)。
[2] 同上。
[3] 引自《苹果》,1993。
[4] 霍克(Hook,1993:3014)。
[5] 威尔(Will,1993);还可参见《公民贸易运动》,1993。
[6] 刘易斯(Lewis,1993)。墨西哥和美国领导人同意通过单独的《美墨条约》,建立北美发展银行及其监督委员会、边境环境合作委员会(BECC)。北美发展银行与边境环境合作委员会承担资助美墨边境的环境基础设施项目。由于有了北美发展银行的协议,公开批评《北美自由贸易协定》的众议员埃斯特班·托雷斯(Esteban Torres)、拉扎全国委员会、西南部选民倡议以及墨西哥裔美国人法律保护和教育基金会都决定支持这项协定。

本从 3 亿美元到 44 亿美元不等。① 一名匿名商人补充说,"我没有想到,在一项贸易协定中看到这么多的零售政治。墨西哥政府着实对这个杂货店感到惊讶,这就是杂货店的本质"。②

最终,《北美自由贸易协定》依靠众议院微弱的投票优势通过。1993 年 11 月 17 日,众议院以 234 票对 200 票通过了该协定。③ 在很大程度上,投票的差距是由于出乎意料的大量共和党人的投票,102 名民主党人也投了赞成票。④ 领导反对《北美自由贸易协定》努力的博尼奥尔说,票数下滑的主要原因是由于共和党人的反对票不如预期的多。⑤ 美国劳联—产联的财务部部长多纳休将结果完全归咎于总统的能力,在如此接近的投票中向国会议员提供附加费。他说,"这次投票并不表明投票时间紧迫而无法强化运动。我们被共和党要了。但是,我们在投票中,拉来了很多民主党人。我们之所以被击败,是因为克林顿和共和党人做了文章"。⑥ 11 月 20 日,参议院以 61 票对 38 票通过了《北美自由贸易协定》。

补充谈判和开放国家渠道的重要性

虽然劳工和环保活动家几乎普遍认为《北美自由贸易协定》的通过是一个毁灭性的失败,但是,他们在威胁《北美自由贸易协定》通过的关键时刻,利用内部人和外部人策略影响了国家谈判的立场和策略。他们帮助确保了这样的结果:确立了将劳工权利和环境保护与贸易协定联系起来的新概念。《北美劳工合作协定》和《北美环境合作协定》在自由贸易协定中首次将贸易、劳工和环境权利联系在一起,这是前所未有的。如果不是活动人士不断施加压力,威胁着

---

① 刘易斯(1993)。《公民贸易运动》,1993 年 11 月 12 日。
② 维因斯(Wines,1993)。还可参见《公民贸易运动》,1993 年。
③ 众议院筹款委员会在 11 月 4 日以 25 票对 12 票正式通过《北美自由贸易协定》(《美国贸易内幕》,1993 年 11 月 12 日,第 8 页)。
④ 参加众议院投票的共和党人比预期多了 10 个。
⑤ 43 个共和党人投了反对票。
⑥ 2001 年 5 月 23 日对劳联—产联的汤姆·多纳休的个人访谈。

《北美自由贸易协定》的通过，这是根本不会存在的。事实上，通过建立劳工和环境委员会，以及让环保人士加入美国贸易代表的咨询委员会，他们实现了公平贸易关切的制度化。他们对国会议员进行了公平贸易问题的教育，并与关键议员建立了重要的联盟。环境和劳工问题与贸易的联系在贸易政策和立法领域得到了合法化。他们改变了贸易问题辩论的参数。

此外，在草根阶层的支持下，活动人士建立了一个广泛而多样的联盟，在以前小心谨慎的组织之间建立了重要的联盟。他们扩大了宣传网络，发展了组织基础设施，超越了反对《北美自由贸易协定》运动本身。最后，他们为即将在拉丁美洲和其他地区爆发的贸易斗争奠定了基础。公平贸易的倡导不会因为《北美自由贸易协定》的尘埃落定而结束。

第七章

反抗政府:《北美自由贸易协定》之后的贸易斗争

《北美自由贸易协定》墨迹未干,接下来的新一轮贸易斗争便开始了。1997年和1998年,克林顿总统寻求"快速通道"授权再延续。工会、环保组织及其国会盟友成功地予以反击,因《北美自由贸易协定》而对他进行了惩罚,拒绝给予他的一个新的谈判代表团以"快速通道"授权,使克林顿处于难以继续推动自由贸易协定的境地。这对克林顿贸易议程的影响是巨大的。没有"快速通道"授权,克林顿在两届任期的余下时间里无法通过任何其他自由贸易协定,这使得推动吸收中国加入世贸组织成为他唯一的另一项重大贸易成就。[①] 关于"快速通道"授权的失败,戴斯特勒写道:

> 依然如此,社会问题突然变成了贸易政策的重大影响问题。主要的参与者和机构没有准备好去应对这些问题。他们在1990年前被排除在贸易中心议题辩论之外,从而有助于促进两党达成共识。但是,现在他们强行走到了贸易政策的谈判桌前,大概是要留在那里了。(1995:269)

[①] 克林顿还取消了国会对中国贸易状况的年度审查以及相关的年度要求改善贸易准入。

公平贸易活动人士坐上了贸易政策的谈判桌。《北美自由贸易协定》永远地改变了劳工和环保主义者对贸易政策的理解和参与。这是一个分水岭式的协定,不仅在北美,而且在全球,为未来所有贸易政策辩论和围绕贸易的政治斗争奠定了基础。《北美自由贸易协定》对于改变全球经济规则是极为重要的。活动家们认识到,贸易政策以重要的新的方式与国内和国际问题联系在一起,因此,贸易政策的风险高得令人难以置信。他们致力于未来的贸易战。这就要求他们做好准备,积极主动地倡导贸易政策。在《北美自由贸易协定》之后,工会重新评估了关键的国内政策,并对其内部部门进行了重大改革,以应对区域经济的重构。例如,美国劳联—产联加强了其贸易工作组,重组了其国际和公共政策部门,并聘请了更多的经济学家和律师,专注于贸易问题。

活动人士的努力面临克林顿总统及其继任者新解决方案的困扰,克林顿总统及其继任者试图对活动人士及其观点边缘化,并试图维持支持增长的环保组织和反对增长的环保组织之间的分歧,以回应活动人士对贸易政策的对抗。保持排斥、分裂和保密的策略始于克林顿,在奥巴马政府时期达到顶峰。具有讽刺意味的是,奥巴马政府开始将贸易协定草案正式归类,并利用国家安全法威胁那些与官方咨询系统以外的人分享信息的人,这证明了活动人士动员起来反对《北美自由贸易协定》的影响。对新自由主义贸易政策和政策制定的反对是如此有效,以至于国家以破坏围绕贸易的民主实践作为回应。

在本章里,我们将探讨在《北美自由贸易协定》通过后,国家和活动人士如何继续他们与贸易政策的猫捉老鼠游戏。我们展示了活动人士是如何通过突出民主问题而不是劳工和环境权利,来应对有限的制度机会和进入权的。正如他们在《北美自由贸易协定》斗争期间所做的那样,活动人士继续反抗政府,试图在随后的贸易斗争中影响贸易政策。

克林顿陷入困境的后《北美自由贸易协定》贸易议程

克林顿政府试图通过非法化、分裂和挫败反对派来适应贸易政策的新政治化。虽然他在《北美自由贸易协定》斗争中的胜利让他更加大胆,但是,票差很小,并且,在1994年的选举中,民主党失去了对众议院的控制。克林顿决定在贸易上下双倍赌注。《北美自由贸易协定》生效尚不到一年,1994年12月在迈阿密举行的美洲首脑会议上,克林顿和美洲主要国家领导人提出了《美洲自由贸易协定》。《美洲自由贸易协定》将包括34个国家,并将自由贸易扩展到整个美洲,被吹捧为"注射了兴奋剂的《北美自由贸易协定》"(Roberts and Thanos, 2003)。在他的总统任期内,克林顿没有向公众提供任何有关《美洲自由贸易协定》的谈判文本。1995—1997年间,克林顿政府还进行了关于经合组织《多边投资协定》(MAI)的秘密谈判。1998年,一名经合组织的内部人士向一家加拿大非政府组织泄露了一份草案,该草案透露出该组织将创建与《北美自由贸易协定》第11章国际投资规则类似的"投资者—国家争端解决"(ISDS)机制,国际投资规则将取代国家法律,并"赋予企业在国家卫生、劳工或环境立法威胁到其利益时起诉政府的权利"。[①] 不久之后,关于经合组织《多边投资协定》的谈判失败了。来自劳工、环保和其他民间社团组织的压力,尤其是来自法国和加拿大的那些组织的压力,促成了经合组织《多边投资协定》的垮台。

  劳工、环保和其他组织的反自由贸易活动人士对克林顿政府致力于阻碍公众参与贸易谈判而感到愤怒。1997年,包括公民贸易运动(CTC)和负责任的贸易联盟在内的活动人士与拉丁美洲的活动人士携起手来,创建了西半球社会联盟(the Hemispheric Social Alliance),以反对《美洲自由贸易协定》。2001年4月,距离定于9月11日在魁北克市举行的第五届美洲自由贸易区峰会仅有几个月时间,超过6万名抗议者——人数空前——与警方发生冲突,国际公众全神贯注地关注着这一新闻。两年后,在2003年的迈阿密峰会上,抗议者再次聚集。到2005年,经过几年来大的劳工联合会和环境机构的不断施压,以及巴西、阿根廷和委内瑞拉等国对关键条款的拒绝,《美洲自由贸易协定》谈判陷入僵局,实际上扼杀了该协定。经过十多年的谈判之后,《美国自由贸易协定》在

[①] https://www.globalpolicy.org/globalization/globalization-of-the-economy-2-1/multilateral-agreement-on-investment-2-5.html.

阿根廷的马德普拉塔消亡了。

在《北美自由贸易协定》之后,所有后续的美国贸易协定都包括了劳工和环境内容,并且总体上,这些框架随着时间的推移均得到了加强。最重要的是,自《北美自由贸易协定》通过以来,劳工和环境权利的结合作为公平贸易原则的一个关键内容得到了巩固。1999年"西雅图战争"(Battle of Seattle)爆发,活动人士蜂拥而至,抗议世贸组织谈判,并与警方发生暴力冲突。此后不久,克林顿总统发布了第13141号行政命令,承诺"在制定贸易谈判目标时考虑环境因素"。一些观察人士将这两起事件联系在一起,正如一份为国会准备的报告所指出的,"一些人认为,这项行政命令是克林顿政府对此前以及WTO谈判期间所表达的美国贸易政策对环境影响的批评的回应"。[1]

在《北美自由贸易协定》通过后,迫于劳工和环保活动人士的压力,克林顿政府确实寻求了他们的反馈意见,并在美国经济影响最小的低风险的《美国—约旦自由贸易协定》上,有了一些透明度。2000年9月,美国贸易代表办公室发布了一份经济影响研究报告和一份关于该协定影响的环境评估草案,并公开征求了劳工和环保组织的意见。美国劳联—产联、塞拉俱乐部以及其他主要的环保组织做出了回应,要求将劳工和环境标准写入协定文本,而不是像《北美自由贸易协定》那样通过附加协定加以规定。

美国贸易代表办公室最终回应了来自活动人士及其立法盟友的压力,首次将劳工和环境问题纳入协议的主文本,而不是通过附加协定做出规定。与侧重于执行国内法的《北美自由贸易协定》不同,《美国—约旦自由贸易协定》明确规定,组织权和集体谈判权交给争端解决机制程序,对待组织权和集体谈判权就像对待其他贸易扭曲一样。虽然美国贸易代表在2000年完成了《美国—约旦自由贸易协定》的谈判,但是,国会直到2001年布什政府时期才通过该协定。除了中国长期不变的正常贸易关系地位(这为中国加入世贸组织铺平了道路),在克林顿总统的两届任期内,他设法谈判并在国会通过的唯一贸易协定就是

---

[1] Mary Jane Bolle," U. S.-Jordan free trade agreement,"congressional research service report for congress,december 13,2001,http:// congressionalresearch. com/rl30652/document. php? study=u. s.-jordan+free+trade+agreement.

《北美自由贸易协定》。

乔治·W.布什:用低风险的地区和双边协定巩固《北美自由贸易协定》模式

在乔治·W.布什执政期间,"快速通道"机制继续成为国会争议的问题。2002年末,在布什上任后不久便开始的长达两年的斗争之后,国会在深夜投票之后仅以两票之差重新启动了"快速通道"授权[重新更名为贸易促进授权(Trade Promotion Authority,TPA)]。获得贸易促进授权后,布什总统制定了一个雄心勃勃的贸易议程,其中包括通过世贸组织启动新一轮多边谈判(多哈回合发展谈判)。2003年墨西哥坎昆会谈停滞,多边谈判陷入僵局,美国政府采取了"竞争自由化"战略(Destler,2005),转向中东和拉丁美洲的双边和区域协定,并施加压力,要求"愿意"的国家在未来的谈判中签署多边协定(Choriv,2009)。

当《美洲自由贸易区协定》于2005年在马德普拉塔消亡时,美国政府采用了自愿联盟战略,试图孤立巴西、阿根廷、加勒比海地区以及其他拒绝美洲自由贸易区的国家,在《北美自由贸易协定》之后,这是美国的战略模式。这样便有了美国与中美洲五国(哥斯达黎加、萨尔瓦多、危地马拉、洪都拉斯和尼加拉瓜)以及多米尼加之间的《多米尼加—中美洲自由贸易协定》(CAFTA-DR)。政府还开始与秘鲁、巴拿马、哥伦比亚、玻利维亚和厄瓜多尔的双边谈判,并恢复了克林顿政府时期就已开展的与智利的谈判。此外,还寻求建立一个美国—中东自由贸易区,并为此启动了与摩洛哥、巴林、阿曼、埃及、沙特阿拉伯、阿拉伯联合酋长国、科威特、卡塔尔和也门的谈判(1985年与以色列达成协定)。美国贸易代表还启动了与澳大利亚的谈判,接管了克林顿总统开启的与新加坡的谈判,并致力于克林顿任期结束而未获通过的与约旦达成的协定。

在布什总统任职期间,他对贸易政策的最大影响是,通过与14个国家签署自由贸易协定并发起世贸组织多哈回合谈判,巩固了《北美自由贸易协定》作为自由贸易协定的典范。尽管他雄心勃勃,但这些协定中,很少有具有重大经济或政治意义的。在他的第一个任期内,布什引导国会通过了四项双边协定:约旦、智利、澳大利亚和新加坡。在他的第二个任期内,国会批准了《多米尼加—中美洲自由贸易协定》,以及与巴林、摩洛哥、阿曼和秘鲁的双边协定。一般来说,这些协定的经济效益很小。例如,与巴林的贸易占比微乎其微,而阿曼占美国所有货物贸易不到 0.5%(Choriv,2009:137—140)。

一定程度上,布什总统雄心勃勃的贸易议程受到阻碍,原因是立法者在他的两届任期内获得了一些影响力(Choriv,2009)。在集结公众反对派的活动人士的支持下,立法者有一个独特的机会向政府施压,寻求劳工和环境方面的让步——就像他们在《北美自由贸易协定》谈判中所做的那样。此外,面对经济利益不大——因此政治风险较低——的贸易协定,为立法者提供了掩护。与《北美自由贸易协定》不同,这种协定的政治不良后果一定是较小的。正如科瑞夫(Choriv)解释的:

> ……布什政府启动了大量的谈判,签署了许多协定,但难以获得国会的批准,特别是在 2006 年大选之后。这不是因为国会一反常态的贸易保护主义,也不是因为布什的党派。相反,布什自己偏爱双边主义而非多边主义的战略,给了美国国会充分的机会来努力行事。每一项双边或地区协定都为批评者提供了一个舞台,从而国会可以用要求让步的方式对抗政府。因此,有点讽刺的是,双边战略为国内行动者提供了更大的影响力,这些行动者抓住机会放慢了布什的议程。(2009:144)

满足国会通过的劳工和环境条件的需要为布什保持贸易政策的一定透明度和公众参与提供了额外的激励。与克林顿总统没有公布《美洲自由贸易区协定》草案不同,布什政府公布了《美洲自由贸易区协定》的 3 份草案文件。第一份草案是在 2001 年提出的,谈判开始 7 年之后,也是布什就职的那一年;第二份草案和第三份草案分别是在 2002 年和 2003 年公布的。

布什总统还与国会议员分享了谈判草案和战略。这种透明度使得活动人士和他们的支持者盟友能够施压要求让步,尽管压力较小。事实上,国会对通过《美国—新加坡协定》的争论,很大程度上集中在劳工和环境条款的影响上,成为后续贸易协定的模板。[①]《美国—新加坡协定》包括一个扩展的部分,涉及与约旦的贸易协议,以及一个关于劳工合作机制要求的两页附件。它肯定了国际劳工组织关于工作中的基本原则和权利的宣言,并声明通过削弱保护来鼓励贸易是不适当的。与《北美自由贸易协定》一样,重点在于强制执行本国的劳工法。与《北美自由贸易协定》不同的是,监督争端解决的联合委员会特别包括劳工。然而,每次违规的损害赔偿都限制在通货膨胀调整后的 1 500 万美元以内,这一点受到广泛批评并认为是该协定的不足。

对布什政府来说,《多米尼加—中美洲自由贸易协定》尤其具有争议性。在多米尼加,协定的通过需要全民公决投票,工会、劳工联合会和民间社会组织在美国劳联—产联、加拿大劳工大会和国际工会联盟的支持下,发起了一场大规模的反对运动。虽然他们输掉了这场斗争,但是,活动人士向布什政府施压,要求其通过与美国国际开发署、美国国务院以及《多米尼加—中美洲自由贸易协定》国家合作制订的行动计划中包括由环境保护署执行的环境合作协定。在活动人士认为缺乏劳动法执行机制是该地区协定的主要问题之后,作为协定的一部分,布什同意拿出数百万美元,用于在中美洲雇佣和培训新的劳动监察员。美国贸易代表还将劳工权利条款作为协定的一个章节,而不是作为附加协定。

在 2006 年大选之后,布什政府与民主党人的关系陷入僵局,民主党人对于批准已经谈判和签署的各项协定至关重要。民主党人利用他们的影响力,推动更高的劳工和环境标准。由此产生的"5 月 10 日妥协"——由民主党众议院议员查理·兰格尔(Charlie Rangel)和桑德尔·莱文促成——迫使布什总统(但不是未来的政府当局)修改已经签署的协定,并采用更强有力的国际标准,正如科瑞夫解释的:

> 新的条款将要求执行和强制执行多边环境协定,采纳和维持它们自己的劳工法以及国际劳工组织的五项核心标准。这些立场

[①] Robert A. Rogowsky and Eric Chyn, 2007. "U. S. Trade Law and FTAs: A Survey of Labor Requirements. International Trade Commission. *Journal of International Commerce and Economics*. http://www.usitc. gov/publications/332/journal/trade_law_ftas. pdf.

禁止强迫劳动、童工和工作场所的歧视,同时,保护工人组织工会和集体谈判的权利。新指针适用于劳工标准的执行机制,与治理其他领域纠纷的执行机制相同,可能导致惩罚性关税,而不仅仅是罚款。(2009:141)

一旦5月10日妥协到位,布什政府被迫与哥伦比亚、秘鲁、巴拿马和韩国重新谈判贸易协定,纳入其规定,以提高协定通过的可能性。例如,在环境方面,2007年美国和巴拿马之间的协议规定,巴拿马政府在履行环境承诺方面的责任与要求政府履行从市场准入到知识产权保护等所有其他承诺的责任水平相同。此外,两国同意不以任何方式削弱现行环境法或降低环境保护水平,无论如何,不可以这样的方式使国内生产商相对于其他国家的出口商具有优势。该协定还创建了一个公开提交程序,通过一个独立的环境执法事项秘书处和环境事务委员会来监督环境章节的执行情况,该章节要求公众参与。①

在执政八年后,布什总统能够通过国会订立9个自由贸易协定,但是,大多数协定是相对不那么重要的,只占美国所有商品贸易的很小一部分。如果仅以经济影响来衡量,始于雄心勃勃的贸易议程的自由贸易协定对他的政府和共和党来说几乎毫无意义。但是,在政治方面,他的成就意义重大。他锁定了《北美自由贸易协定》的模式,将其扩展到其他9个贸易协定。虽然活动人士及其国会盟友能够阻挠布什的议程,迫使后者小幅加强劳工和环境保护,但是,他们对美国贸易政策的方向深感不满。不久,他们便指望即将上任的民主党总统加强未来的贸易协定。

奥巴马:将贸易谈判作为机密信息

作为参议员,巴拉克·奥巴马曾批评贸易协定缺乏强有力的劳工和环境保护,并投票反对《多米尼加—中美洲自由贸易协定》。作为总统候选人,奥巴马明确表示支持实行保护劳工和环境的自由贸易。在民主党初选期间,他甚至多

---

① 《美国—巴拿马贸易促进协定》。

次承诺,如果当选,将对《北美自由贸易协定》进行重新谈判。他说,"《北美自由贸易协定》的缺点在签署时就已经显而易见,我们现在必须修改协定来弥补它们"。① 在 2008 年的总统大选中,奥巴马以压倒性优势获胜,赢得了中西部的所有州(2012 年他再度重演了这一幕,除了印第安纳州)。活动人士满怀希望。正如 2009 年一位塞拉俱乐部的贸易专家向《纽约时报》记者解释的那样:"我们显然对奥巴马在竞选过程中所说的需要认识到《北美自由贸易协定》的缺陷并加强它感到非常鼓舞。……我们渴望与政府合作,进行这样的讨论。"②

然而,在奥巴马的第一个任期开始时,他面临着自大萧条以来最严重的经济危机。他很快就背弃了重新谈判《北美自由贸易协定》的承诺,并且在 2009 年 8 月,他与墨西哥总统考尔德伦(Calderon)和加拿大总理史蒂芬·哈珀(Stephen Harper)的首次《北美自由贸易协定》官方峰会上,重新谈判协定的事情没有摆在桌面上。正如奥巴马解释的那样:"在全球经济急剧萎缩、全球贸易萎缩之际,我们可能希望在未来几个月内让经济更加稳定,然后,再就进一步的贸易谈判进行长时间的讨论。"③

尽管他不愿意重新谈判《北美自由贸易协定》,但奥巴马立即继续推动布什总统启动的贸易协定,从与哥伦比亚、韩国、巴拿马以及太平洋沿岸国家的贸易协定扩展到《跨太平洋战略经济伙伴关系协定》,这个协定最初包括文莱、智利、新加坡和新西兰。到 2008 年,已有 8 个国家加入了重新命名的《跨太平洋战略经济伙伴关系协定》(TPP)的谈判,这些国家包括美国、墨西哥、秘鲁、加拿大、澳大利亚、日本、马来西亚和越南(其他国家表示有兴趣最终加入 TPP)。在 2013 年的国情咨文中,奥巴马总统呼吁与欧盟就自由贸易协定进行谈判,并在 2 月,第一轮谈判开始讨论《跨大西洋自由贸易协定》(TAFTA),后来该协定更名为《跨大西洋贸易与投资伙伴关系协定》(TTIP)。

《美国—哥伦比亚自由贸易协定》尤其具有争议性,因为该国因高频率暗杀劳工活动人士和工会领导人而臭名昭著。与他的前任一样,考虑到与哥伦比亚

---

① http://www.thenation.com/article/obama-needs-keep-promise-rewrite-nafta.

② http://www.nytimes.com/2009/04/21/business/21nafta.html?_r=0.

③ http://www.democracynow.org/2009/8/11/obama_reverses_campaign_pledge_to-renegotiate.

签订的低风险协定,奥巴马给予劳工活动人士一定的透明度。美国和哥伦比亚工会共同一致反对《美国—哥伦比亚自由贸易协定》,将投票推迟了好几年。最终,劳工活动人士的反对迫使奥巴马总统在国会投票前与哥伦比亚总统胡安·曼努埃尔·桑托斯(Juan Manuel Santos)就劳工行动计划进行谈判,以解决劳工权利问题,包括哥伦比亚工会成员的高暗杀率问题。尽管工会嘲笑该计划走得不够远,但是,他们承认该计划确实有"几个有意义的条款"①,而且"在某些领域取得了有限的进展"。②

在《跨太平洋战略经济伙伴关系协定》谈判期间,奥巴马政府运用《信息自由法案》(Freedom of Information Act)提高了保密程度,按照法案,谈判文件因国家安全免于公开,限制公众获取信息。奥巴马政府还要求《跨太平洋战略经济伙伴关系协定》成员国同意签署一份保密协议,在协议签署或谈判破裂后的5年内,除最终文本外,其他谈判文件不得泄露。最后,他们开始将协定文本视为机密信息,并威胁接触文本的顾问们,如果向同事和选民透露文本,将被起诉。政府官员还阻止许多国会议员及其工作人员接触文本和评论文本。正如一名记者所言:"政府将贸易谈判文本视为机密信息。"③按照活动人士的说法,在几次泄密事件发生后,美国贸易代表米歇尔·弗罗曼(Michael Froman)希望能够惩罚那些讨论接触到简报的人,并通过声称反对者对协定一无所知来排斥反对者。一位俄亥俄州立大学法学教授在 2015 年《纽约时报》的专栏文章中解释了政府保密的正义性:

> 美国贸易代表办公室采用的保密程度并不是大多数国际协议谈判的典型方式。甚至这不是我们谈判对手所说的,即他们想要的操作方式。然而,这是奥巴马政府掌控贸易协定的方式,掌控从两年多前失败的反伪造协定到今天的《跨太平洋战略经济伙伴关系协定》。贸易代表办公室将贸易文件作为国家安全信息保密,声

---

① http://web.archive.org/web/20170307214844;http://www.aflcio.org/issues//Trade/Colombia/Colombia. 2017 年 3 月以来网站档案自动搜索。
② 美国劳联—产联关于"哥伦比亚劳工行动计划无效性"的备忘录,2011 年 10 月 4 日。
③ http://www.huffingtonpost.com/2014/05/19/trade-fracking_n_5340420.html.

称谈判文件(包括美国官员所写的工作文本)都是"对外的政府信息"。在贸易问题上保密的正当理由是,谈判就像一场扑克牌游戏:谈判者不希望过早暴露自己的手段,或者受到国内相关选民的压力。但是,贸易代表办公室过于强调这个逻辑了。在 2002 年的一场诉讼中被迫交出文件之后,贸易代表办公室开始定期对贸易文件进行分类。现在,贸易代表办公室使用分类法,援引国家安全豁免权来应对要求公开政府法律的问题。[1]

奥巴马政府的谈判策略缺乏透明度和参与度,令许多工会、环保组织和其他民间社团组织感到愤愤不平。具有讽刺意味的是,甚至连普遍支持自由贸易的保守派共和党人也感到愤愤不平。正如媒体报道的那样:

多年来参众两院的民主党人一直在抱怨奥巴马政府应用于《跨太平洋战略经济伙伴关系协定》的保密标准,迫使国会议员跨过障碍去看新协定文本,并阻止工作人员参与。2012 年,参议员罗恩·怀登(Ron Wyden)抱怨说,当他的办公室受到阻碍时,公司游说者可以轻易接触到协定文本……[2]

2012 年 5 月 15 日,众议院监督委员会主席达雷尔·伊萨(Darrell Issa,加利福尼亚州众议员)在自己的网站上呼吁在谈判过程中提高透明度,并将跨太平洋协定的整个知识产权章节草案泄露给了公众。尽管通过法律上模糊的渠道这份文件之前在网上就能获取,但伊萨的举动极大地增加了政府与公众分享更多关于这项协定信息的政治压力。[3]

在 2012 年写给奥巴马总统的一封信中,参议员怀登谈到了政府未能遵守 2002 年的贸易法案,该法案要求行政部门与所有国会议员分享贸易文件:

总统先生,国会在 2002 年通过立法,成立国会监督小组(Congressional Oversight Group,COG),以促进美国贸易代表与国会的

---

[1] http://www.nytimes.com/2015/04/14/opinion/dont-keep-trade-talks-secret.html.
[2] http://www.huffingtonpost.com/2014/01/11/fast-track-trade-democrats_n_4580720.html.
[3] http://www.huffingtonpost.com/2012/05/23/trans-pacific-partnership-ron-1540984.html.

更多磋商。2002年我成为参议员。我投票支持这项法案,我可以告诉你们,这项法案的目的是确保美国贸易代表办公室与更多的而不是更少的国会议员磋商。在弄清楚为什么拒绝向我的工作人员提供信息的过程中,似乎发现,行政部门的一些人会这样解释法案,成立国会监督小组意味着只有少数国会议员即属于国会监督小组的议员可以获得贸易谈判信息,而其他国会议员及其工作人员无须接触谈判信息。因此,这不只是一个被批准的工作人员是否应该接触《跨太平洋战略经济伙伴关系协定》谈判信息的问题,这是一个是否政府相信大多数国会议员能够或者应该在贸易谈判中有发言权的问题。我再次投票赞成那个法案,我强烈反对这样的解释,有人认为一项旨在促进与国会更多协商的法律意在限制,这种解释是令人不快的。我——以及我的绝大多数同事和他们的职员——仍然无法充分理解美国贸易代表办公室在协议中寻求的东西……[1]

怀登参议员在信的最后通知总统,他打算提出立法案,澄清国会监督小组的法律地位:"……给予所有国会议员和工作人员获得适当许可的机会,了解贸易谈判的实质内容。"[2]即使是管辖权委员会的资深民主党职员也被拒绝接触跨太平洋战略经济伙伴关系协定文件,媒体和公众完全被蒙在鼓里。2013年,耶鲁大学法学院的媒体自由和信息获取诊所(Media Freedom and Information Access Clinic)对美国贸易代表办公室提起诉讼,指控其未能根据《信息自由法案》向记者提供获取《跨太平洋战略经济伙伴关系协定》相关文件的途径,这个提请已经于2012年备案。据《华盛顿邮报》的报道:

根据周三的诉讼,美国贸易代表办公室用了将近一年的时间来回应这一请求,美国贸易代表办公室拒绝向记者威廉姆(William)提供新闻报道需要的大部分文件。相反,美国贸易代表办公

---

[1] http://www.wyden.senate.gov/news/blog/post/iycmi-wyden-statement-introducing-congressional-oversight-over-trade-negotiations-act.

[2] 同上。

室回应说,"在《跨太平洋战略经济伙伴关系协定》谈判各方之间流传的《跨太平洋战略经济伙伴关系协定》草案按照第 13526 号行政命令归类"。该行政命令关乎国家安全信息。"对我们来说,这些文件中的任何一份都应该被保密,这似乎很令人困惑。"耶鲁大学法学院学生约书亚·维格尔(Joshua Weinger)认为,因为他们寻找的文件涉及版权和专利法,通常不被视为国家安全问题。美国贸易代表办公室还拒绝提供有关美国贸易代表办公室与行业组织之间通信的信息,辩称这些通信属于"审议程序特权"(Deliberative Process Privilege)范畴,旨在保护行政部门内部审议的机密性。①

国会议员和批评人士迅速指出,在透明度和公众参与贸易谈判方面,奥巴马总统与他的前任分道扬镳。关键问题之一是国会议员:(1)在 2012 年之后只能看到《跨太平洋战略经济伙伴关系协定》文本;(2)在工作人员不在场的情况下只能看到《跨太平洋战略经济伙伴关系协定》文本(工作人员根本不允许看到文本);(3)只能在国会大厦的一个保密室里看到文本;(4)一次只能看到几个章节;(5)在进入保密室阅读《跨太平洋战略经济伙伴关系协定》文本之前不得不交出手机;(6)在保密室不能做笔记;(7)不能谈论《跨太平洋战略经济伙伴关系协定》文本。当被记者问及奥巴马在贸易协定方面的隐瞒程度是否"真的是前所未有的",劳联—产联的政策主管和特别顾问回答说:"过去 20 年左右亲自参与贸易谈判的人普遍认为这是他们经历过的最秘密的过程。"②一位贸易政策分析家赞同这些观点,并强调即使是奥巴马政府的安全许可顾问也无法接触文本:

> 但是,像我这样的《跨太平洋战略经济伙伴关系协定》批评人士指出协定诸多缺陷的能力受到了限制,因为政府令人惊讶地、史无前例地拒绝修改《跨太平洋战略经济伙伴关系协定》中的措辞,

---

① http://www.wyden.washingtonpost.com/news/blogs/the-switch/wp/2013/12/18/obama-administration-sued-over-its-secretive-trade-negotiations.

② http://therealnews.com/t2/index.php? option = com_content&task = view&id = 31&Itemid = 74&jumival=13986.

以供获得批准的顾问充分使用。比尔·克林顿不是这么做的。在关于《北美自由贸易协定》辩论中,作为民主党领导层审查过的顾问,我桌子旁边的保险箱里有一份完整的文本复印件,并定期听取关于谈判细节的简报,包括墨西哥和加拿大提出的反建议。在《跨太平洋战略经济伙伴关系协定》谈判期间,美国贸易代表从未分享过其他《跨太平洋战略经济伙伴关系协定》伙伴提出的建议。在很多方面,今天的磋商比过去的政府要严格得多……尽管通过了审查,并且有提供建议的法定义务,但顾问们并不能获得一个理智的人完成这项工作所需的所有材料。谈判代表向我们提供"建议",但这些只是向贸易伙伴提出的初步建议。我们不允许看到我们的贸易伙伴提出的反对意见。①

批评人士还强调,乔治·W.布什领导下的保守的共和党政府在贸易文件方面比奥巴马政府更为坦率。正如一名记者所报道的那样:"《跨太平洋战略经济伙伴关系协定》的实际文本仍然处于封锁状态。这代表了与布什政府的重大决裂,布什政府在2001年公布了拟议的与拉丁美洲国家的多边贸易协定文本。"②

当然,许多自由贸易倡导者和反对者将协定的垮台归因于布什政府公布的《美洲自由贸易协定》草案文本。2012年路透社的一篇文章引用了2009—2013年奥巴马政府期间美国贸易代表罗恩·柯尔克(Ron Kirk)的话,他将谈判失败归咎于美洲自由贸易区协定文本的发布。

"在发布和不发布之间总是存在紧张关系。"柯尔克说,值得注意的是,大约10年前,谈判代表公布了拟议的《美洲自由贸易区协定草案》,但随后未能达成最终协议。③

美国劳联—产联贸易专家塞莱斯特·戴瑞克(Celeste Drake)也提到了布

---

① http://www.politico.com/magazine/story/2015/05/tpp-elizabeth-warren-labor-118068.html#.ValCQEXOaTc.
② http://www.salon.com/2015/02/06/the_depressing_explanation_why_the_trans_pacific_partnership_is_being_kept_secret_partner.
③ http://www.reuters.com/article/2012/05/14/us-usa-trade-kirk-idUSBRE84CoAQ20120514.

什政府贸易文件的发布,但得出与美国贸易代表罗恩·柯尔克完全不同的结论:

> 在布什政府时期,前任美国贸易专家罗伯特·佐立克(Robert Zoellick)说让我们完全透明,让我们在线发布《美洲自由贸易协定》的实际工作文本。人们会看到我们在做什么,他们就不会害怕我们关起门来所做的事情。然后,接下来就是谈判破裂了。所以,也许我们学到了错误的教训,如果你公开自己的所作所为,就不能做交易。我认为——你知道的,在某种程度上,如果你公开你在做什么,你的所作所为对公众不利,这就是正确的答案。

2015年4月22日,参议员伊丽莎白·华伦(Elizabeth Warren)回应了这一观点,当时她发表了一份声明,谈到《跨太平洋战略经济伙伴关系协定》谈判的保密性,当时正处在围绕"快速通道"授权延续而展开的西雅图战争的高潮阶段。

> 你看到新贸易协定《跨太平洋战略经济伙伴关系协定》中的内容了吗?最有可能的是,你还没有,也不用费心去谷歌搜索了。政府不希望你看到这个庞大的新贸易协定。这是最高机密。为什么?人们给我的真正答案是:"我们不能公开这项协定,因为,如果美国人民看到里面的内容,他们会反对的。"如果美国人民看到贸易协定就会反对,那么,这项协定就不应该成为美国的法律。[①]

对《跨太平洋战略经济伙伴关系协定》和《跨大西洋贸易与投资伙伴关系协定》保密的愤怒并不仅限于美国。新西兰发表的一篇专栏文章捕捉到了活动人士的不满:

> 新西兰重新制定全球贸易规则的雄心壮志是前所未有的,其影响包括跨国公司有能力要求新西兰修改法律。这是对新西兰主权最大的威胁之一。然而,当你仔细考虑利害攸关的问题时,不同寻常的是,尽管来自许多行业多次请求,但政府一直拒绝透露任何

---

① http://therealnews.com/t2/index.php? option = com _ content& task = view& id = 31& Itemid = 74& jumival = 13986。

正在谈判的细节,甚至是向专家小组或特别委员会透露。此外,令人不安的是,尽管谈判对新西兰公众完全隐瞒,但600多家美国公司可以得到谈判信息,他们似乎影响了谈判进程。这些公司很可能会设定一些条款,以增进他们的利益,而不是新西兰人民的利益,新西兰人民甚至不能确定他们的哪一项利益受到了威胁。①

这样保密的国际后果是显而易见的。如果美国公众对这些谈判一无所知,那么,世界其他国家也是如此。

许多国家对这些协定的批评者指出,奥巴马政府——特别是与其贸易伙伴签订的必要的保密协议——是保密的根源。2014年,在欧洲各地非政府组织和活动人士的敦促下,欧盟欧洲监察使(European Ombudsman,EO)发起了一项针对欧盟委员会(European Commission,EC)在《跨大西洋贸易与投资伙伴关系协定》谈判中的保密性的调查。2015年1月,欧盟欧洲监察使建议欧盟委员会积极主动地向公众提供更多的谈判文件,并在谈判过程中让更多的公众参与且公开相关信息。尽管这些建议并不具有约束力,欧盟委员会还是公布了一些谈判文件。正如新西兰专栏文章指出的那样:

> 考虑到欧盟委员会已经决定发布一系列《跨大西洋贸易与投资伙伴关系协定》的谈判文件,围绕《跨太平洋战略经济伙伴关系协定》的秘密更加令人费解。欧盟监察使(申诉专员)表示,"委员会必须告知美国一些做法至关重要,特别是在《跨大西洋贸易和投资伙伴关系协定》最终敲定之前,欧洲公众可以获得共同谈判案文,(以便)就协议中构成的特殊问题的部分,及时向谈判者提供反馈。早了解问题比晚了解问题更好"。②

德国媒体强调指出了在奥巴马政府的坚持下,美国在华盛顿实施的严厉安全措施是如何在欧洲复制的。

美国的立场有所软化。直到5月份,欧盟成员国才能看到合并

---

① 原博客强调的内容发布于 http://elizabethwarren.com/blog/you-cant-read-this。
② http://www.stuff.co.nz/the-press/opinion/66574397/Academics-condemn-secrecy-over-Trans-Pa-cific-Partnership-Agreement。

文本。在布鲁塞尔的美国代表团有一间阅览室,在那里,经批准的官员可以查看文件草稿。在成员国的压力下,布鲁塞尔与华盛顿谈判,使文件更容易获得。双方同意在美国驻欧洲的大使馆设立阅览室。目前的安排是基于华盛顿的做法,特定官员可以获得批准,在保密室里阅读贸易文件草稿……许多人认为这个过程仍然不够透明……那些已经通过审查的官员只能一次进入两个阅览室,一周两次,每次两小时。并且,他们只能用铅笔、钢笔和纸做有限的笔记……①

随着反对《跨太平洋战略经济伙伴关系协定》和《跨大西洋贸易与投资伙伴关系协定》的示威在欧洲、澳大利亚和新西兰迅速蔓延,抗议者的主要议题是谈判缺乏透明度和参与度。在他们看来,民主实践已经黯然失色,为企业权力服务,激发人们动员起来反对协定,而各国政府决定执行这些协定。

改进贸易政策的努力

奥巴马政府对《跨太平洋战略经济伙伴关系协定》的保密可以说帮助铺平了协定失败的道路。它制造了巨大的猜疑,激怒并疏远了具有前瞻性的国会盟友和民间社团盟友。如果没有必要的信息有意义地参与进程,再加上贸易政策官员坚决拒绝修改任何改进劳工和环境保护的条款,活动家们影响贸易政策的唯一选择就变成了零和博弈,要么尽力通过选举结盟的政治家,要么尽力通过对当局提出不同挑战,让一切照旧变得不可能,来扼杀《跨太平洋战略经济伙伴关系协定》和未来的协定。在《北美自由贸易协定》之后的贸易战中,活动人士改善贸易协定的努力利弊参半。他们与国会盟友一道施加的压力迫使布什总统默许了5月10日的妥协。由于这一妥协只适用于布什正在谈判的贸易协定,活动人士寻求制定具有约束力的立法,对未来的所有贸易协定做出类似

---

① http://www.stuff.co.nz/the-press/opinion/66574397/Academics-condemn-secrecy-over-Trans-Pacific-Partnership-Agreement.

规定。

在奥巴马当选总统后,工会和环保组织帮助起草了 2010 年的《贸易改革、问责制、发展和就业(Trade Reform, Accountability, Development and Employment,TRADE)法案》(仿效 2008 年的立法),该法在 2009—2010 年的国会会议上被重新提出,被称为"通向新的贸易和全球化政策的进步之路"。[1] 拟议的《贸易改革、问责制、发展和就业(TRADE)法案》要求美国国家审计总署审查现有的自由贸易协定有关的各种经济、人权、社会和环境指标。它制定了必须纳入所有贸易协定正文的规则,包括核心劳工标准、人权、环境和消费者保护权,并要求弥补新规则与现有协议之间的差距。最重要的是,活动人士要求该法案要有劳动和环境条款的争端解决和执行机制,至少要像贸易协定的商业条款一样严格。活动人士希望,这项立法将"体现 2008 年民主党政府承诺的改革,以及奥巴马总统和 2006 年、2008 年当选的 71 名众议院和参议院议员在竞选中做出的承诺,这些议员投票支持《北美自由贸易协定》(NAFTA)和《世界贸易组织》(WTO)"。[2] 共同发起人超过 160 人,但达成通过的票数不足,因此,该法案从未付诸表决。可是,有超过 350 家工会组织和其他民间社团组织推动了这项立法。

由于支持基于《北美自由贸易协定》建立的贸易协定模式的利益集团竭力捍卫自己的利益,并对民主党和共和党的总统产生影响,活动人士对单个贸易协定内容的塑造和影响力受到严重限制。因此,工会和环保组织试图通过在国会和白宫的选举和发展盟友活动,使他们对工人和环境更加友好。美国劳联—产联的策略发生了根本性的转变,《北美自由贸易协定》时代的策略是支持亲近劳工的民主党立法者,而不考虑他们对单个贸易协定的立场如何。而在《跨太平洋战略经济伙伴关系协定》和《跨大西洋贸易与投资伙伴关系协定》的斗争中,美国劳联—产联决定动用其政治和财务资源的全部力量,迫使立法者投票反对《跨太平洋战略经济伙伴关系协定》,并惩罚那些不反对的人。

---

[1] http://www.dw.com/en/german-frustration-builds-over-ttip-secrecy-from-us/a-188190097.
[2] http://www.citizen.org/document/TRADEActFactSheet-HILL020210.pdf.

第七章　反抗政府：《北美自由贸易协定》之后的贸易斗争　　167

2015年春天,美国劳联—产联宣布,在"快速通道"投票之前,将冻结所有国会成员的竞选捐款。"快速通道"立法赋予奥巴马总统在国会批准之前谈判、签署和实施贸易协定的能力。还发誓要用负面广告、电话轰炸和抗议来惩罚他们。正如《华尔街日报》报道的那样：

> 工会通过示威、致信立法者和政治广告等方式反对《跨太平洋战略经济伙伴关系协定》,但是,扣留政治献金是一种更有力的展示力量的方式。在2014年的中期选举中,工会——民主党的命脉——从他们的政治行动委员会(PAC)向候选人捐赠了6 500万美元,受捐的几乎都是民主党人。"美国劳联—产联中的每一个工会组织都同意联合起来向国会传达一个信息,如果你惹怒了我们中的一个,你就是惹怒了我们所有人",国际消防队员协会(International Association of Fire Fighters)主席哈罗德·谢特伯格(Harlod Schaitberger)周一在华盛顿举行的工会立法会议上说,"我们得把这个水龙头切断。"许多民主党人公开反对"快速通道"立法。尽管如此,工会还是计划暂时切断对所有国会议员的捐款。国际机械师协会和航空航天工人工会(International Association of Machinists and Aerospace Workers Union)主席托马斯·布芬巴格(Thomas Buffenbarger)说："这样做的理由是,这会给一些支持劳工立场的民主党人施加压力,让他们对那些不支持劳工立场的人施加压力。"①

"快速通道"立法于2015年5月在众议院被击败,一个月后,也就是6月初,美国劳联—产联延续了威胁的做法,发布了反对众议员凯瑟琳·赖斯(Kathleen Rice)的广告,赖斯起初反对"快速通道",后来又表示支持。活动人士在她的纽约长岛选区进行了抗议,纽约劳联—产联主席发出了严厉的批评："我们以为众议员赖斯站在我们一边。显然,现在她选择了企业利益而不是工人,并决定将美国的就业置于危险之中……她的背叛不会被忘记。可悲的是,

---

① http://www.citizen.org/pressroom/pressroomredirect.cfm?ID=1912.

选民们现在陷入迷惘,他们投赞成票给了凯瑟琳·赖斯——那个承诺过为拿骚县(Nassau Country)的工薪家庭而战斗的人,然而,一到华盛顿就忽视他们需求的人。"[1]来自加利福尼亚的民主党众议员艾米·贝拉(Ami Bera)也转变了立场,写了一篇支持"快速通道"的专栏文章后,工会组织向直接反对他的负面广告投放了84 000美元。[2]

白宫很快便做出了回应。奥巴马总统宣布,他坚定不移地支持那些支持"快速通道"投票的民主党人。

> 随着白宫恳求众议院民主党人就贸易问题进行投票,巴拉克·奥巴马总统提出,如果民主党人在2016年因投票而受到工会和自由派人士的攻击,他将通过提供总统竞选支持来促成这笔交易。奥巴马向民主党立法者的个人保证,如果他们明年投票赞成授予他与欧洲和亚太地区谈判最佳贸易协定所需的权力,他们将获得他强有力的支持。与此同时,白宫官员试图将奥巴马的提议与他们所说的工会用来恐吓民主党的更严厉手段区别开来,比如攻击性广告和在他们办公室外举行的公众集会(Lederman,2015)。

6月12日,众议院民主党人再次阻止了总统,他们投票反对贸易调整援助法案,后者与"快速通道"有关并且是推动"快速通道"立法的必要条件。奥巴马加倍努力,并与共和党达成交易,取消贸易调整援助法案,以获得必要的共和党投票,从而创建一个独立的"快速通道"议案。共和党国会领导人也同意对该议案投票。因此,6月18日,由于只有28名众议院民主党人投了赞成票,"快速通道"议案以218票对208票涉险通过。接下来的6月24日,参议院以60票对38票的投票结果,给予奥巴马总统"快速通道"授权。2015年10月5日,各签署国达成了《跨太平洋战略经济伙伴关系协定》的最终协议,2016年2月初,奥巴马签署了该协定。

从《跨太平洋战略经济伙伴关系协定》签署那天起,在议员将要离开的时期

---

[1] http://www.wsj.com/articles/unions-to-fight-trade-pact-by-freezing-donations-1426029735.
[2] http://www.nystateofpolitics.com/2015/06/afl-cio-assails-rep-rices-fast-track-flip-flop.

政府将通过《跨太平洋战略经济伙伴关系协定》作为优先事项。但未能在众议院和各个区域组织中获得必要的投票。奥巴马用来让国会通过"快速通道"议案的分化策略激怒了许多人,导致更多的人反对和动员反对《跨太平洋战略经济伙伴关系协定》。在奥巴马执政的最后日子里,国会没有投票。在就职后不久,特朗普总统就正式停止了美国在《跨太平洋战略经济伙伴关系协定》中扮演的角色,通知其他国家美国将不会进一步寻求批准《跨太平洋战略经济伙伴关系协定》。

在框架上的转变:从权利到民主

自《北美自由贸易协定》之后,美国总统控制的政府为保密和平息公众对贸易谈判的反对所做的努力,也对劳工和环保人士反对《跨太平洋战略经济伙伴关系协定》和《跨大西洋贸易与投资伙伴关系协定》的话语策略产生了影响。虽然反对《北美自由贸易协定》的活动人士提出了公众透明度和公众参与的问题,但作为他们斗争的一部分,他们在国会听证会的主要焦点是劳工和环境的权利和保护。我们对劳工和环保组织于1990年5月21日至1991年5月24日举行的20次国会听证会上提供的143份证词的分析显示[①],只有不到一半的组织提到了公众和民主参与的问题。在20个劳工组织中,只有4个提出了这些问题。对与《北美自由贸易协定》谈判有关的《美国贸易内幕》文章中的全部论题(超过600个)的研究表明,政治讨论的重点是优先和突出与劳工和环境保护有关的关切,而不是透明度。

像《跨太平洋战略经济伙伴关系协定》和《跨大西洋贸易与投资伙伴关系协定》一样,《北美自由贸易协定》在第11章中包含了投资者—国家争端解决机制,如果外国投资者认为政府的法律、规章或政策降低了他们获得"公平和公正待遇"或其预期利润的权利,允许他们通过特别法庭起诉政府。投资者—国家争端解决机制无可辩驳地破坏了民主实践:法庭及其诉讼程序、调查结果和裁

[①] http://www.politico.com/story/2015/06/labor-attack-ads-kathleen-rice-trade-118753.

决都是秘密的,不得向公众披露。公众不能参与,即使被挑战的法律是按照民主原则制定的。此外,它们是最终的裁决和有约束力的裁决,绕过了其他的国内法院系统,如美国最高法院;并且,如果政府被起诉,并输给了投资者或公司,则纳税人将承担责任。

在实践中,投资者—国家争端解决机制被用来破坏国内劳工、环境、健康与安全以及消费者权益保护的法律。例如,根据《北美自由贸易协定》的投资者—国家争端解决机制,一家公司起诉了墨西哥联邦政府,并赢得了1 500万美元,因为当地政府拒绝批准它经营有毒废物倾倒场。德国决定逐步淘汰核武器导致一家瑞典公司的诉讼,一家法国公司对埃及提起了诉讼,因为埃及提高了最低工资水平。2015年3月,加拿大《金融邮报》(Financial Post)和《环球邮报》(The Globe and Mail)报道,一家加拿大公司考虑利用《北美自由贸易协定》的投资者—国家争端解决机制,起诉美国政府不批准有争议的基石输油管道(Keystone XL),此举在北美引发了关于投资者—国家争端解决机制的争论。[①]

在《北美自由贸易协定》谈判期间,劳工和环保活动人士对第11章表示关注,但在《北美自由贸易协定》之战中没有将这些关注放在首位。然而,在《北美自由贸易协定》之后,活动人士开始更多地关注投资者—国家争端解决机制,随着新的贸易协定的通过,投资者—国家争端解决机制开始繁殖,并在美国与哥伦比亚、秘鲁、巴林、新加坡、摩洛哥、阿曼、韩国、巴拿马之间的贸易协定中以及《中美洲自由贸易协定》中得到复制。地球之友和塞拉俱乐部等将这个问题推向了前沿。[②] 必须强调的是,通过贸易协定破坏民主程序的治理机制私有化,已经促使工会和环保组织继续参与贸易政策领域,并与广泛的民间社团组织建立新的联盟,以对抗投资者—国家争端解决机制。

投资者—国家争端解决机制使活动人士震怒,不仅是因为它们威胁到劳工和环境权利及保护,而且还因为它们破坏了民主进程,正如美国劳联—产联解释的那样:"我们希望欧洲公司(在《跨大西洋贸易与投资伙伴关系协定》案例

[①] 这个集团包括工会和其他组织,比如就业政策研究所(EPI)和国际劳工权利基金。

[②] http://www.theglobeandmail.com/globe-debate/time-for-keystones-nafta-opyion/article23232598.

中)或环太平洋公司(在《跨太平洋战略经济伙伴关系协定》案例中)对抗美国的法律和法规吗？美国人民应该决定我们的政策应该是什么，而不是让外国公司和他们的投资者不喜欢我们的法律，就绑架勒索我们。"①工会游说并与国会议员合作，提起诉讼，并将草根组织起来，试图从贸易协定中消除这些机制。

在后《北美自由贸易协定》时期，活动人士的话语已经明显转向更加关注民主问题，这在许多民间社团组织中引起了共鸣。有趣的是，他们引用了诺贝尔奖获得者保罗·克鲁格曼(Paul Krugman)和约瑟夫·斯蒂格利茨(Joseph Stiglitz)等主要经济学家的反对意见。克鲁格曼和约瑟夫·斯蒂格利茨放弃了之前对自由贸易协定(包括《北美自由贸易协定》)的支持立场，转而攻击《跨太平洋战略经济伙伴关系协定》和《跨大西洋贸易与投资伙伴关系协定》。正如斯蒂格利茨在2014年3月《纽约时报》的一篇专栏文章中所解释的，他最关心的问题之一就是投资者—国家争端解决机制：

> 保密可能会引起关于《跨太平洋战略经济伙伴关系协定》的重大争议。我们对它的了解只会让它变得更难以接受。最糟糕的一点是，它允许公司在国际法庭上寻求赔偿，不仅仅是因为不公正的剥夺，而且是因为所谓的监管导致公司潜在利润的减少。这不是理论上的问题。(一家公司)已经对乌拉圭采取了这种策略，声称因为乌拉圭的禁烟法规，其已经赢得了世界卫生组织的赞誉；(公司认为)其不公平地损害了利润，并违反了瑞士和乌拉圭之间的双边贸易条约。②

2011年，乐施会、地球之友和政策研究所在中美洲团结组织、塞拉俱乐部和卡车司机工会国际部的帮助下，在华盛顿特区组织了一次反对《中美洲自由贸易协定》法庭的抗议。由于水污染问题，萨尔瓦多政府颁布禁令，禁止国内外公司采矿，此后，法庭对一家加拿大金矿公司针对萨尔瓦多政府提起的《中美洲自由贸易协定》投资者与国家间争端解决机制案件进行了裁决。该公司获得了

---

① 公民组织的民意测验和目标群体的研究表明这引起了公众的共鸣。
② http://www.aflcio.org/Issues/Trade/What-Is-ISDS.

在禁令颁布前勘探的矿区采矿的许可。活动人士通过无线电向萨尔瓦多的黄金地区直播了抗议活动，那里举行了当地的抗议活动。他们还给法庭和WTO写了一封信，美国和中美洲的240家工会和民间社团组织签字，要求"结束对民主的践踏"，并坚持要求推翻判决。[①]

2013年，160多个美国和欧洲的劳工、环境和其他民间社团组织给美国贸易代表办公室和欧盟贸易专员写了一封信，反对《跨大西洋贸易与投资伙伴关系协定》中的投资者与国家间争端解决机制条款，要求将其从协定中删除。2014年7月，美国劳联—产联和欧洲工会联合会（European Trade Union Confederation）起草了一份关于《跨大西洋贸易与投资伙伴关系协定》原则的联合声明，声明称："我们憧憬一个以人民和地球为中心的协定，尊重民主，确保国家主权，保护基本的劳工、经济、社会和文化权利，并应对气候变化和其他环境挑战。"[②]

劳工和环保活动人士试图扼杀《跨太平洋战略经济伙伴关系协定》和《跨大西洋贸易与投资伙伴关系协定》的行动也包括暴乱活动。2015年1月26日，在纽约发生的一场历史性的风暴中，数百名抗议者聚集在纽约时代广场喜来登酒店外，那里正在进行《跨太平洋战略经济伙伴关系协定》的谈判。活动人士高喊他们不认同隐秘的谈判、不认同协定。他们大喊大叫、唱歌、吟诵、敲鼓，随着人群急剧增加，警察不得不把抗议者转移到街道的另一边。一个男人喊道，"如果《跨太平洋战略经济伙伴关系协定》真的那么好，就让我看看那个（该死的）文本吧"。[③] 另一名来自墨西哥的抗议者把《跨太平洋战略经济伙伴关系协定》比作《北美自由贸易协定》，提醒人们"我们战斗了五年，我们失败了，但我们是对的"。[④] 第二天，抗议者多次中断参议院关于《跨太平洋战略经济伙伴关系协定》的听证会，最终被国会警察驱散。

[①] http://opinionator.blogs.nytimes.com/2014/03/15/on-the-wrong-side-of-globalization.

[②] http://www.yesmagazine.org/blogs/john-cavanagh-and-robin-broad/taking-on-the-trade-laws-of-the-1-percent.

[③] ETUC/AFL-CIO 的联合原则宣言："《跨太平洋战略经济伙伴关系协定》必须为了人民而运行，否则，根本就不要运行。"2014年5月21日。

[④] http://teamsternation.blogspot.com/2015/01/hundreds-of-protesters-in-nyc-tell-tpp.html.

抗议活动并不局限于美国。2012—2015年间，在墨西哥、加拿大、新西兰、马来西亚、澳大利亚和日本，成千上万的抗议者动员起来，游行反对《跨太平洋战略经济伙伴关系协定》。反对《跨大西洋贸易与投资伙伴关系协定》的斗争激起了整个欧洲的跨国动员。2014年10月11日，工会和其他民间社团组织联合举行了游行和抗议活动，在21个欧洲国家反对《跨大西洋贸易与投资伙伴关系协定》，并且停止建设跨大西洋自由贸易区（TAFTA），联盟于2015年4月18日组织了反对自由贸易的全球行动日。唐纳德·特朗普的竞选胜利意味着《跨大西洋贸易与投资伙伴关系协定》的未来是不确定的，正如欧盟贸易专员塞丝莉亚·马尔姆斯特洛姆（Cecilia Malmström）2017年1月在布鲁塞尔的一次演讲中指出的那样："唐纳德·特朗普的当选似乎可能使我们的欧美谈判至少在一段时间内处于冷冻状态。"①

特朗普总统已经表示他倾向于双边协定，而不是多边协定。他相信自己能够与单个国家达成更好的贸易协定，这种信心或许并非毫无根据。然而，这不仅仅是因为双边谈判使他能够运用不对称的权力争取更多的让步，而且也减少了国际反对和动员的机会。在《北美自由贸易协定》之后，双边谈判一直是每届政府的备选方案——一种尽量减少多边协定在后《北美自由贸易协定》时代产生的阻力的方法。然而具有讽刺意味的是，由于双边协定的经济利益较小、政治风险较低，活动人士和他们的立法盟友通常能够使用制度化的战略更成功地影响它们。

活动人士与美国政府之间围绕《北美自由贸易协定》展开的斗争有许多意想不到的后果。其中的关键是贸易以前所未有的方式政治化了。很可能在特朗普政府时期国家和民间社团将经历又一次转变——对民主实践和动员的影响同样严重。然而，正如本章所显示的，每届政府都曾尝试达成重要的多国贸易协定，但总体上未能达成（《中美洲自由贸易协定》是一个例外），但其经济和政治影响与《北美自由贸易协定》相比则相形见绌。自那以来，活动人士已经破坏了每一项重大多国协议的谈判，从《美洲自由贸易协定》（FTAA）和《多边投

---

① Http://trade.ec.europa.eu/doclib/docs/2017/january/tradoc_155261.pdf.

资协定》到 WTO 多哈回合,再到《跨太平洋战略经济伙伴关系协定》和《跨大西洋贸易与投资伙伴关系协定》。有人可能会认为,对于基本上被忽视的公平贸易活动人士而言,这是一场微小但富有意义的胜利。《北美自由贸易协定》是第一个总统能够使之通过的重大的多国贸易协定,也是最后一个。

第八章

结论:机构关闭(信息渠道)对民主和动员的影响

2008年4月,在旧金山的一次筹款活动中,年轻的巴拉克·奥巴马在他的民主党总统候选人初选活动中,犯了一个被广泛报道的错误。在演讲中,奥巴马试图解释工人们对美国"铁锈地带"失业的反应,他说:"他们变得愤愤不平,他们执着于枪支、宗教,或者对不喜欢他们的人的反感,或者反移民情绪或反贸易情绪,以此来诠释他们的挫折感。"(Pallasch,2008)几天后,当这句话出现在一个政治博客上的时候,媒体爆炸了。正如《纽约时报》(The New York Times)所报道的:"这番言论引发了克林顿夫人、麦凯恩先生以及一众共和党活动家和党内官员的批评,他们认为奥巴马先生犯了精英主义错误,贬低工人阶级。"(Zeleny,2008a)

奥巴马引述的枪支和宗教方面的内容令反对自由贸易的观点相形见绌。然而,一些进步的博客作者和保守派人士注意到了这种轻视。正如保守派专栏作家威廉·克里斯托(William Kristol)观察到的:

> 但是,奥巴马在旧金山对他的美国同胞没有礼貌。看看他关于那些小镇选民的其他说法。奥巴马将他们的反对贸易情绪归咎

于经济上的挫败感,似乎没有什么值得尊重的理由来反对更多的自由贸易协定。这是特别玩世不恭的,因为他自己一直在提出这些论点,利用和煽动他所谴责的这种观点。难道我们不能假设奥巴马反对《北美自由贸易协定》与《美国—哥伦比亚贸易协定》,只是为了玩世不恭地迎合沮丧的美国人吗?(Kristol,2008)

四天后,在华盛顿召开的建筑行业立法会议上,奥巴马很快便澄清了他的言论:"我知道过去几天有很多小题大做,因为我说人们愤愤不平。人们似乎误解了其中的意思。是的,人们很气愤。如果你一直在加油,(而油箱加不满)你很生气。如果你眼睁睁看着你的整个社区因为一家钢铁厂关门而被摧毁,那会让你发疯的。你必定感受到一些挫折。"(Zeleny,2008b)在初选期间,奥巴马曾多次承诺,如果当选,将重新谈判《北美自由贸易协定》。

八年后,"一匹黑马"——共和党总统候选人唐纳德·特朗普——做出了同样的承诺,甚至更有力。事实上,他对《北美自由贸易协定》的攻击是严厉的。他说,《北美自由贸易协定》"在我看来,是这个国家历史上最糟糕的贸易协定。离目标差得远呢"。他利用贸易问题攻击他的民主党对手希拉里·克林顿(Hillary Clinton,通常是用不准确的信息)。

真正的克林顿全球倡议是他们把美国的就业机会转移到海外的经济计划……你现在看到的是《北美自由贸易协定》和中国加入世界贸易组织造成的残骸。自1997年以来,美国已经失去了近三分之一的制造业工作岗位……是这两个人推动下的结果——作为总统的比尔·克林顿的倡议以及希拉里·克林顿理解并支持这些倡议。他们是灾难。[①]

在《北美自由贸易协定》通过后超过四分之一世纪里,该协定仍然是政治试金石,总统候选人在《北美自由贸易协定》上的立场经常成为头条,并且2016年,该协定还帮助唐纳德·特朗普入主白宫。尽管他在选举中获胜的优势很小——可能不到8万张选票,他对《北美自由贸易协定》和美国制造业就业岗位

---

① https://www.cfr.org/backgrounder/naftas-economic-impact.

流失的高度关注引发了一些选民根深蒂固的怨恨情绪,这些选民觉得自己被贸易抛在了后面,并因贸易带来的经济焦虑而背上了沉重的负担,尤其是那些曾经投票支持奥巴马总统的中西部摇摆州。《北美自由贸易协定》的真正影响是一个重要的问题,然而,很少有专家和政治家真正试图客观地回答这个问题。

《北美自由贸易协定》对就业、制造业和不平等的影响

评估《北美自由贸易协定》对不同结果的影响是非常困难的。在很大程度上,这是因为统计上不可能控制所有可能影响结果的变量。例如,在《北美自由贸易协定》生效后不久,墨西哥经历了经济危机和比索贬值。将《北美自由贸易协定》与其他经济变量对贸易和国内生产总值总体水平的影响区分开来是一个棘手的统计问题。除了《北美自由贸易协定》之外,就业水平以及失业和增长(包括制造业就业)还受到太多变量的影响。

从统计上解析《北美自由贸易协定》影响的难题导致学者和政策制定者得出截然不同的结论。《北美自由贸易协定》的支持者声称,该协定有助于刺激贸易、投资和创造新的就业机会;而批评者则认为,该协定加剧了贫困和不平等,加剧了移民,减少了就业机会,尤其是在制造业的就业岗位。在《北美自由贸易协定》通过20多年后,非政府组织和智库继续用报告形式作周年纪念(例如《北美自由贸易协定》20周年纪念),而活动人士仍然走上街头抗议其影响。2008年1月1日,根据贸易协定,玉米和豆类的关税最终被取消,抗议者在边境两侧举行了游行抗议活动。

乍看之下,《北美自由贸易协定》对美洲大陆经济的影响令人震惊。自从《北美自由贸易协定》通过以来,3个北美国家之间的贸易急剧增长,1993—2016年3个国家的贸易量翻了两番,从1993年的大约2 900亿美元增长到2016年的超过1.1万亿美元。① 2016年,加拿大和墨西哥占美国出口总额的34%,占美国进口总额的26%(Villarreal and Fergusson,2017)。根据美国农业

---

① https://www.fas.usda.gov/data/free-trade-agreements-and-us-agriculture.

部的数据,1993—2015 年美国对加拿大和墨西哥的农产品出口价值增长了 4 倍多,从 89 亿美元增长到 386 亿美元。① 2016 年,加拿大、美国、墨西哥的加总国内生产总值为 21.1 万亿美元,占当年世界国内生产总值的 28%。②

《北美自由贸易协定》实施第一个十年之后,对其影响的研究不断积累起来,并且,学者们对影响造成的结果莫衷一是。赫夫鲍尔和肖特(Hufbauer and Schott,2005)认为,该协定促进了竞争和投资,提高了效率和生产力,他们明确指出:"它已经发挥作用。北美的厂商现在更有效率和生产力。它们进行了重组,以获得生产的规模经济和产业内专业化分工的优势"(Hufbauer and Schott,2005:61)。虽然他们承认,自从《北美自由贸易协定》以来,墨西哥的增长率一直是"令人失望的",但是,他们认为,增长乏力不是《北美自由贸易协定》造成的,而是由于在《北美自由贸易协定》未涵盖的那些经济领域缺乏自由化而导致的(Hufbauer and Schott,2005:62)。

相比之下,2003 年国会预算办公室(CBO)的一份报告发现,该协定仅对美国和墨西哥具有不大的、总体积极的影响。该报告得出结论认为,早在该协定生效之前,墨西哥和美国之间的贸易就一直在增长,如果没有《北美自由贸易协定》,这样的贸易增长也将继续下去。国会预算办公室还发现,《北美自由贸易协定》对美国劳动力市场的影响不大,对美国国内生产总值的影响是正的,但是影响不大(CBO,2003)。

随着《北美自由贸易协定》进入第二个十年,新一轮的研究出现了。2010 年的一项研究发现,"美国宏观经济波动主导着《北美自由贸易协定》的影响"(Sunthonkhan,2010:iii)。尽管包括国会预算办公室在内的许多机构发现,总体上对劳工的影响微乎其微,但是,麦克莱伦和海科拜恩(Mclaren and Hakobyan,2010)在其国民经济研究局(National Bureau of Economic Research)的工作报告中分析了美国受影响最严重的行业和地区,发现了"受影响最严重的行

---

① International. gc. ca/trade-commerce/trade-agreement-acc0rds-commerciaux/agr-acc/nafta-alena/fta-ale/facts. aspx? lang=eng.
② http://www.wmur.com/article/rank-and-file-republican-activists-hear-trump-rail-against-clinton-on-trade/5212614.

业和地区的蓝领工人的工资增长趋缓"的证据,并补充说,"这些分配效应远远大于其他作者估计的总体福利效应"(2010:1)。在2014年的一份主要研究综述中,赫夫鲍尔等人得出结论:《北美自由贸易协定》对美国工资水平仅有适度的、局部的负面影响,并没有明显影响美国的失业率,也没有达成其支持者预测的墨西哥经济增长(Hufbauer et al.,2014)。

关于《北美自由贸易协定》对墨西哥工人的影响,学术界也没有达成共识。总体而言,自《北美自由贸易协定》通过以来,主要经济指标反映了墨西哥糟糕的经济表现,包括墨西哥乏善可陈的国内生产总值增长、高贫困率、显著的就业不足以及低实际工资水平(通货膨胀调整后的工资水平)。虽然不可能将这些结果完全归因于《北美自由贸易协定》,但显而易见的是,《北美自由贸易协定》并没有保护墨西哥经济免受这些结果的影响(Weisbrot et al.,2017)。博特斯(Portes)描述了在协定签署后的第一个十年里墨西哥并不乐观的工人情况:"协定签署十多年之后,墨西哥的经济增长乏力,自2000年以来,平均每年经济增长不到3.5%,人均收入增长不到2%;失业率比协定签订时更高,一半的劳动力必须在非正规经济中找工作来勉强维持生活,这个数字比《北美自由贸易协定》签署前高出10%。"[1]波拉斯基(Polaski)指出,在《北美自由贸易协定》条件下,许多墨西哥工人的实际工资降低了[2],而且与墨西哥历史上的前几个时期不同,此前,较高的生产率并没有导致较高的工资(Polaski,2006:2)。然而,戈登·汉森(Gordon Hanson,2003)发现在《北美自由贸易协定》通过之后,更熟练的技术工人和全球化程度更高的墨西哥的几个州的工人确实经历了相对的工资增长(Garduño Rivera,2010;Hanson,2007)。

学术界普遍认同的结果是,《北美自由贸易协定》对整个美洲大陆日益加剧的不平等产生了影响。正如经济政策研究所的经济学家在2006年报告中所称的那样:"12年后,很明显,在3个国家里工人们付出的代价超过了所得到的收益……在每个国家,工人从生产率上升中获得的收益份额下降,处在经济金字

---

[1] Portes,2006;http://borderbattles.ssrc.org/portes.
[2] 她承认"主要归因于1994—1995年的比索危机"(Polaski,2006)。

塔最顶端的那些人的收入和财富的比例增长了。"(Scott，Salas and Campbell，2006:1)按照波拉斯基的说法：

> 与《北美自由贸易协定》之前的时期相比，前10%的家庭增加了他们在国民收入中所占的份额，而其他90%的家庭则减少了收入份额或者没有变化。墨西哥国内的地区不平等也有所提高，扭转了地区收入趋同的长期趋势。但是，技术工人和非技术工人之间工资差距的不断扩大部分可归因于贸易，而《北美自由贸易协定》可能只是美国国内工资差距增长的一小部分原因。[①]

当出现具有煽动性的不平等时，一些《北美自由贸易协定》的最初支持者承认协定具有缺陷。按照经济学家J.布拉德福德·德隆(J. Bradford Delong)的说法：

> (墨西哥)的平均收入与美国的平均收入之间的差距已经扩大。还有更糟糕的消息：由于不平等加剧，平均收入和中等收入之间的差距已经拉大。从国内市场收入的角度来看，绝大多数墨西哥人的生产率并不比15年前的同行高，尽管一些人口群体从中受益。出口商(但不一定是出口行业的工人)变得富有。墨西哥北部的情况相对较好……然而，像我这样的新自由主义政策制定者认为这是墨西哥发展的关键环节上取得成功的方面，结果令人失望。在创造一个稳定的、尊重国内环境的财产方面取得的成功并没有带来像我这样的新自由主义者在《北美自由贸易协定》获得批准时所坚定预测的生产率和工人工资的快速增长。(DeLong，2006:19)

经济学家丹尼·罗德里克(Dani Rodrik)区别看待并强调了这个问题，正如彼得·伊文思(Peter Evans)所解释的："罗德里克计算出，当美国贸易增长带来每1美元的总收益时，就会有50美元的收入被转移。对于工薪家庭来说，贸易增长带来的1美元收益增长与50美元的收入转移相比，则显得微不足道。"[②]他

[①] 波拉斯基(2006:21)。
[②] http://bostonreview.net/forum/globalization-blame/peter-evans-peter-evans-respons-dean-baker.

的计算表明,贸易扰乱了工人群体,没有关照净收益。在总统竞选中,这样的扰乱是唐纳德·特朗普可以表达清楚的,并成为总统竞选的资本。

工人对《北美自由贸易协定》的看法

许多学者在他们自己关于《北美自由贸易协定》经济影响的两败俱伤的学术争论中所遗漏的是绝大多数工人基于他们自己的经验形成的对《北美自由贸易协定》的看法,而对于那些因《北美自由贸易协定》而直接失去工作的人们来说,这些经验是残酷的。《北美自由贸易协定》的损失对整个社区的影响超过了对那些失去工作的人们的影响,对当地经济是毁灭性的。与对自己工作的影响相比,工人较少关注《北美自由贸易协定》对总体贸易、国内生产总值乃至消费者价格的影响(对于墨西哥和加拿大的工人来说,也是如此)。即使在就业机会方面,《北美自由贸易协定》为全美国创造了净收益,但是,对于一个失业的工人来说,有人在这个国家的另一个地方获得了一个就业机会,这与他/她毫不相干。此外,她可能会为各种商品(从电视机到家具)支付较低的价格,这一事实也与她毫不相干,因为如果没有工作,她将不得不放弃购买大部分产品。

过去的25年里,政治家、专家、学者对那些被贸易抛弃的工人毫无怜悯之心。对于那些因工作转移到墨西哥而失去工作的工人(以及工资停滞不前、工作条件恶化的墨西哥工人)来说,《北美自由贸易协定》是个问题。尽管国内生产总值的波动通常不会引起注意,但是,工厂搬迁完全是一清二楚的。工人们被告知,他们的工作岗位将因重新选地址而转移,并且被告知转移到何处。他们在印第安纳州的两家工厂的经历表明,当工厂关闭时,工人们遭受了怎样的屈辱。在这种情况下,机械师被迫培训替代他们的工人(否则,就要放弃遣散费),正如《密尔沃基每日卫报》(*Milwaukee Journal Sentinel*)所报道的那样:

> (一名机械师)说,该公司墨西哥工厂的主管一直在印第安纳波利斯工厂走动,公司希望工人培训替代他们的工人,以换取遣散费。"如果这不是一记耳光,我不知道还能是什么",他补充说,工厂预计将在2017年关闭。"现在,工作被转移到墨西哥。我们谈判

的目的是最后敲定遣散费。谈判进展非常缓慢",他说。机械师说,他被告知工厂搬到墨西哥,每年可以为公司节省1 500万美元。这家拥有7 700名员工的公司,在2016财年的销售额为19亿美元,利润为6 750万美元。印第安纳波利斯工厂的平均工资约为每小时25美元。①

公司只需要威胁要搬迁工厂,以便获得工会的让步,停止组织罢工,或者确保相对的劳工和平(Bronfenbrenner,1997),他们实际上就不必搬迁。这种"鹬蚌相争、渔夫得利"的策略削减了工资,并在工人中制造了切实的或遭受威胁的竞争。

民主党总统和共和党总统以及国会议员通常只是口头上说工人们因贸易协定而工作被转移或消失时所面临的实际干扰。事实上,自从《北美自由贸易协定》通过以来,许多民主党政治领导人,尤其是总统,都支持自由贸易,声称从长远来看,自由贸易通过创造更多就业机会和降低消费品成本,从而使工人受益。这种对贸易的热情支持——最终导致奥巴马总统在2016年推动《跨太平洋战略经济伙伴关系协定》——削弱了整个中西部地区对民主党的支持,并可能使进步民主党和被贸易抛弃的工人之间形成强大联盟。在2016年总统大选中,活动人士通过选举出来反对贸易的政客而彻底扼杀贸易协定的策略,但事与愿违。一小部分但重要的"铁锈地带"选民漠视了民主党人投票给希拉里的请求,没有投票给她,而是选择了第三方候选人,或者选择了毫不含糊的反对贸易的共和党候选人,他承诺会惩罚将工厂转移至墨西哥的公司。

尽管共和党人(尤其是国会议员)比民主党人更一贯地支持自由贸易,但是,每个党派的贸易立场对选民偏好的影响各不相同,正如彼得·伊文思解释的那样:

> 共和党中充满了保守的全球主义者,他们极力支持贸易协定,恰恰是为了加强他们与企业盟友之间的联盟,但是,自由的全球主

---

① http://www.jsonline.com/story/money/business/2016/12/08/rexnord-workers-caught-trump-vs-union-war-word/95165642。

义者在票箱上付出了更昂贵的代价。由于扮演了贸易协定辩护者的角色,从比尔·克林顿到巴拉克·奥巴马等全球主义者,激起了劳动人民的愤怒,削弱了他们为社会项目建立支持所需的可信度。他们为特朗普这样的反动民族主义者打起保护工人的旗帜开辟了道路,打开了政治上的"潘多拉之盒"。[1]

2016年大选给两党带来的重大教训是,如果继续忽视贸易对工人生活的影响,不仅会产生严重的经济和伦理影响,还会对选举产生严重的后果。在大选期间,希拉里·克林顿改变了她在贸易问题上的立场,并被迫放弃对她帮助起草的《跨太平洋战略经济伙伴关系协定》的支持。伯尼·桑德斯(Bernie Sanders)竞选活动的一个关键支柱是他强烈的反自由贸易立场,这一立场帮助他在民主党初选期间赢得了一些关键的"铁锈地带"所在的州,包括西弗吉尼亚州、印第安纳州、密歇根州和威斯康星州。在后来的总统大选中,唐纳德·特朗普赢得了这些州的支持。

然而,在全球化进程的背景下,两党如何重视工人的要求将不可避免地产生分歧,并将产生不同的后果。民主党未能在贸易协定中要求更强有力的工人和工作保护,也未能放弃投资者—国家争端解决机制,这损害了该党在工人阶级和工会基本盘中的信誉。而唐纳德·特朗普的反贸易立场混合了仇外心理、种族主义和民族主义。如果共和党人将其作为有关贸易的默认政治纲领,那么,在他们的企业献金阵营和温和的共和党选民支持下,将使共和党人处在一个不同的立场。关于特朗普反全球化政策的可能后果,欧盟贸易专员塞丝莉亚·马尔姆斯特洛姆做出了一个可怕的预测,并发出警告:

2016年,我们看到许多人试图逆转不断深化的全球化和不断提高的开放程度的趋势。他们的本能反应是喊出:"关闭边境!建起一堵墙!"就好像那就是我们所有问题的解决方案。不是的……在21世纪,那些认为我们可以通过重建边境,重新设置贸易壁垒、

---

[1] http://bostonreview.net/forum/globalization-blame/peter-evans-peter-evans-responds-dean-baker.

限制人们的行动自由而再次变得伟大的人，注定要失败。①

当我们写作这本书的时候，与贸易相关的背景正在发生变化。特朗普总统正在重新谈判《北美自由贸易协定》，并威胁退出该协定。墨西哥和加拿大都表示，如果条款不利，他们不会签署新协定，他们正计划应对《北美自由贸易协定》消亡的可能性。与《北美自由贸易协定》生效时一样，2018年的贸易领域的问题是有争议的政策问题。事实上，贸易对2016年总统大选产生了巨大影响，这反映了《北美自由贸易协定》的谈判与协定通过的持久影响。

《北美自由贸易协定》和贸易的政治化

本书试图解释驱动2016年反全球化运动的动力，进而导致竞选团队聚焦于反对自由贸易协定的美国总统当选。我们认为，在25年前围绕《北美自由贸易协定》的第一次贸易战中，这些动力就开始形成。我们研究了这些贸易政治和政策是如何在《北美自由贸易协定》的谈判中产生和发展的，以及它们如何继续影响后来的贸易战，进而加深了反自由贸易的活动家的怨恨，包括许多工人选民在内。但是，为什么《北美自由贸易协定》如此有争议，协定的谈判是如何自第二次世界大战以来第一次将自由贸易协定政治化的？

在《北美自由贸易协定》之前的几十年里，贸易政策被认为是最好敲定的，几乎没有公众关注，因而投入尽可能少。自由贸易倡导者将批评者视为政策失败者，他们只是需要面对竞争带来的更高效率的挑战。当他们的声音被边缘化时，国家会变得更好。在《北美自由贸易协定》之前，在美国政治上贸易问题是无关紧要的。自由贸易倡导者认为，围绕贸易问题的草根政治动员不太可能，因为北美人对贸易政策之于他们生活的影响几乎一窍不通。在《北美自由贸易协定》斗争期间，环保和劳工活动家证明他们是错误的。将自己的信息带出华盛顿并构建一个贸易对他们生活的影响无处不在的流行话语体系，引起了公民

---

① http://trade.ec.europa.eu/doclib/docs/2017/january/tradoc_155261.pdf.

对贸易影响边界和范围的警惕。

并且，基于更广泛、公平和可持续增长目标，他们为制定和评估贸易政策提供了一个替代方案。他们认为，即使一个人不关心海豚，不关心墨西哥工人的健康和安全，或者不关心美国和加拿大的失业，贸易对他们生活的每一个方面也有重大影响，从他们吃的食物，他们购买的产品，甚至到他们呼吸的空气，因此，公民需要了解华盛顿做出的贸易决定。他们认为，关于卫生、环境、劳动和社会福利的错位和无动于衷的逻辑话语，贸易自由化的标准条款使之真正地付出了高昂的代价。环保和劳工活动家有力推动着公民质疑我们如何全球化。由于他们的努力，我们想要推动什么样的全球化的问题已经在贸易话语中得到巩固。这个问题可以争论，但不可漠视。

《北美自由贸易协定》的争议很大，因为其核心是一场如何制定全球经济治理规则的斗争。因此，很多事情都面临风险。在《北美自由贸易协定》出台之前的几年里，劳工和环保活动家们意识到，贸易政策开始模糊国内和国际政策问题之间的界限，将许多国际因素国内化。随着贸易政策开始转变，不仅包括关税规则，还包括关于资本流动和公司利润权的规则，以及国家维护国内法律的能力，活动家们开始关注。尽管贸易政策领域的行为者和许多学者认为这种转变创造了新的利益，进而活动家们开始了贸易辩论，但是，我们展示的所发生的事实则相反：活动人士认为这种转变是贸易谈判和协定侵略了他们的传统空间。事实上，像《北美自由贸易协定》这样的协定已经远远超出了传统贸易事务的范畴，将政策约束强加于劳工和环保活动家以及公共利益倡导者所在领域的核心问题。然而，几十年来，贸易政策一直处在公众视线之外。因此，将贸易政策政治化，使其成为公众关注和争论的根源并非易事。

在贸易政策政治化的进程中，《北美自由贸易协定》的提出和随后的争论成为一个转折点。环境、劳工和其他反对《北美自由贸易协定》的活动人士制造了国会动荡和一场更大规模的草根运动，以促进劳工、环境和消费者保护。在《北美自由贸易协定》的辩论开始时，出现了两种截然不同的结果：要么通过一项标准的新自由主义协定，要么在美国由于贸易政策精英之间现有的紧张关系而导致协定失败。相反,出现了一场动态的、基础广泛的政治运动,使贸易成为普遍争论的主题,并导致一种新的贸易安排,即在现代贸易协定中首次承认贸易政策与劳工和环境权利之间的联系。

为了应对《北美自由贸易协定》,劳工和环境活动人士动员起来,维护他们在贸易领域的国内利益,此前他们在贸易领域从来没有这样做过。活动人士没有实现他们的最终目标,即要么将《北美自由贸易协定》改进到他们可以支持的程度,要么以最终的和不能令人满意的形式扼杀该协定。在《北美自由贸易协定》的斗争中,他们没有获得控制权。然而,在《北美自由贸易协定》谈判期间,他们形成了动力。虽然他们所取得的成就是有限的,却是重要而出人意料的:活动人士明显提高了公众对贸易问题的意识,并将以前技术官僚关注的问题变成了一个高度引人注目的平民主义问题,他们扩大和动员了以前没有将其政策目标与贸易结果联系起来的新的支持者群体和联盟,他们(与其国会盟友)利用了贸易政策领域运作规则中的弱点。这让他们能够向谈判代表施压,迫使他们改变立场,并将劳工和环境保护纳入《北美自由贸易协定》的附加协议中,尽管很薄弱。正如国际劳工权利基金会的菲瑞斯·哈维所解释的:

尽管在《北美自由贸易协定》下所达成的机制是不完善的,但这是一个重要的转折点。关于劳工和环境条件的辩论使国际环境和劳工标准的概念具有了合法性,并理性地审视了贸易激励措施。[①]

活动人士最终帮助形成了治理北美经济的规则。活动人士最重要的贡献是第一次将贸易政策政治化和民主化,在随后的贸易斗争中,这种政治化并没有减弱。

活动人士还形构了治理全球经济的规则。在《北美自由贸易协定》谈判期间发生的事情很重要,是美国贸易自由化议程的一种平衡力量,然后,形成了美国民间社团的对抗力量来抵制美国政府和企业在世界各地推广新的《北美自由贸易协定》模式的主导作用。与此同时,发展中国家的活动人士已经反对通过

---

① 2001年3月2日对国际劳工权利基金会的菲瑞斯·哈维的个人访谈。

国际货币基金组织和世界银行调整协定等一揽子政策,而《北美自由贸易协定》是美国活动人士斗争的主战场。活动人士的机构、网络和框架影响使劳工、环境和其他行为者在贸易辩论中的作用合法化,并强调了衡量贸易政策的外部效应的重要性。它还使有关集体权利和共同利益的辩论合法化,这种政治文化植根于个人权利、自由和个人主义。反对《北美自由贸易协定》的活动人士的话语权斗争挑战了北美个人权利的优先权,尤其是在美国。它强调了北美公民的集体权利和共同利益。另一方面,他们反对《北美自由贸易协定》的斗争是相当激进的,但通常这个方面被忽视和分析不足。活动人士的影响继续产生共鸣。他们建立在国际上相互联系的国家基础上的运动模式,以打击自由贸易协定,已经在世界各地传播,并成功地用于打击《多边投资协定》《美洲自由贸易协定》《跨太平洋伙伴关系协定》以及世界贸易组织多哈回合谈判。尽管活动人士没有赢得战争,但他们以某种方式改变了贸易政策的版图,在正在进行的贸易战中巩固了自己的地位。

对运动如何塑造政策的理解

围绕《北美自由贸易协定》的斗争为拓展一种充满活力、蓬勃发展的文献提供了极其有用的案例,这些文献试图理解在塑造国家政策过程中民间社团的作用。我们的理论框架集中在这个交互领域,其所具有的重要的和普遍的影响超出了贸易运动的影响。社会运动领域的学者主要关注破坏性行为,对不同类型的活动划定严格的界限。因此,其忽略了集体行动通常包括内部人策略和外部人策略。现存的文献也没有提供什么理论指导,用来说明这些类型的战略或实践在什么时候更有利,以及在什么政治背景下更有利。因此,社会运动理论家倾向于将破坏活动和叛乱活动具体化,而忽视了它与日常制度化实践的复杂关系。正如布鲁姆提醒我们的,一般关注谁动员,而不是他们如何动员,这就限制了我们对运动动力和结果的理解。他要求我们重点关注动员的实践。[1]

---

[1] 2017 年 5 月 19 日,约书亚·布鲁姆与作者的个人交流。

运用《北美自由贸易协定》案例,我们展示了常规实践和争议实践相辅相成以及被合谋利用以取得不同领域的不同杠杆点的优势。交叉领域的情形足够复杂,使得不同立场的行为者能够采用"内部人"和"外部人"集体行动的策略。综合运用有争议的和常规的活动,环境和劳工活动人士成功地将新的行动者带入贸易政策领域,改变了贸易政策的制定规则,在立法和贸易政策领域以及更广泛的公众之间,扩大了贸易辩论的范围。每一次贸易政策辩论和接下来的贸易谈判都打上了《北美自由贸易协定》斗争的印记。

此外,分析向交叉领域的转变解释了有争议的政治活动中一个关键但未得到充分探讨的组成部分——社会运动如何在敌对领域取得成功。社会运动学说无法充分解释社会变革是如何在敌视它的领域内发生的,因为它忽略了交叉领域内的关键杠杆点。那些在某一领域被边缘化或被排斥在外的人并非绝对没有政治优势或资源。我们的分析框架阐明了一些机制,通过这些机制,在一个领域内受到约束的行为者可以动员其他领域来改变规则、影响力的分布、对问题的概念化理解,或者决策推演,这些都是决定政策的依据。通过阐明这些领域重叠的机制,我们的分析框架还有助于更好地理解政治化背后的过程以及它们是如何运作的。事实上,政治化可以被概念化为关键行为者利用各领域资源的过程,"对迄今为止做出'常规'决策的象征性框架提出异议"(Laumann and Knoke,1987:379)。

《北美自由贸易协定》案例表明,创设贸易制度的后果既不是预先确定的,也不存在路径依赖。并且,甚至当单个领域的体制结构或者跨越多个领域的架构给非国家行为者带来了困难的约束和挑战时,其也有可能发生变化。即使相对于资本力量来说,活动人士没有什么资源,他们也有可能要求获得规制保护。结构性条件可以影响偏好,增加某些群体相对于其他群体的政治机会,并提高实现国际政策目标的可能性。但是,这样的条件既不创造无法逾越的约束,也不绝对导致特定的政策后果。

无论政策领域多么受限制,或者决定性的影响领域的行为者多么坚持政策目标的特定象征性概念,变革的各个方面都是根植于各种背景之中的。行为者可以在其他领域动员起来,引起一个政策领域的影响力分布的改变,或者从根本上改变决定政策的规则。活动人士受到他们的运作所处的结构条件和社会背景的限制,但不是不可避免地受到限制。

然而,鉴于这些限制,活动人士可以做出帮助或阻碍他们追求政策目标努力的选择。《北美自由贸易协定》案例表明,通常有多个杠杆点可以跨领域加以利用,活动人士或多或少可以熟练地驾驭它们。此外,在联盟建设、框架和资源中介战略方面,政治企业家精神可以产生真正的影响,创造以前看不到的机会。社会运动可以影响敌对领域发生的事情,因为它们可以利用该领域之外的力量。这可能会导致快速和意想不到的破坏,比如,以《北美自由贸易协定》为例,新问题似乎不知从哪里冒出来,搅乱了辩论。或者,他们可以慢慢出现,因为网络联盟扩展需要时间,依赖的资源需要培育,以及重新架构也需要时间。

一个以交叉领域为中心的分析框架意味着我们理解了环境和劳动活动人士是病原体,他们不仅是被困,等待政治机会的窗口打开和关闭,也意味着他们可以做出更多和更少有效的战略和战术选择。如果劳工领袖早点对《北美自由贸易协定》提出异议,他们就会处于更有利的地位;如果环境领导人不愿意将获取信息视为一个充分的核心目标,他们的状况会更好。并非凡事皆可能,但是,尽管面临各种约束条件,活动人士仍努力塑造新的现实世界。

《北美自由贸易协定》案例表明,社会运动如果能够常规地进入交叉的领域,就会有更好的机会来影响政策,因为这个领域的权力不是被隔绝的和绝对的,权力中心也不那么集中。然而,我们的分析只是提供了理解交叉领域动力学的第一步。为了确定领域交叉点的特定类型是否比其他类型的领域交叉点更重要,它们是否表现出共同的模式,以及是否存在成功的杠杆阈值,需要进行更多的理论和实证工作。

我们展示的理论框架提供了深化组织和社会运动研究的一个丰富的新的疆域。它为组织学者提供了扩展分析不同领域的新方法,从而理解他们与社会运动的结合点,并在概念上描绘以前可能没有被研究过的复杂的制度结构和动力机制。我们的框架还对组织的研究有重要的影响,可以从理论上更好地理解组织领域的外部冲击。事实上，它可能有助于解释更大规模或快速的社会转型，因为变化借助重叠领域的"传染"或"波动"效应，通过跨多个领域的相互关联的交互作用而促成。虽然《北美自由贸易协定》案例说明了领域重叠机制的重要性，但还需要更多的案例更好地探讨不同领域的组织认同、利益和制约因素的差异，以及不同领域内在逻辑对社会行动的影响。

剖析领域交互作用还对社会运动研究具有重大影响，它为政治机会结构和运动成败的概念化提供了一个新的框架。我们的分析框架将政治机会结构重新定义为能够从战略上利用以实现具体政策成果的重叠领域的动态配置，而不是活动人士为了利用而必须感知的有利时机。政治机会结构就是在领域交叉联系中形成的。在这些结构性矛盾最严重的交叉点上，会找到关键的同盟、强大的新框架，以及为弱势群体提供的资源。各个领域的制度特征、各个领域之间的关系以及非国家行为者与其内部决策者之间的社会互动都影响着非国家行为者在决定其动员策略时的影响力计算。

通过将动员策略置于分析的中心，我们的分析框架也为运动成败的新研究提供了有希望的途径。在很大程度上，成功的结果来自活动人士能够巧妙地利用杠杆和跨领域的中间人。我们的分析表明，活动人士可以通过寻找那些存在重要渗透点或与其他领域有交集的地方，利用关键的杠杆点，并利用其优势的策略，来增加他们的成功机会。运动成败案例的历史比较将提供更多的分析杠杆，以便更好地理解社会运动的成功，特别是当领域的重叠随着时间的推移而变化的时候。比较社会运动研究还提供了一个特别丰富的领域，探索如何更充分地依赖草根领域，如何有效地利用草根领域。我们做出进一步的分析也是极其有价值的，分析了活动人士如何认识到运用不同杠杆点的可能性以及这将如何影响他们的策略选择。

破坏国家制度与破坏民主

劳工和环境活动人士为影响国际贸易政策的性质和范围的意想不到的能

力提供了关键的启示,这是关于在追求更广泛的政治目标过程中制度结构相关性的启示。最关键的是,它表明民间社团参与国家政策和对国家政策产生影响的制度机会的重要性。具有讽刺意味的是,在关于《北美自由贸易协定》的第一次自由贸易战中,最重要的教训不是关于贸易政策本身,而是关于国家机构对于民主实践的重要性。当政府削弱或废除国家机构时,对于民主来说,后果是严重的。《北美自由贸易协定》案例表明,当政府通过限制参与和透明度来限制公民进入国家机构时,他们也就削弱和破坏了民主。

贸易一直是民主制度和实践衰落的替身,也是 20 多年来保护民主制度和实践斗争的中心问题。《北美自由贸易协定》是一个重要的案例,它使我们能够审视国家如何试图阻挠政策形成过程中的民主干预。但是,《北美自由贸易协定》案例还表明,活动人士如何制定和实施战略,以减轻国家机构的封锁政策和侵蚀民主的影响。

因此,无论 2016 年总统大选的结果如何,这一论点都会引起共鸣。事实上,国家机构和民主的衰落不仅与国际政策有关,也与国内问题有关,而且不仅与行政部门有关,还与立法部门有关。例如,立法者经常试图使立法过程更加不透明,而活动家在如何做出战略性反应方面的选择范围很窄。与此形成鲜明对比的是,《平价医疗法案》(the Affordable Act)是在一年的时间里许多选民和利益集团的参与下谈判达成的,支持者们在几天之内,没有经过公开辩论或参与就将 2017 年的《美国医疗保健法案》推进到众议院投票中。甚至参议员和共和党总统候选人兰德·保罗(Rand Paul)也抱怨缺乏透明度,当他到达国会大厦时,却被拒绝接触一份严格保密的共和党医疗保健法案草案的复印件。①

在美国已经出现的贸易谈判的诸多方式尽可能限制民主投入和参与,既是制度设计的结果,也是因为将其作为涉密级别更高的国际协议处理的结果。与其他政策领域相比,贸易政策领域独特的制度结构使其更加不受非国家行为者动员的影响,或许也更容易受到民主衰落的影响。活动人士还提出了一些需要克服的挑战,比如为防止国会个别议员在协定中添加有利于狭隘利益的内容而

---

① http://www.politico.com/story/2017/03/rand-paul-blocked-gop-obamacare-bill-2356/13.

设立的"快速通道"授权限制，以及美国贸易代表办公室咨询委员会的刚性结构，它们努力影响贸易政策。贸易谈判的国际性质在利益、规则参数和不同议程的行为者方面又增加了一层复杂性。从贸易自由化的视角来看，贸易政策形成的这些独特特点提出了一个重大的集体行动问题。考虑到在制度上对他们不利的因素，令人吃惊的是，活动人士对《北美自由贸易协定》产生了根本影响。

然而，劳工和环保活动人士在试图影响谈判时获得了支持，而谈判的基本规则就是为了最小化这种影响。这是可能的，因为活动人士知道争论的领域是什么，以及各种利益相关者的底线要求是什么，因此，他们可以围绕跨领域的裂缝或裂隙动员。这样，活动人士改进《北美自由贸易协定》的能力取决于通过国家渠道获得的信息，这些信息使他们能够在谈判的关键时刻制定和实施具体的框架、资源中介和建立联盟的战略。

在《北美自由贸易协定》通过后的多年来，活动人士进入国家渠道与在贸易政策领域的参与水平经历了增强和弱化的过程。但总体而言，政府持续试图阻挠准入和降低透明度，并在自由贸易协定中加入非关税相关条款，以至于威胁到了为保护公民而制定的国内政策。活动人士的回应是，将透明度问题置于后《北美自由贸易协定》贸易斗争的中心地位。公平贸易运动的重点是谈判过程与形成贸易协定过程的透明度和民主参与。与在《北美自由贸易协定》斗争中的选民参与程度相比较，活动人士将更广泛的选民召集起来了。

在一些关键时刻，例如在奥巴马执政期间，在迈克尔·弗罗曼任美国贸易代表期间，民间社团在贸易政策领域的参与受到了严重侵蚀，贸易关系民主化也面临着严重的挫折。政府采用关闭民主策略，阻止活动人士利用更广泛的分歧、网络和资源。他们在各个领域施加压力的能力受到严重限制，这意味着活动人士很难影响贸易政策。

或许具有讽刺意味的是，虽然政府削弱了一种基于制度化的内部人策略的抵制，但同时也提高了贸易政策的风险，刺激了另一种形式的植根于破坏性的草根外部人策略的抵制。在民主紧缩的环境下，活动人士的主要策略选择是试图彻底扼杀贸易协定。为了达到这个目的，他们可以尝试选举出政治盟友，或者使用破坏性策略，对当局构成挑战，让一切照旧变得不可能。可以这样说，在《北美自由贸易协定》之后，通过维持封闭的谈判程序，拒绝回应民间社团对贸易协定内容的关切，贸易政策精英们促成了《多边投资协定》《美洲自由贸易协定》《跨太平洋伙伴关系协定》与世界贸易组织多哈回合谈判的失败，也促成了唐纳德·特朗普当选总统。

政策制定的民主普遍遭到侵蚀，对各类政策的性质和内容造成了显著影响。在贸易领域，这意味着，在《北美自由贸易协定》重新谈判的过程中，为了改进《北美自由贸易协定》，活动人士将需要与国家机构有一些接触并获得信息。有证据表明，改进《北美自由贸易协定》会比摧毁它带来更好的经济和政治结果。自从唐纳德·特朗普当选以来，许多学者、活动家和政策制定者警告说，全面废除《北美自由贸易协定》将给整个美洲大陆的工人、消费者、农民和企业带来可怕的后果。[①] 过去的25年间，《北美自由贸易协定》创造了一个一体化的经济和密集的网络，这是跨越供应链、工厂、金融市场以及协调关键标准（农业、食品、环境等）的网络，这些都有真实的收益。就像他们在《北美自由贸易协定》斗争中所做的那样，建立在这些收益基础上，今天的活动人士倾向于改进《北美自由贸易协定》，同时加强劳工和环境保护以及消除投资者—国家争端解决机制。在特朗普政府时期，他们是否会有这样的机会，依然不明朗。

《北美自由贸易协定》案例与议题范围广泛的世界各地的运动和民间社团组织是极为相关的，从努力影响国际气候变化政策的社会运动到倡导国际银行业监管的非政府组织。围绕《北美自由贸易协定》的斗争有力地提醒我们，制度机会对于活动人士试图塑造国际政策的努力至关重要。当宪法渠道被国家封锁时，民间社团组织影响和塑造国家政策是极其困难的。当国家关闭了民间社团参与的制度窗口时（例如秘密谈判气候变化协定），活动人士几乎陷入无助警示，只能采取破坏性策略，将其作为成功的最佳机会。

因此，国家重视限制路径，即个人和组织在民间社团中参与的路径，从而改变政治上的话语权和参与度。实际上，这种机制加剧了政治化和两极化。这在

---

① http://www.wbur.org/hereandnow/2016/04/27/economist-gordon-hanson-nafta.

唐纳德·特朗普总统任期的第一周就得到了充分展示，当时他签署了一项禁止来自7个伊斯兰国家的难民的行政命令。公众反应迅速，活动人士走上街头，在全国各地举行抗议活动。尽管下一场贸易战在特朗普政府时期将如何演变还有待观察，但是，如果说历史给了我们什么教训，那就是每一届政府——不管是在哪个政党治下——都已经找到了方法，削弱公众以民主方式干预政府贸易政策的能力。

正如我们的分析所表明的，就诸多方面而言，与其说围绕《北美自由贸易协定》的斗争是关于贸易政策的斗争，不如说是一场关于在政策制定中的民主国家制度作用的斗争。因此，25年后的第一次贸易战仍然与此相关，因为它暴露了需要展开未来斗争，保护民主参与和了解所有政策问题，而不仅仅是贸易问题。事实上，未来进步运动的首要目标应该是要求并通过他们的运动动员确保国家机构是开放的、透明的、可接近的，并且对所有人给予积极响应。只有通过在贸易、劳工、环境、移民和难民权利等许多问题领域建立联盟和开展跨问题领域的运动，进步的活动人士才有机会反击美国和世界各地削弱民主和民主制度的力量。

参考文献

Advisory Committee for Trade Policy and Negotiations (The) (ACTPN). 1991. *A Report to the U.S. Congress Concerning the President's Request for the Extension of Fast-Track Procedures Implementing Legislation for Trade Agreements*. Washington, DC. March.

AFL-CIO. 2011. "Memorandum on Ineffectiveness of Colombia's Labor Action Plan." October 4.

AFL-CIO Executive Council. 1993. "Statement by the AFL-CIO Executive Council on the North American Free Trade Agreement." February 17.

AFL-CIO News. 1989. "Maquiladora Toxics." March 4.

AFL-CIO News. 1991. "AFL-CIO Secretary-Treasurer Thomas R. Donahue on the Garin-Hart Poll Results." May 1. Department of Information.

Amenta, Edwin et al. 2010. "The Political Consequences of Social Movements." *Annual Review of Sociology* 36:287–307.

Anderson, Mark. 1991. "Statement Before the Subcommittee on Trade, Committee on Ways and Means U.S House of Representatives on U.S.-Mexico Economic Relations." June 28.

Anderson, Mark. 1993. "NAFTA Campaign." Letter to Thomas Donahue. June 24.

Anderson, Sarah, John Cavanaugh, and Sandra Gross. 1993. "NAFTA's Corporate Cadre: An Analysis of the USA *NAFTA State Captains." July.

Apple, R.W. 1993. "The Free Trade Accord: News Analysis; A High-Stakes Gamble Paid Off." *New York Times*, November 18.

Armstrong, Elizabeth A. 2002. *Forging Gay Identities: Organizing Sexuality in San Francisco, 1950–1994*. Chicago: University of Chicago Press.

ART/CTC. 1992. Letter to President-Elect Clinton. December 15.

Audley, John. 1992. Testimony on Behalf of the Sierra Club Before the House Agriculture Committee. "Review of Issues Related to the North American Free Trade Agreement—NAFTA." April 8.

Audley, John. 1993. "Why Environmentalists Are Angry about the North American Free Trade Agreement." In *Trade and Environment: Law, Economics and Policy*, edited by Durwood Zaelke, Paul Orbuch, and Robert Housman. Washington, DC: Island Press, 191–202.

Audley, John. 1997. *Green Politics and Global Trade: NAFTA and the Future of Environmental Politics*. Washington, DC: Georgetown University Press.

Ayres, Jeffrey M. 1998. *Defying Conventional Wisdom: Political Movements and Popular Contention against North American Free Trade*. Toronto: University of Toronto Press.

Baer, M. Delal and Sidney Weintraub. 1994. *The NAFTA Debate: Grappling with Unconventional Trade Issues*. Boulder, CO: Lynne Rienner.

Barclay, William. 1992. Testimony on Behalf of Greenpeace International Before the House Committee on Agriculture. April 8. Pp. 241–245.

Barry, John. 1999. *Rethinking Green Politics*. London: Sage.

Baum, Jeeyang R. 2011. *Responsive Democracy: Increasing State Accountability in East Asia*. Ann Arbor: University of Michigan Press.

Bayard, Thomas and Kimberly Elliott. 1994. *Reciprocity and Retaliation in U.S. Trade Policy*. Washington, DC: Institute for International Economics.

Beck, Ulrich. 1992. *Risk Society: Towards a New Modernity*. London: Sage.

Bernstein, Mary. 1997. "Celebration and Suppression: The Strategic Uses of Identity by the Lesbian and Gay Movement." *American Journal of Sociology* 103(3):531–565.

Berry, Jeffery. 1989. *The Interest Group Society*. New York: Harper Collins.

Bertrab, Hermann von. 1997. *Negotiating NAFTA: A Mexican Envoy's Account*. Westport, CT: Praeger.

Bloom, Joshua. 2014. *Pathways of Insurgency: Black Freedom Struggle and the Second Reconstruction, 1945–1975*. Dissertation, Department of Sociology, University of California-Los Angeles.

Bloom, Joshua. 2015. "The Dynamics of Opportunity and Insurgent Practice: How Black Anti-colonialists Compelled Truman to Advocate Civil Rights." *American Sociological Review* 80(2):391–415.

Bloom, Joshua and Waldo E. Martin Jr. 2013. *Black against Empire: The History and Politics of the Black Panther Party*. Berkeley: University of California Press.

Bognanno, M.F. and Kathryn J. Ready, eds. 1993. *The North American Free Trade Agreement: Labor, Industry, and Government Perspectives*. Westport, CT: Quorum Books.

Bolle, Mary Jane. 2001. "U.S.-Jordan Free Trade Agreement." *Congressional Research Service Report for Congress*.

BorderLines. 1993. "Arizona and Sonora Get It Together." 1(3):1–5.

Boswell, Terry and Dimitris Stevis. 1997. "Globalization and International Labor Organizing: A World-System Perspective." *Work and Occupations* 24(3):288–308.

Bothwell, Robert. 1992. *Canada and the United States: The Politics of Partnership*. New York: Twayne.

Bourdieu, Pierre. 1988. *Homo Academicus*. Translated by Peter Collier. Stanford, CA: Stanford University Press.

Bourdieu, Pierre. 1990. *The Logic of Practice*. Stanford, CA: Stanford University Press.
Bourdieu, Pierre. 1996. *State Nobility: Elite Schools in the Field of Power*. Translated by Lauretta C. Clough. Oxford: Polity Press.
Bourdieu, Pierre and Loïc Wacquant. 1992. *An Invitation to Reflexive Sociology*. Chicago: University of Chicago Press.
Bradsher, Keith. 1991. "House Vote Backs Bush's Authority on Trade Accords." *New York Times*, May 24. P. 1.
Brecher, Jeremy and Tim Costello. 1991. "Labor Goes Global II: A One-World Strategy for Labor." *Z Magazine*, March:90–97.
Bronfenbrenner, Kate. 1997. "Final Report: The Effects of Plant Closing or Threat of Plant Closing on the Right of Workers to Organize." Dallas, TX: Secretariat of the Commission for Labor Cooperation.
Bronfenbrenner, Kate. 2007. *Global Unions: Challenging Transnational Capital through Cross-Border Campaigns*. Ithaca, NY: Cornell University Press.
Browne, William. 1998. "Lobbying the Public: All-Directional Advocacy." In *Interest Group Politics*, edited by Allan Cigler and Burdett Loomis. Washington, DC: CQ Press, 342–364.
Browne, Harry and Beth Sims. 1993. "Global Capitalism, Global Unionism." *Resource Center Bulletin*, Winter. Albuquerque, NM: Resource Center.
Brulle, Robert J. and Craig J. Jenkins. 2008. "Fixing the Bungled U.S. Environmental Movement." *Contexts* 7(2):14–18.
Burkholder, Richard. 1991. "Americans and Mexicans Support North American Free Trade Zone, Canadians Opposed." The Gallup Organization. April 4.
Bush, George. 1991. Letter to Chairman Lloyd Bentsen. Washington, DC. May 1.
Bustamante, Jorge A. 1972. "The 'Wetback' as Deviant: An Application of Labeling Theory." *American Journal of Sociology* 4:706–718.
Buttel, Frederick. 1997. "Social Institutions and Environmental Change." In *The International Handbook of Environmental Sociology*, edited by Michael Redclift and Graham Woodgate. Cheltenham, UK: Edward Elgar, 33–47.
Buttel, Frederick and Peter Taylor. 1992. "Environmental Change: A Critical Assessment." *Society and Natural Resources* 5:211–230.
Cahn, Matthew. 1995. *Environmental Deceptions: The Tension between Liberalism and Environmental Policymaking in the United States*. Albany: State University of New York Press.
Calmes, Jackie. 1991. "House Extends 'Fast Track'." *Wall Street Journal*, May 24. P. A3.
Cameron, Maxwell and Brian Tomlin. 2000. *The Making of NAFTA: How the Deal Was Done*. Ithaca, NY: Cornell University Press.
Caulfield, Norman. 2010. *NAFTA and Labor in North America*. Champaign: University of Illinois Press.
CBO. 2003. "The Effects of NAFTA on U.S.-Mexican Trade and GDP." Congressional Budget Office, May.

Charnovitz, Steve. 1993. "Environmental Harmonization and Trade Policy." In *Trade and the Environment: Laws, Economics and Policy*, edited by Durwood Zaelke, Paul Orbuch, and Robert Housman. Washington, DC: Island Press, 267–286.

Chorev, Nitsan. 2007. *Remaking US Trade Policy: From Protectionism to Globalization*. Ithaca, NY: Cornell University Press.

Chorev, Nitsan. 2009. "International Trade Policy under George W. Bush." In *Assessing the George W. Bush Presidency*, edited by Andrew Wroe and Jon Herbert. Edinburgh: Edinburgh University Press, 129–146.

Citizen Trade Watch Campaign. 1991. Letter to U.S. Senators. September 26.

Citizen Trade Watch Campaign. 1991. "News Release." December 13.

Citizens Trade Campaign. 1993. "Draft Talk Points: CTC Team Congressional Visits February 17–24, 1993." February.

Citizens Trade Campaign. 1993. "NAFTA Vote 'Buying' to Cost Taxpayers Billions." November 12.

Citizens Trade Campaign Bulletin. 1993. "NAFTA's Hot This July: Capitol Hill Update." July 20. P. 1.

Clemens, Elisabeth S. 1993. "Organizational Repertoires and Institutional Change: Women's Groups and the Transformation of U.S. Politics, 1890–1920." *American Journal of Sociology* 98:755–798.

Clinton, Bill. 1992. "Expanding Trade and Creating American Jobs." Speech given at North Carolina State University, Raleigh, NC, October 4.

Closs, M.J. 1988. "Canada: The Neighbouring Auto Industry." In *Canada at the Crossroads: Essays on Canadian Political Economy*. Edited by Robert J. Thorton, Thomas Hyclak, and J. Richard Aronson. Greenwich, CT: JAI Press.

Cloud, David. 1991a. "Congress Wary of Bush Plan to Open Doors to Mexico (charts)." *CQ Weekly*. February 23. Pp. 451–458.

Cloud, David. 1991b. "Hill Gives Bush Green Light to Negotiate Trade Pacts." *CQ Weekly*. May 25. Pp. 1358–1361.

Cloud, David. 1992. "Warning Bells on NAFTA Sound for Clinton." *Congressional Quarterly*, November 28.

Coalition for Justice in the Maquiladoras. 1999. "Coalition for Justice in the Maquiladoras 1989–1999."

Cohen, Stephen. 1988. *The Making of United States International Economic Policy*: Principals, Problems, and Proposals for Reform. New York: Praeger.

CQ Weekly. 1991. "Trade: Bush Asks to Stay on Fast Track." March 2. P. 531.

Cranford, John. 1992. "Trade: House Signals Concerns on Free-Trade Pact." August 8.

Crawley, James. 1991. "Border Waste Plan Is Vague, Critics Charge." *San Diego Union-Tribune*. September 24. Pp. AA-1.

Crowe, Kenneth. 1993. "1,100 March in Favor of Free Trade Pact." *Newsday*, May 2. P. 48.

Darling, Juanita. 1992. "Dynamite Deal; Environmental, Labor Groups Make Their Voices Heard." *Los Angeles Times*. August 7. P. D2.

Davis, Gerald F., Doug McAdam, W. Richard Scott, and Mayer N. Zald. 2005. *Social Movements and Organization Theory*, edited by G.F. Davis, D. McAdam, W. Richard Scott, and M.N. Zald. New York: Cambridge University Press.

DeLong, Bradford J. 2006. "Afta Thoughts on NAFTA." *Berkeley Review of Latin American Studies*. Center for Latin American Studies, University of California, Berkeley.

DeLuca, Kevin. 1999. *Image Politics: The New Rhetoric of Environmental Activism*. New York: Guilford Press.

Destler, I.M. 1995. *American Trade Politics*. 3rd Edition. Washington, DC: Institute for International Economics.

Destler, I.M. 2005. *American Trade Politics*. Fourth Edition. Washington, DC: Institute for International Economics.

Dewey, Scott. 1998. "Working for the Environment: Organized Labor and the Origins of Environmentalism in the United States, 1948–1970." *Environmental History* 3:45–63.

De Ville, Ferdi and Gabriel Siles-Brügge. 2015. *TTIP: The Truth about the Transatlantic Trade and Investment Partnership*. Cambridge: Polity Press.

Diamond, Larry. 1999. *Developing Democracy: Toward Consolidation*. Baltimore: Johns Hopkins University Press.

DiMaggio, Paul and Walter Powell. 1991. *The New Institutionalism in Organizational Analysis*. Chicago: University of Chicago Press.

Dobson, Andrew. 1990. *Green Political Thought*. New York: HarperCollins Academic.

Donahue, Thomas. 1993. Letter to Ambassador Kantor. June 17.

Dreiling, Michael C. 2001. *Solidarity and Contention: The Politics of Security and Sustainability in the NAFTA Conflict*. New York: Garland.

Duffy, Meghan, Amy Binder, and John Skretny. 2010. "Elite Status and Social Change: Using Field Analysis to Explain Policy Formation and Implementation." *Social Problems* 57:49–73.

Duina, Francesco. 2006. *The Social Construction of Free Trade: The European Union, NAFTA, and MERCOSUR*. Princeton, NJ: Princeton University Press.

Duncan, Cameron. 1991. "Re: More on the US-Mexico-Canada FTA." Memo to Tani, Sergio, Marcie. February 13.

Dunne, Nancy. 1991. "Fears over US-Mexico Free Trade Pact." *Financial Times* (London). January 30. P. 4.

Dunne, Nancy and Lisa Bransten. 1992. "NAFTA Foes Campaign on a Shoestring." *Financial Times* (London). August 2. P. 4.

Durbin, Andrea and Atlanta McIlwraith. 1993. CTC Memorandum. "Subject Summary of Organizers Strategy Meeting." Memo. April 7.

Eagleton-Pierce, Matthew. 2013. *Symbolic Power in the World Trade Organization*. Oxford: Oxford University Press.

Erne, R., B. Agathonos-Mähr, and O. Gauper. 1998. "Social Democracy in the Age of Internationalisation Transfer." *European Review of Labour and Research* 4(2): 371–375.

Evans, Peter B. 1985. "Transnational Linkages and the Economic Role of the State: An Analysis of Developing and Industrialized Nations in the Post-World War II Period." In Peter B. Evans, Dietrich Rueschemeyer, and Theda Skocpol. *Bringing the State Back In*. New York: Cambridge University Press, 192–226.

Evans, Peter B. 1995. *Embedded Autonomy: States and Industrial Transformation*. Princeton, NJ: Princeton University Press.

Evans, Peter B., Dietrich Rueschemeyer, and Theda Skocpol. 1985. *Bringing the State Back In*. New York: Cambridge University Press.

Evans, Rhonda. 2002. *The Rise of Ethical Trade Advocacy: NAFTA and the New Politics of Trade*. PhD dissertation, Department of Sociology, University of California, Berkeley, Berkeley, CA.

Evans, Rhonda and Tamara Kay. 2008. "How Environmentalists 'Greened' Trade Policy: Strategic Action and the Architecture of Field Overlap." *American Sociological Review* 73(6):970–991.

ETUC/AFL-CIO Declaration of Joint Principles. 2014. "TTIP Must Work for the People, Or It Won't Work at All," May 21.

Fairbrother, Malcolm. 2006. "Neoliberal Mercantilism and North American Free Trade: A Study of the Political Causes of Globalization." PhD Dissertation. Department of Sociology. University of California, Berkeley.

Fairbrother, Malcolm. 2007. "Making Neoliberalism Possible: The State's Organization of Business Support for NAFTA in Mexico." *Politics & Society* 35(2):265–300.

Feigen, Ed. 1992. "Re: Grass Roots Anti-NAFTA Action Plan." Memo to Mark Anderson. August 25.

Fligstein, Neil. 2001. *The Architecture of Markets: An Economic Sociology of Twenty-First-Century Capitalist Societies*. Princeton, NJ: Princeton University Press.

Fligstein, Neil and Doug McAdam. 2012. *A Theory of Fields*. New York: Oxford University Press.

Frank, Dana. 1999. *Buy American: The Untold Story of Economic Nationalism*. Boston: Beacon Press.

Frieden, Jeffry A. and Ronald Rogowski. 1996. "The Impact of the International Economy on National Policies: An Analytical Overview." In *Internationalization and Domestic Politics*, edited by Robert O. Keohane and Helen V. Milner. New York: Cambridge University Press, 25–47.

Galenson, Walter. 1996. *The American Labor Movement*. Westport, CT: Greenwood Press.

Gamson, William A. and David S. Meyer. 1996. "Framing Political Opportunity." In *Comparative Perspectives on Social Movements: Political Opportunities, Mobilizing Structures, and Cultural Framings*, edited by D. McAdam, J. D. McCarthy, and M. N. Zald. Cambridge: Cambridge University Press, 275–290.

Ganz, Marshall. 2000. "Resources and Resourcefulness: Strategic Capacity in the Unionization of California Agriculture, 1959–1966." *American Journal of Sociology* 105(4):1003–1062.

Garduño-Rivera, Rafael. 2010. "Effect of NAFTA on Mexico's Income Distribution in the Presence of Migration." Unpublished paper prepared for the Agricultural & Applied Economics Association Meeting. July.

Garin-Hart Strategic Research Group. 1991. "The Mexican Trade Agreement Survey: A Summary of Key Findings."

Gephardt, Richard. 1992. "Prepared Statement in Support of House Concurrent Resolution 246." News From the House Majority Leader. August 6.

Gereffi, Gary. 1992. "Mexico's Maquiladora Industries and North American Integration." In *North America without Borders?*, edited by Stephen Randall with Herman Konrad and Sheldon Silverman. Calgary: University of Calgary Press, 135–152.

Giddens, Anthony. 1994. *Beyond Left and Right: The Future of Radical Politics*. Stanford, CA: Stanford University Press.

Goldstein, Judith. 1993. *Ideas, Interests, and American Trade Policy*. Ithaca, NY: Cornell University.

Goodwin, Jeff and James M. Jasper. 1999. "Caught in a Winding, Snarling Vine: The Structural Bias of Political Process Theory." *Sociological Forum* 14:27–54.

Gottlieb, Robert. 2005. *Forcing the Spring: The Transformation of the American Environmental Movement, Revised Edition*. Washington, DC: Island Press.

Gould, Kenneth et al. 1996. *Local Environmental Struggles*. Cambridge: Cambridge University Press.

Graubart, Jonathan. 2008. *Legalizing Transnational Activism: The Struggle to Gain Social Change from NAFTA's Citizen Petitions*. University Park, PA: Penn State University Press.

Grayson, George. 1995. *The North American Free Trade Agreement: Regional Community and the New World Order*. Lanham, MD: University Press of America.

Greenwood, Justin. 2011. *Interest Representation in the European Union*, 3rd ed. London: Palgrave Macmillan.

Gregory, Michael. 1991. Testimony on Behalf of Arizona Toxics Information Before the Senate Committee on Environment and Public Works and the Subcommittee on Labor of the Committee on Labor and Human Resources. "Economic and Environmental Implications of the Proposed U.S. Trade Agreement with Mexico." April 23.

Gregory, Michael. 1992. "Environment, Sustainable Development, Public Participation and NAFTA: A Retrospective. *Journal of Environmental Law and Litigation* 7(1):99–174.

Gugliotta. 1991. May 24. "House Votes Backs on Trade; President Seeking 'Fast Track' for Pact with Mexico." *Washington Post*. P. A1.

Guisinger, Alexandra. 2009. "Determining Trade Policy: Do Voters Hold Politicians Accountable?." *International Organization* 63.03:533–557.

Gunter, Frank. 1988. "In Bed with the Elephant: Canadian-US Economic Relations." In *Canada and the Crossroads: Essays on Canadian Political Economy'*, edited by Robert Thornton et al. Contemporary Studies in Economic and Financial Analyses, 64.

Haggard, Stephen. 1988. "The Institutional Foundations of Hegemony: Explaining the Reciprocal Trade Agreements Act of 1934." *International Organization* 42(1):91–119.

Haines, Herbert. 1988. *Black Radicals and the Civil Rights Mainstream*. Knoxville: University of Tennessee Press.

Hair, Jay. 1991. "An Environmental Vote." *Washington Post*. May 22. P. A20.

Hamilton, Daniel S. 2014. *The Geopolitics of TTIP: Repositioning the Transatlantic Relationship for a Changing World*. Center for Transatlantic Relations SAIS.

Hannah, Erin. 2016. *NGOs and Global Trade: Non-state Voices in EU Trade Policymaking*. London: Routledge.

Hannah, Erin, James Scott, and Silke Trommer, editors. 2015. *Expert Knowledge in Global Trade*. London: Routledge.

Hanson, Gordon H. 2003. *What Has Happened to Wages in Mexico since NAFTA?*. No. w9563. National Bureau of Economic Research.

Hanson, Gordon H. 2007. "Globalization, Labor Income, and Poverty in Mexico." 2007. In *Globalization and Poverty*, edited by Ann Harrison. National Bureau of Economic Research. Chicago: University of Chicago Press.

Hart, Michael. 1991. "Dispute Settlement and the Canada-United States Free Trade Agreement." In *The Economic Impact and Implications of the Canada-US Free Trade Agreement*, edited by Fakhari Siddiqui. Lewiston, NY: Edwin Mellen Press, 113–146.

Hayes, Michael. 1981. *Lobbyists and Legislators: A Theory of Political Markets*. Brunswick, NJ: Rutgers University Press.

Herrera Lima, Fernando. 2014. "El aislamiento internacional del sindicalismo mexicano en su crisis actual." Latin American Studies Association Annual Meeting, Chicago, May.

Hook, Janet. 1993. "Special NAFTA Report: The Uphill Battle for Votes Produces a Whirl of Wooing and Wheedling." *CQ Weekly* 51 (November 6):3014.

Howell, Thomas and Alan Wolff. 1992. "Introduction." In *Conflict among Nations: Trade Policies in the 1990s*, edited by Thomas Howell et al. Boulder, CO: Westview Press, 1–44.

Hudson, Stewart. 1991. Testimony on Behalf of the National Wildlife Federation Before the House Subcommittee on International Economic Policy and Trade and on Western Hemisphere Affairs of the Committee on Foreign Affairs. "The North American Free Trade Agreement." March 6.

Hudson, Stewart. 1991. Testimony on Behalf of the National Wildlife Federation Before the House Committee on Agriculture. "Proposed United States-Mexico Free-Trade Agreement and Fast-Track Authority." April 24.

Hudson, Stewart. 1991. Testimony on Behalf of the National Wildlife Federation Before the House Subcommittee on International Economic Policy and Trade and on Western Hemisphere Affairs of the Committee on Foreign Affairs. "The North American Free Trade Agreement." March 6.

Hufbauer, Gary, Cathleen Cimino, and Tyler Moran. 2014. "*NAFTA at 20: Misleading Charges and Positive Achievements.*" In "NAFTA 20 Years Later." PIIE Briefing No. 14-3, November. Washington, DC: Peterson Institute for International Economics.

Hufbauer, Gary and Jeffrey Schott. 1992. *North American Free Trade: Issues and Recommendations.* Washington, DC: Institute for International Economics.

Hufbauer, Gary and Jeffrey Schott. 2005. *NAFTA Revisited: Achievements and Challenges.* Washington, DC: Institute for International Economics.

Hurst, William J. forthcoming. *The South China Sea: What Everyone Needs to Know.* New York: Oxford University Press.

Inside U.S. Trade. 1990. "USTR Official Says Mexico Accord Should End before U.S. Presidential Campaign." November 23. Pp. 1–3.

Inside U.S. Trade. 1990. "Citizen Groups to Press Inclusion of Social Issues in U.S.-Mexico Trade Accord." November 23. P. 19.

Inside U.S. Trade. 1991. "Hill Says FTA Agenda Not Closed; Pledges Close Consultation with Congress." January 11. Pp. 6–7.

Inside U.S. Trade. 1991. "Official Warns of Mandatory Adjustment Aid in Trade Pact with Mexico, Canada." January 11. Pp. 1–2. January 15, 1991.

Inside U.S. Trade. 1991. "Chamber Officials See Easing of Investment Rules as a Priority in Mexico FTA." January 18. P. 14.

Inside U.S. Trade. 1991. February 8. Pp. 5 and 9.

Inside U.S. Trade. 1991. "Hills Tells Panel USTR Willing to Consult on Drugs, Environment, and Labor." February 22. Pp. 1, 19–20.

Inside U.S. Trade. 1991. "House Members Warn Hills on NAFTA, Extension of Fast-Track Authority" February 22. P. 4.

Inside U.S. Trade. 1991. "House Members Tie Fast-Track Support to Inclusion of Environment in FTA." February 22. Pp. 5–6.

Inside U.S. Trade. 1991. "Panel Chairman Tells USTR to Expand Range of Issues in Free Trade Talks. March 1. Pp. 7–8.

Inside U.S. Trade. 1991. "Gephardt Adds to Pleas for Non-trade Issues to Be in North America Trade Pact." March 29. Pp. S-1–3.

Inside U.S. Trade. 1991. "Environment Group Said to Inform USTR of Principles for Mexico Talks." April 5. P. 8.

Inside U.S. Trade. 1991. "Rostenkowski Sees Floor Vote on Measure to Disapprove Fast-Track Authority." May 3. P. 8.

Inside U.S. Trade. 1991. "Administration Wins Fast Track in House; Senate Approval Expected by Today." May 24. Pp. 1, 18–19.

Inside U.S. Trade. 1991. "House Letter on Fair Trade Caucus." June 21. P. 13.

Inside U.S. Trade. 1991. "White House Said to Approve All but One Nominee for Environment Advisor Posts." July 19. Pp. 1, 19.

Inside U.S. Trade. 1991. "GATT Dispute Settlement Panel Rules against U.S. on Ban of Mexican Tuna." August 23. Pp. 1, 20.

Inside U.S. Trade. 1991. "House Members to Call for U.S. to Reject GATT Landmark Tuna Ruling." September 13. Pp. 4–5.

Inside U.S. Trade. 1991. "Mexico Opts to Foresake [sic] GATT for Bilateral Resolution of Tuna Dispute." September 27. Pp. 1–2.

Inside U.S. Trade. 1991. "Administration Misses Second Deadline for Draft NAFTA Environment Report." October 4. Pp. 6–7.

Inside U.S. Trade. 1991. "Opponents of NAFTA Present Their Alternative Plan to Top Trade Negotiators." November 1. Pp. 9–10.

Inside U.S. Trade. 1991. "Forty 'Fast-Track' Democrats Warn Bush to Present Early Environment Accord." November 8. Pp. 7–8.

Inside U.S. Trade. 1991. "Judge Close to Ruling on Need for Environment Statement for NAFTA, GATT." November 29. Pp. 8–9.

Inside U.S. Trade. 1991. "Gejdenson Charges U.S. Separation of Environment, Trade Talks Risks Leverage." December 13. P. 7.

Inside U.S. Trade. 1992. "Administration under Rising Pressure from Citizens Groups on GATT, NAFTA." February 21. Pp. S-1–2.

Inside U.S. Trade. 1992. February 14. P. 20.

Inside U.S. Trade. 1992. "Bush Unveils Three-Year, $1-Billion Environmental Plan for U.S.-Mexico Border." February 28. Pp. S-9–S-11.

Inside U.S. Trade. 1992. "Environmentalists Oppose Administration Tuna Plan, But Will Negotiate." March 13. Pp. 3–5.

Inside U.S. Trade. 1992. "House Bill Would Make Violations of Labor, Environmental Laws Actionable." March 13. P. 8.

Inside U.S. Trade. 1992. "Mexican Groups Call for Halt to NAFTA Talks, Other Groups Vow Fight. July 28. Pp. S-3–S4.

Inside U.S. Trade. 1992. "Political Opposition to North American Trade Pact Mounts in Canada." August 21. Pp. 5–6.

Inside U.S. Trade. 1992. "House Democrats Press Clinton to Reject NAFTA and Renegotiate Pact." October 16. Pp. 1, 16.

Inside U.S. Trade. 1992. "Defenders of Wildlife Say Environmental Side Deal Could Bring Support for NAFTA." December 18. P. 10.

Inside U.S. Trade. 1992. "NAFTA Opponents Urge Clinton to Tackle Fundamental Flaws in Trade Pact." December 25. P. 7.

Inside U.S. Trade. 1993. "Clinton, Salinas to Meet Today as Stage Set for Further Talks on NAFTA." January 8. Pp. 4–5.

Inside U.S. Trade. 1993. "Clinton Says U.S., Mexico Must Examine New Models to Ensure Beneficial NAFTA." January 15. Pp. 6–7.

Inside U.S. Trade. 1993. "Transition Trade Official Says NAFTA Might Take Back Seat to Domestic Agenda." January 15. Pp. 1, 18.

Inside U.S. Trade. 1993. "Initial U.S. Presentation on NAFTA Labor Accord Is Silent on Trade Sanctions." April 2. Pp. 1, 19–20.

Inside U.S. Trade. 1993. "U.S. Environment, Labor Proposals Are Silent on NAFTA Dispute Mechanisms." April 30. Pp. S-1–S-6.

Inside U.S. Trade. 1993. "Environmental Groups Offer to Support NAFTA if Demands Are Met." May 7. P. S-2–S-5.

Inside U.S. Trade. 1993. "Mexican Official Acknowledges Possibility of Environmental Dispute Panels." May 7. P. 9.

Inside U.S. Trade. 1993. "U.S. Chamber Backs Limited Role for NAFTA Environment, Labor Commissions." May 14. P. S-7–S-8.

Inside U.S. Trade. 1993. "Mexican NAFTA Labor Draft Excludes Use of Sanctions, Proposes I.L.O. Role." May 21. P. S-1, S-9.

Inside U.S. Trade. 1993. "Chamber Criticizes NAFTA Side Deals, Alleges Failure to Consult Business." May 28. Pp. 11–12.

Inside U.S. Trade. 1993. "NAFTA Negotiators Make Conceptual Progress, Yet Fail to Break Deadlock." June 11. P. S-1–S-2.

Inside U.S. Trade. 1993. "Composite Drafts of NAFTA Side Pacts Show Sparse Progress in Ottawa." June 11. P. S-5–S-8.

Inside U.S. Trade. 1993. "Administration to Appeal Ruling Mandating NAFTA Environment Study." July 2. P. 1; P.17.

Inside U.S. Trade. 1993. "Legislators Call for Expanded Environmental Agenda In NAFTA." July 2. P. 20.

Inside U.S. Trade. 1993. "Senate Passage of NAFTA No Sure Thing, Bradley Aide Warns NAM." July 16. P. 5.

Inside U.S. Trade. 1993. "NAFTA Negotiators Make Limited Headway on Regional Secretariat." July 16. P. 1–2.

Inside U.S. Trade. 1993. "NEC Narrows Options for Financing of NAFTA Environment Initiatives." July 23. P. 1; July 23. P. 12; July 23. Pp. 20–21.

Inside U.S. Trade. 1993. "Bonior, Kaptur Claim Comfortable Vote Count for NAFTA Defeat." July 30. P. 6.

Inside U.S. Trade. 1993. "101 Farm Groups Form Coalition to Fight for NAFTA Passage." July 30. Pp. 21–22.

Inside U.S. Trade. 1993. "Gephardt, Baucus Call for Stronger Enforcement in NAFTA Side Deals." August 13. P.10.

Inside U.S. Trade. 1993. "Kantor Highlights Enforcement Provisions of NAFTA Side Accords." August 16. P. 1; August 16. Pp. S-4 and S-5.

Inside U.S. Trade. 1993. "De La Garza Says NAFTA Support Is in National Interest." August 20. P. 4–5.

Inside U.S. Trade. 1993. "Pro-NAFTA Republicans Criticize Business Lobbying for Trade Pact." October 29. P. 11.

Inside U.S. Trade. 1993. "As House Vote Nears, NAFTA Endorsements Outpace New Opponents." November 12. P. 8.

Isaac, Larry W. 2008. "Movement of Movements: Culture Moves in the Long Civil Rights Struggle." *Social Forces* 87(1):33–63.

IUE News Release. 1992. September 30.

Joas, Hans. 1996. *The Creativity of Action.* Chicago: University of Chicago Press.

Kaplan, Edward. 1996. *American Trade Policy, 1923–1995.* Westwood, CT: Greenwood Press.

Kaptur, Marcy et al. 1992. "Letter to Governor Bill Clinton." *Inside U.S. Trade,* October 3. P. 13.

Kay, Tamara. 2004. *NAFTA and the Politics of Labor Transnationalism.* PhD dissertation, Department of Sociology, University of California, Berkeley, Berkeley, CA.

Kay, Tamara. 2005. "Labor Transnationalism and Global Governance: The Impact of NAFTA on Transnational Labor Relationships in North America." *American Journal of Sociology* 11(3):715–756.

Kay, Tamara. 2011a. *NAFTA and the Politics of Labor Transnationalism.* New York: Cambridge University Press.

Kay, Tamara. 2011b. "Legal Transnationalism: The Relationship between Social Movement Building and International Law." *Law & Social Inquiry* 36(2):419–454.

Kay, Tamara. 2015. "New Challenges, New Alliances: The Politicization of Unions in a Post-NAFTA Era." *Labor History* 56(3):246–269.

Kazis, Richard and Richard L. Grossman. 1982. *Fear at Work: Job Blackmail, Labor, and the Environment.* New York: Pilgrim Press.

Kingdon, John W. 1995. *Agendas, Alternatives and Public Policies.* New York: HarperCollins.

Kirkland, Lane. 1991. Letter to Representative Dan Rostenkowski. May 2.

Kitschelt, Herbert P. 1986. "Political Opportunity Structures and Political Protest: Anti-Nuclear Movements in Four Democracies." *British Journal of Political Science* 16(1):57–85.

Klandermans, Bert. 1988. "The Formation and Mobilization of Consensus." In *From Structure to Action: Comparing Movement Participation across Cultures,* edited by Bert Klandermans, Hanspieter Kriesi, and Sidney Tarrow. Greenwich, CT: JAI Press, 173–196.

Kolbe, Jim et al. 1991. Letter to President Bush. November 26.

Kollman, Ken. 1998. *Outside Lobbying: Public Opinion and Interest Group Strategies.* Princeton, NJ: Princeton University Press.

Kopinak, Kathryn. 1993. "The Maquiladorization of the Mexican Economy." In *The Political Economy of North American Free Trade,* edited by Ricardo Grinspun and Maxwell Cameron. New York: St. Martin's Press, 141–161.

Kristol, William. 2008. "The Mask Slips." *New York Times,* April 14.

Laumann, Edward and David Knoke. 1987. *The Organizational State*. Madison: University of Wisconsin Press.
Lederman, Josh. June 9, 2015. "For Dems who vote yes on trade, Obama officers help in 2016." Associated Press.
Lee, Gary. 1991. "'Fast Track' Sprint: Frenzied Lobbying on a Treaty Not Yet Written." *Washington Post*. May 23. P. A21.
Lewis, Charles. 1993. "The NAFTA-Math; Clinton Got His Trade Deal, but How Many Millions Did It Cost the Nation?" *Washington Post*, December 26.
Lindquist, Diane. 1991. "Border Pollution Plans Hit; Ecology, Business and Government Objections Heard." *San Diego Union-Tribune*. September 24. P. A-3.
Loomer, B. 1976. "Two Conceptions of Power." *Process Studies* 6(1):5–32.
Lounsbury, Michael. 2007. "A Tale of Two Cities: Competing Logics and Practice Variation in the Professionalizing of Mutual Funds." *Academy of Management Journal* 50:289–307.
MacArthur, John. 2000. *The Selling of Free Trade: NAFTA, Washington, and the Subversion of American Democracy*. New York: Hill and Wang.
Maggs, John. 1991. "US Labor Fights Mexico Trade Pact." *Journal of Commerce*. February 6. P. 1A.
Marshall, Ray. 1990. "Trade-Linked Labor Standards." *Proceedings of the Academy of Political Science* 37(4):67–78.
Martin, John Levi. 2003. "What Is Field Theory?." *American Journal of Sociology* 109:1–49.
Martin, Isaac W. 2010. "Redistributing toward the Rich: Strategic Policy Crafting in the Campaign to Repeal the Sixteenth Amendment, 1938–1958." *American Journal of Sociology* 116(1):1–52.
Martin, Lisa and Kathryn Sikkink. 1993. "U.S. Policy and Human Rights in Argentina and Guatemala, 1973–1980." In *Double-Edged Diplomacy*, edited by Peter Evans, Harold Jacobson, and Robert Putnam. Berkeley: University of California Press, 330–362.
Martínez-Alier, J. 1994. "Commentary: The Environment as a Luxury Good or 'Too Poor to Be Green.'" *Ecological Economics* 13:1–10.
Mayer, Frederick W. 1998. *Interpreting NAFTA: The Science and Art of Political Analysis*. New York: Columbia University Press.
Mayer, Brian. 2009. *Blue-Green Coalitions: Fight for Safe Workplaces and Healthy Communities*. Ithaca, NY: Cornell University Press.
McAdam, Doug. 1982. *Political Process and the Development of Black Insurgency, 1930–1970*. Chicago: University of Chicago Press.
McAdam, Doug, Sidney Tarrow, and Charles Tilly. 2001. *Dynamics of Contention*. Cambridge: Cambridge University Press.
McCallum, J.K. 2013. *Global Unions, Local Power: The New Spirit of Transnational Labor Organizing*. Ithaca, NY: Cornell University Press.
McCammon, Holly J. 2012. *The U.S. Women's Jury Movements and Strategic Adaptation*. New York: Cambridge University Press.

McDonnell, Patrick. 1991. "Environmental Fears Voiced on Free-Trade Plan; Border: Critics Say Proposals to Protect the Border Environment after a U.S.-Mexico Free-Trade Accord Are a Farce." *Los Angeles Times*. September 24. P. B1.

McLaren, John and Shushanik Hakobyan. 2010. *Looking for Local Labor Market Effects of NAFTA*. No. w16535. National Bureau of Economic Research.

Melucci, Alberto. 1988. "Getting Involved: Identity and Mobilization in Social Movements." In *International Social Movement Research*. Vol. 1, edited by Bert Klandermans. Greenwich, CT: Jai Press, 329–348.

Melucci, Alberto. 1989. *Nomads of the Present: Social Movements and Individual Needs in Contemporary Society*. Philadelphia: Temple University Press.

Mercado-Llorens, Segundo. 1991. Testimony on Behalf of the United Food and Commercial Workers Before the House Subcommittees on International Economic Policy and Trade and the Western Hemisphere Affairs of the Committee on Foreign Affairs. "North American Free Trade Agreement: American Jobs and Environmental Protection." December 9.

Merrilees, Craig. 1991. Testimony on Behalf of the Fair Trade Campaign and also the National Toxics Campaign Before the Senate Committee on Environment and Public Works and the Subcommittee on Labor of the Committee on Labor and Human Resources. "Economic and Environmental Implications of the Proposed U.S. Trade Agreement with Mexico." April 23.

Merrilees, Craig. 1991. Testimony on Behalf of the Fair Trade Campaign and also the National Toxics Campaign Before the House Committee on Energy and Commerce. "North American Free Trade Agreement." May 8.

Merrilees, Craig and Don Weiner. 1992. "Re: Advisor Update #1." Memo to Bob Kingsley. June. October 10.

Meyer, David S. 2004. "Protest and Political Opportunities." *Annual Review of Sociology* 30:125–145.

Meyer, John W. and Richard W. Scott. 1983. *Organizational Environments: Ritual and Rationality*. Beverly Hills, CA: Sage.

Middlebrook, Kevin J. 1991. "The Politics of Industrial Restructuring." *Comparative Politics* April:275–297.

Milner, Helen. 1988. *Resisting Protectionism*. Princeton, NJ: Princeton University Press.

Minchin, Timothy J. 2003. *Forging a Common Bond: Labor and Environmental Activism during the BASF Lockout*. Gainesville: University Press of Florida.

MODTLE. 1992. "Development and Trade Strategies for North America." January 3.

MODTLE and CTWC. 1992. "Too High a Price for Free Trade: Citizens' Analysis of the February 21 Draft of the North American Free Trade Agreement." April 6.

Montrie, Chad. 2008. *Making a Living: Work and Environment in the United States*. Chapel Hill: University of North Carolina Press.

Morgan, Kimberly J. and Ann Shola Orloff, eds. 2017. *The Many Hands of the State: Theorizing Political Authority and Social Control*. New York: Cambridge University Press.

Morin, Jean-Frédéric et al. 2015. *The Politics of Transatlantic Trade Negotiations: TTIP in a Globalized World*. New York: Routledge.

Murphy, Hannah. 2010. *The Making of International Trade Policy: NGOs, Agenda-Setting and the WTO*. Northampton: Edward Elgar.

NAFTAThoughts. 1991. "Trade Concerns and Alternatives Aired at Zacatecas." December.

NAFTAThoughts. 1992. "Progress and Secrecy in Negotiations." February.

NAFTAThoughts. 1993a. "NAFTA Debate Broadens amidst New Controversy." February.

NAFTAThoughts. 1993b. "NAFTA Supporters and Critics Jockey for Position in Anticipation of Negotiated Package." May.

Natural Resources Defense Council. 1991. "Environmentalists Discuss North American Free Trade Agreement with President Bush." May 8.

National Wildlife Federation. 1990. "Environmental Concerns Related to a United States-Mexico-Canada Free Trade Agreement." November 17.

National Wildlife Federation. 1991. "Key Environmental Commitments Made by the Bush Administration Regarding NAFTA." July 9.

NBC News. 1993. "Poll Results." April 20.

Nelson, Douglas. 1996. "The Political Economy of U.S. Automobile Protection." In *The Political Economy of American Trade Policy*, edited by Anne Kreuger. Chicago: University of Chicago Press, 133–196.

New York Times. 1992. "For America's Common Wealth." August 13. P. 22.

New York Times. 1993. "NAFTA, Meet the Environment." July 12. P. A16.

News from the Citizens Trade Campaign. 1993. "National Week of Action for Fair Trade to Be Held May 1–9." April 21.

News from the New Teamsters. 1992. "Los Angeles City Council Passes Unanimous Resolution Opposing Bush Administration's 'Free Trade' Policy." June 17.

Nonet, Philippe and Philip Selznik. 2017. *Law and Society in Transition: Toward Responsive Law*, 3rd ed. New York: Routledge.

Norton, Paul. 2003. "A Critique of Generative Class Theories of Environmentalism and of the Labour-Environmentalist Relationship." *Environmental Politics* 12:96–119.

O'Brien. 1998. "Shallow Foundations: Labour and the Selective Regulation of Free Trade." In *The Economics and Politics of International Trade*, edited by Gary Cook. London: Routledge, 105–124.

Obach, Brian. 2004. *Labor and the Environmental Movement: The Quest for Common Ground*. Cambridge, MA: MIT Press.

Office of the United States Trade Representative. 1992. *1992 Trade Policy Agenda and 1991 Annual Report of the President of the United States on the Trade Agreements Program*.

Orme, William A. 1993. *Continental Shift: Free Trade and the New North America*. Washington, DC: Washington Post Company.

Orme, Jr., William A. 1996. *Understanding NAFTA: Mexico, Free Trade, and the New North America*. Austin: University of Texas Press.

Otteman, Scott. 1991. "Bentsen Backs Fast-Track Extension, Will Allow Floor Vote for Opponents." *Inside U.S. Trade*. March 1. Pp. 1 and 21.

Otteman, Scott. 1991. "Administration Plan for Mexico Would Reopen Canada FTA on Autos." *Inside U.S. Trade*. May 3. Pp. S-1; S-5.

Otteman, Scott. 1991. "Administration Gains Slight Environmental Endorsement for Fast Track." *Inside U.S. Trade*. May 24. P. 7.

Otteman, Scott. 1991. "Administration Trade-Environment Policy Yields Draft Plan, Lawsuit." *Inside U.S. Trade*. August 2. P. 12.

Otteman, Scott. 1991. "GATT Tuna Ruling Spawns Environmentalist, Congressional Backlash." *Inside U.S. Trade*. September 6. Pp. 1, 14, 15.

Otteman, Scott. 1991. "USTR Reveals Assumptions for NAFTA Environmental Review to Congress. *Inside U.S. Trade*. September 13. Pp. 7–8.

Otteman, Scott. 1991. "Administration Pressed to Forego Attempt to Change Dolphin Protection Act." *Inside U.S. Trade*. October 4. Pp. 10–11.

Pallasch, Abdon M. 2008. "Obama: God, Guns Are Only Refuge of Bitter Pennsylvanians." *Chicago Sun-Times*. April 12. P. 2.

Pastor, Robert. 1992. "NAFTA as the Center of an Integration Process: The Nontrade Issues." In *North American Free Trade: Assessing the Impact*, edited by Nora Lustig, Barry Bosworth, and Robert Lawrence. Washington, DC: The Brookings Institution, 176–209.

Pastor, Manuel and Carol Wise. 1994. "The Origins of Sustainability of Mexico's Free Trade Policy." *International Organization* 48(3):459–489.

Pearson, Charles. 1993. *The Trade and Environment Nexus: What Is New since '72?* In *Trade and Environment: Law, Economics and Policy*, edited by Durwood Zaelke, Paul Orbuch, and Robert Housman. Washington, DC: Island Press, 23–32.

Perkins, Jane. 1992. "Statement of Jane Perkins, President of Friends of the Earth, On the Launching of National Campaign to Fight Bush's NAFTA." *Friends of the Earth*, December 16.

Polaski, Sandra. 2006. "The Employment Consequences of NAFTA." Carnegie Endowment for International Peace. February 26.

Portes, Alejandro. 2006. "NAFTA and Mexican Migration." July 31. Border Battles the U.S. Immigration Debates. The Social Science Research Council.

Preeg, Ernest. 1995. *Traders in a Brave New World*. Chicago: University of Chicago Press.

Prickett, Glenn et al. 1991. "Re: Environmental Review of NAFTA." Letter to Charles Ries. July 9.

Public Citizen Trade Team. 1992. "Update Packet Including News on H. Con. Res. 246 Victory (8/6), NAFTA Announcement and More . . . " Memo. August 14.

Public Citizen Trade Team. 1992. "Update Packet: Official Launch of Citizens' Campaign against Bush's NAFTA; Print and Media Campaign; International Efforts; and More . . ." Memo to People Interested in Citizens' Campaign on International Trade. December 30.

Rauch, Jonathan. 1994. *Demosclerosis*. New York: Times Books.

Reilly, William. 1991. Letter to Senator Timothy E. Wirth. Reprinted in *Inside U.S. Trade*. May 24. Pp. 8–9.

Riegle, Donald. 1991. "S.Res. 109—Modify Fast Track for N. American Free Trade." Letter to Senators. October 21.

Roberts, J. Timmons and Nikki D. Thanos. 2003. *Trouble in Paradise: Globalization and Environmental Crises in Latin America*. London: Routledge.

Roett, Riordan, editor. 1999. *MERCOSUR: Regional Integration, World Markets*. Boulder, CO: Lynne Rienner.

Roger, Michael. 1991. "More on the US-Mexico-Canada FTA." Memo. February 13.

Rogowsky, Robert A. and Eric Chyn. 2007. "U.S. Trade Law and FTAs: A Survey of Labor Requirements." *Journal of International Commerce and Economics*. International Trade Commission.

Rose, Fred. 2000. *Coalitions across the Class Divide: Lessons from the Labor, Peace, and Environmental Movements*. Ithaca, NY and London: Cornell University Press.

Rosenberg, Jerry. 1994. *Dictionary of International Trade*. New York: John Wiley and Sons.

Rosner, David and Gerald Markowitz, editors. 1987. *Dying for Work: Workers' Safety and Health in Twentieth Century America*. Bloomington: Indiana University Press.

Ruef, Martin. 2000. "The Emergence of Organizational Forms: A Community Ecology Approach." *American Journal of Sociology* 106:658–714.

Rupert, M. 1995. "(Re) Politicizing the Global Economy: Liberal Common Sense and Ideological Struggle in the US NAFTA Debate." *Review of International Political Economy* 2(4):658–692.

Samuel, Terrance. 2009. "A Good Working Environment". *The American Prospect*. Online Edition. http://www.prospect.org/cs/articles?article=a_good_working_environment. Accessed on March 19, 2013.

Sanchez, Roberto. 1990. "Health and Environmental Risks of the Maquiladora in Mexicali. *Natural Resources Journal* 30:163–186.

Sanchez, Joseph. 1991. Testimony on Behalf of the Hotel Employees & Restaurant Employees Union Before the House Task Force on Economic Policy, Projections and Revenues of the Committee on the Budget. May 14.

Schnaiberg, Allan. 1980. *The Environment: From Surplus to Scarcity*. New York: Oxford University Press.

Schnaiberg, Allan and Kenneth Gould. 1994. *Environment and Society*. New York: St. Martin's Press.

Schneiberg, Marc and Michael Lounsbury. 2008. "Social Movements and Institutional Analysis." In *Handbook of Organizational Institutionalism*, edited by

R. Greenwood, C. Oliver, K. Sahlin-Andersson, and R. Suddaby. Thousand Oaks, CA: Sage, 650–672.

Schneiberg, Marc and Sarah Soule. 2005. "Institutionalization as a Contested, Multilevel Process: The Case of Rate Regulation in American Fire Insurance." In *Social Movements and Organization Theory*, edited by G.F. Davis, D. McAdam, W. Richard Scott, and M.N. Zald. New York: Cambridge University Press, 122–160.

Scott, Alan. 1990. *Ideology and the New Social Movements*. London: Unwin Hyman.

Scott, W. Richard, Martin Ruef, Peter Mendel, and Carol Caronna. 2000. *Institutional Change and Healthcare Organizations: From Professional Dominance to Managed Care*. Chicago: University of Chicago Press.

Scott, Robert E., Carlos Salas, and Bruce Campbell 2006. "Revisiting NAFTA: Still Not Working for America's Workers." Economic Policy Institute Briefing Paper #173. Washington, DC: Economic Policy Institute.

Sewell, William, Jr. 1992. "A Theory of Structure: Duality, Agency, and Transformation," *American Journal of Sociology* 98(1):1–29.

Shaiken, Harley, 1990. *Mexico in the Global Economy: High Technology and Work Organization in Export Industries*. San Diego: Center for U.S.-Mexican Studies, University of California.

Shaiken, Harley. 1991. "The Universal Motors Assembly and Stamping Plant: Transferring High Tech Production to Mexico." *Columbia Journal of World Business* 26(2):125–137.

Shaiken, Harley. 1994. "Advanced Manufacturing and Mexico: A New International Division of Labor?" *Latin American Research Review* 29(2):39–71.

Shaiken, Harley. 1995. "The NAFTA, a Social Charter, and Economic Growth." In *NAFTA as a Model of Development: The Benefits and Costs of Merging High- and Low-Wage Areas*, edited by Richard Belous and Jonathan Lemco. Albany: State University of New York Press, 23–31.

Shantz, Joseph and Mark Anderson. 1992. Letter to All State Federations and Major Central Labor Councils. June 1.

Sheehan, Jack. 1991. "Subject: NAFTA." Memo to District Directors and Legislative Representatives. November 7.

Shrybman, Steven. 1991. "Trading Away the Environment." *World Policy Journal* 9(1):93–110.

Sklair, Leslie. 1993. *Assembling for Development: The Maquila Industry in Mexico and the United States*. Boston: Unwin Hyman.

Sklair, Leslie. 1994. "Global Sociology and Global Environmental Change." In *Social Theory and the Global Environment*, edited by Michael Redclift and Ted Benton. London: Routledge, 205–227.

Snape, William. 1993. Testimony on Behalf of the Defenders of Wildlife. "Impacts of Trade Agreements on U.S. Environmental Protection and Natural Resource Conservation Efforts." March 10. Washington, D.C. in front of the One Hundred and Third Congress.

Snow, David and Robert Benford. 1988. "Ideology, Frame Resonance, and Participant Mobilization." *International Social Movement Research* 197–218.
Snow, David and Robert Benford. 1992. "Master Frames and Cycles of Protest." In *Frontiers in Social Movement Theory*, edited by Aldon Morris and Carol McClurg Mueller. New Haven, CT: Yale University Press, 133–155.
Speck, Paul. 1990. July 26. "Letter to Andrea Durbin." Durbin worked for Friends of the Earth and Speck worked for NWF.
Starr, Paul. 2007. *Freedom's Power: The History and Promise of Liberalism*. New York: Basic Books.
Steelworkers Legislative Appeal. 1992. October 27.
Stevis, Dimitris. 1998. "International Labor Organizations, 1864–1997: The Weight of History and the Challenges of the Present." *Journal of World-Systems Research* 4:52–75.
Stevis, Demitris. 2002. "Agents, Subjects, Objects, or Phantoms? Labor, the Environment, and Liberal Institutionalization." *Annals of the American Academy* 581:91–105.
Sunthonkhan, Duangkamol. 2010. "The Impact of NAFTA on the U.S. Labor Market." Ph.D. Dissertation, Department of Economics. University of Utah.
Swedberg, Richard. 2006. "The Toolkit of Economic Sociology." In *The Oxford Handbook of Political Economy*, edited by D. Wittman and B. Weingast. New York: Oxford University Press, 937–950.
Swidler, Ann. 1986. "Culture in Action: Symbols and Strategies." *American Sociological Review* 51(2):273–286.
Switzer, Jacqueline and Bryner, Vaughn. 1998. *Environmental Politics*. New York: St. Martin's Press.
Tarrow, Sidney. 1994. *Power in Movement*. Cambridge: Cambridge University Press.
Thomas, Clive. 1993. "The American Interest Group System: Typical Model or Aberration?" In *First World Interest Groups: A Comparative Perspective*, edited by Thomas, Clive. Westport, CT: Greenwood Press, 27–52.
Tilly, Charles. 2000. "Processes and Mechanisms of Democratization." *Sociological Theory* 18(1):1–16.
Time/CNN. 1992. "Grapevine." July 9.
"Too High a Price for Free Trade: Citizens' Analysis of the February 21 Draft of the North American Free Trade Agreement." 1992. April 6.
Toronto Star. 1991. "Opponents of Free Trade Heckle Speech by Salinas." October 1. P. C2.
Trommer, Silke. 2014. *Transformations in Trade Politics: Participatory Trade Politics in West Africa*. New York: Routledge.
USA*NAFTA. 1993. "USA*NAFTA Statement on Judge Richey's District Court Decision." June 30.
Villarreal, M. Angeles and Ian F. Fergusson. 2015. *The North American Free Trade Agreement (NAFTA)*. Washington, DC: Congressional Research Service.

Voss, Kim and Rachel Sherman. 2000. "Breaking the Iron Law of Oligarchy: Union Revitalization in the American Labor Movement." *American Journal of Sociology* 106:303–349.

Walker, Edward T., Andrew W. Martin, and John D. McCarthy. 2008. "Confronting the State, the Corporation, and the Academy: The Influence of Institutional Targets on Social Movement Repertoires," *American Journal of Sociology* 114(1):35–76.

Wallach, Lori and Hilliard, Tom. 1991. "The Consumer and Environmental Case against Fast Track." *Public Citizen*, May.

Wallach, Lori and Tom Hilliard. 1991. Testimony on Behalf of Public Citizen Before the House Subcommittee on Commerce, Consumer Protection and Competitiveness of the Committee on Energy and Commerce. "North American Free Trade Agreement" May 8.

Wastler, Allen. 1992. "Inside Talk—Allen Wastler This All-Star Game Had a Different Type of Trading." *Journal of Commerce*. July 21. P. 5A.

Wathen, Tom. 1992. *A Guide to Trade and the Environment*. New York: Environmental Grantmakers Association.

Wathen, Tom. 1993. "A Guide to the Environment." In *Trade and Environment: Law, Economics and Policy*, edited by Durwood Zaelke, Paul Orbuch, and Robert Housman. Washington, DC: Island Press, 3–22.

Watkins, Steven. 1991. "Hills Strongly Urges Congress Not to Split 'Fast-Track' Approval Vote." *Inside U.S. Trade*. March 15. Pp. 1, 16, and 17.

Weisbrot, Mark, Lara Merling, Vitor Mello, Stephan Lefebvre, and Joseph Sammut. 2017. "Did NAFTA Help Mexico? An Update after 23 Years." Washington, DC: Center for Economic and Policy Research. March.

Wilkinson, Rorden. 2014. *What's Wrong with the WTO and How to Fix It*. Malden: John Wiley & Sons.

Will, George. 1993. "TV Greases the Skids under a Very Slippery Performance." *Times-Picayune*. November 12. P. B07.

Wilson, Rand. 1994. "Winning Lessons from the NAFTA Loss." *Labor Research Review* 13(1):28–37.

Wilson, Graham. 1990. *Interest Groups*. Cambridge, MA: Basil Blackwell.

Wines, Michael. 1993. "The Free Trade Accord; A 'Bazaar' Way of Rounding Up Votes." *New York Times*. November 11. P. A23.

Workman, Willard A. 1993. "Letter to USTR Kantor." April 29.

Wyden, Ron, Bruce Vento, James Bilbray, Arthur Ravenel, Jr., Richard Durbin, Dan Glickman, Paul Henry, Dennis Eckart, Nancy Pelosi, Byron Dorgan, and Bernard Sanders. 1991. "Letter to the President." February 22. Reprinted in *Inside U.S. Trade*. "House Letter to Bush on Mexico FTA." February 22. P. 6.

Yearly, Steven. 1994. "Social Movements and Environmental Change." In *Social Theory and the Global Environment*, edited by Michael Redclift and Ted Benton. London: Routledge, 150–168.

Zeleny, Jeff. 2008a. "Obama Slams Critics on Middle-Class Comments." *New York Times*, April 11.

Zeleny, Jeff. 2008b. "In Labor Speech, Obama Revisits Bitterness." *New York Times*, April 15.

访谈

Personal Interview with Chris Townsend of the UE, April 1, 1998.
Personal Interview with Greg Woodhead of the AFL-CIO, April 4, 1998.
Personal Interview with Greg Woodhead of the AFL-CIO, April 7, 1998.
Personal Interview with Mark Anderson of the AFL-CIO, April 7, 1998.
Personal Interview with Pharis Harvey of ILRF, April 14, 1998.
Personal Interview with Karen Hansen-Kuhn of DGAP, April 22, 1998.
Personal Interview with John Audley of the Sierra Club, April 27, 1998.
Personal Interview with Barbara Warden of the UAW, April 30, 1998.
Personal Interviews with Bill Cunningham of the AFL-CIO, May 5, 1998.
Personal Interview with Lori Wallach of Public Citizen, May 7, 1998.
Personal Interview with Bill Snape of DOW, May 14, 1998.
Personal Interview with Evy DuBrow of ILGWU, May 12, 1998.
Personal Interview with Kathryn Fuller of WWF, May 26, 1998.
Personal Interview with AFL-CIO representative, February 29, 2000.
Personal Interview with Tim Beaty of the AFL-CIO, February 29, 2000.
Personal Interview with Alicia Sepúlveda Nuñez of the STRM, August 27, 2000.
Personal Interview with Mark Anderson of the AFL-CIO, January 8, 2001.
Personal Interview with Anonymous official of the AFL-CIO, January 12, 2001.
Personal Interview with Pharis Harvey of ILRF, March 2, 2001.
Personal Interview with Lawrence Katz of the U.S. Department of Labor, March 13, 2001.
Personal Interview with Craig Merrilees of the Fair Trade Campaign, April 3, 2001.
Personal Interview with Don Weiner of the Fair Trade Campaign, April 5, 2001.
Personal Interview with Craig Merrilees of the Fair Trade Campaign, April 21, 2001.
Personal Interview with David Brooks of U.S.-Mexico Dialogos, May 8, 2001.
Personal Interview with Tom Donahue of the AFL-CIO, May 23, 2001.
Personal Interview with Mark Ritchie of IATP, June 11, 2001.
Personal Interview with Steve Herzenberg, U.S. Department of Labor, Assistant to the Chief Negotiator of the labor side agreement to NAFTA, September 27, 2002.